POR QUÉ NO ERES FELIZ

Biología vs. Política

Loretta Graziano Breuning

POR QUÉ NO ERES FELIZ

Biología vs. Política

EDICIONES OBELISCO

Si este libro le ha interesado y desea que le mantengamos informado de nuestras publicaciones, escríbanos indicándonos qué temas son de su interés (Astrología, Autoayuda, Psicología, Artes Marciales, Naturismo, Espiritualidad, Tradición...) y gustosamente le complaceremos.

Puede consultar nuestro catálogo en www.edicionesobelisco.com

Los editores no han comprobado la eficacia ni el resultado de las recetas, productos, fórmulas técnicas, ejercicios o similares contenidos en este libro. Instan a los lectores a consultar al médico o especialista de la salud ante cualquier duda que surja. No asumen, por lo tanto, responsabilidad alguna en cuanto a su utilización ni realizan asesoramiento al respecto.

Colección Salud y Vida natural
POR QUÉ NO ERES FELIZ
Loretta Graziano Breuning

1.ª edición: abril de 2025

Título original: *Why You're Unhappy*

Traducción: *Verónica d'Ornellas*
Corrección: *Sara Moreno*
Diseño de cubierta: *Enrique Iborra*

Edita: Ediciones Obelisco, S. L.
Collita, 23-25. Pol. Ind. Molí de la Bastida
08191 Rubí - Barcelona - España
Tel. 93 309 85 25
E-mail: info@edicionesobelisco.com

ISBN: 978-84-1172-260-5
D L B 23671-2024

Printed in Spain

Impreso en los talleres gráficos de Romanyà/Valls S. A.
Verdaguer, 1 - 08786 Capellades - Barcelona

RESUMEN

La infelicidad es el estado natural de nuestro cerebro por defecto. La felicidad es una habilidad compleja que podemos desarrollar para aliviar esa infelicidad natural.

Pero nadie te lo dice. En lugar de eso, te enseñan que la felicidad es «normal» y que la infelicidad es un trastorno. Este modelo de enfermedad de la salud mental ha llevado a millones de personas a creer que algo estaba mal en ellas. El modelo de enfermedad te hace pensar que los demás se sienten bien todo el tiempo y que tú te lo estás perdiendo. Te dice que busques la felicidad a través de un «tratamiento» y, si eso no funciona, te dice que no recibiste «el tratamiento adecuado».

La simple biología nos muestra por qué esta idea es errónea. Las sustancias químicas del cerebro que hacen que nos sintamos bien no han sido diseñadas para estar activas todo el tiempo. Hemos heredado la dopamina, serotonina, oxitocina y endorfina de mamíferos anteriores a nosotros. Estas sustancias se activan en rachas breves cuando satisfaces una necesidad de supervivencia. Y luego se desactivan, de manera que siempre tendrás que hacer algo más para tener más. Hay que trabajar duro para tener sentimientos positivos con este cerebro que hemos heredado. Y, sin embargo, el modelo de enfermedad de la salud mental te entrena para que consideres que los sentimientos positivos son un derecho.

Esta creencia hace más daño que bien. Te distrae del trabajo que supone crear habilidades para la regulación de las emociones. Hace que continúes creyendo en cosas como los «tratamientos», en lugar de aumentar tu poder sobre las sustancias químicas cerebrales de la felicidad. El modelo de enfermedad alega que sirve a un bien mayor, pero esa teoría te quita poder y no te ayuda.

¿Por qué estamos recibiendo una información tan distorsionada acerca de nuestra biología?

Es la política.

No la política en el sentido de elegir líderes, sino la política en el sentido de decir aquello que es popular para así obtener apoyo.

Actualmente, la visión rousseauniana de la felicidad es muy popular. Rousseau decía que la naturaleza es feliz y que la civilización es la causa de la infelicidad. Oímos esto con tanta frecuencia que simplemente creemos que es verdad. Por lo tanto, apoyamos a las personas que se atienen a la visión del mundo rousseauniana. Médicos, académicos, terapeutas y los medios de comunicación obtienen apoyo al aceptar esta visión rousseauniana de la felicidad.

Te dicen que los animales son felices, que los niños son felices, que los cazadores-recolectores son felices y que tú también serías feliz si «nuestra sociedad» no hubiese estropeado las cosas. Quizás te guste oír esto a corto plazo, pero a largo plazo hace que la situación empeore, pues te convierte en una víctima de unas fuerzas externas, en lugar de fortalecer tu poder interior.

Y ni siquiera es verdad. Este libro te muestra que los animales, los niños y los cazadores-recolectores también son infelices durante gran parte del tiempo. Estos hechos no políticos son ignorados por los «expertos» en el ámbito de la medicina, la academia, la terapia y los medios de comunicación. Jamás te dirán que las sustancias químicas de la felicidad están diseñadas para hacer un trabajo, no para fluir todo el tiempo sin ningún motivo. Cuando conoces la infeliz verdad de nuestra biología, puedes dejar de sentir que estás roto y expandir los momentos felices que nuestro cerebro es capaz de producir.

Sin embargo, la visión rousseauniana de la felicidad rara vez es cuestionada. Se proclama como La Ciencia, así que si la cuestionas corres el riesgo de ser considerado un loco «anticiencia».

Pero la vida es corta. Cada minuto en que pasas por alto tu poder sobre el cerebro es un minuto menos que tienes para ser feliz. En lugar de eso, podrías abrir nuevos caminos hacia las sustancias químicas de la felicidad en lugar de esperar a que la sociedad te haga feliz.

Nuestro cerebro ha evolucionado para favorecer la supervivencia, no para hacer que nos sintamos bien. Cuando encuentras una nueva forma de satisfacer una necesidad de supervivencia, te recompensa con sustancias químicas de la felicidad. Cuando ve alguna amenaza a tu forma habitual de satisfacer tus necesidades, te alarma liberando las sustancias químicas de amenaza. Por lo tanto, es posible que te sientas mal teniendo una buena vida porque tu cerebro es muy bueno encontrando amenazas. Aunque vivieras en un paraíso tropical, tu cerebro te alarmaría con sustancias químicas de amenaza y guardaría las sustancias químicas de la felicidad para los momentos especiales.

La buena noticia es que, cuando entiendes este sistema operativo natural, puedes redirigirlo. Pero tienes que trabajar en ello, y no harás el trabajo necesario si lo que te dicen es que lo normal es que las sustancias químicas de la felicidad fluyan sin esfuerzo. Uno hace el trabajo cuando conoce su biología, y este libro te proporcionará la información biológica que la política ha estado ocultando.

Activar las sustancias químicas de la felicidad es una habilidad que los humanos se han esforzado en desarrollar desde el principio de los tiempos. Pero no desarrollarás esa habilidad si esperas que la felicidad sea algo automático. Sin embargo, puedes empezar a desarrollarla ahora mismo.

El modelo de
enfermedad de la salud
mental sugiere que la
felicidad sin esfuerzo es
«normal», por eso
piensas que hay algo
que no está funcionando
bien en ti
o en la sociedad.

A mi nieta, Carmen

PRÓLOGO

Cuando llegó el confinamiento en el 2020, estaba leyendo una biografía de Sigmund Freud. Había estado investigando las experiencias tempranas que moldearon su personalidad, y el repentino lujo de tener tiempo libre facilitó esa búsqueda. ¡Acabé leyendo doce biografías de Freud!

Me enteré de que no había tenido relaciones sexuales hasta los treinta años. La vida era complicada en esa época, antes de que existiera el control de la natalidad y la cura para las enfermedades venéreas. Un hombre tenía que ser capaz de mantener a sus hijos, y Siggy no era capaz de hacerlo. Su trabajo era una pasantía, de modo que le pagaban muy poco, pero le encantaba y no quería dejarlo. Se dedicaba a hacer autopsias en un hospital psiquiátrico, a veces a personas con las que había estado charlando el día anterior. El lugar que ocupaba era ideal para observar la conexión entre las anomalías cerebrales y el comportamiento, y esperaba poder hacer un descubrimiento científico importante.

De manera que a los treinta años, Freud seguía viviendo con sus padres, y éstos eran tan pobres que él los tenía que mantener. Se había comprometido con su novia ocho años antes, tras graduarse de la facultad de medicina, pero nunca llegó a ejercer como médico. Según uno de sus biógrafos, esto se debía a que le tenía miedo a la sangre. Freud finalmente encontró una manera de ganar dinero cuando su mentor le pidió que lo acompañara a realizar una visita médica a domicilio a una paciente. Ante la insistencia de su familia, la mujer estaba recibiendo un «tratamiento» diario. Como nada había funcionado hasta el momento, el mentor empezó a «tratarla» animándola a hablar.

Poco después, le asignó esa paciente a Freud, quien tuvo la idea de ofrecer ese mismo «tratamiento» a otras personas. Así nació la «cura del habla».

La Paciente Cero de la terapia de conversación sufría de «parálisis histérica». En la actualidad se oye hablar muy poco de eso, pero en la época de Freud se había propagado de la misma manera en que la anorexia y autolesionarse se han propagado en mi vida. ¿Funcionaba la terapia de conversación? Las opiniones difieren y es difícil obtener toda la información, porque los herederos de Freud restringieron el acceso a sus documentos personales, y algunos de ellos todavía siguen estando restringidos en la actualidad.

La historia personal de Freud me interesó porque sé que a todos nos marcan las experiencias tempranas. Sentí una afinidad con él porque estaba absolutamente decidido a entender la infelicidad que nuestro cerebro crea. Crecí rodeada de mucha infelicidad, así que siempre tuve la motivación de entenderla. Tenía un asiento en primera fila para conocer las explicaciones verbales que la gente da a su malestar, pero me daba cuenta de que ésa no era la historia completa.

Freud nos ayudó a entender que nuestro cerebro verbal no es un narrador fiable. Nos ayudó a observar los impulsos fisiológicos que subyacen a nuestras conversaciones internas. Freud se equivocó en muchas cosas, pero me ayudó a descubrir la química que mi corteza verbal no controla.

No es agradable ver los límites de tu cerebro verbal consciente. Conocer el poder de tu cerebro emocional puede ser aterrador. A mí me costó muchísimo aceptar que mis palabras bonitas no eran mi historia completa. Por eso aprecio los esfuerzos innovadores que realizó Freud.

Gracias a los esfuerzos de Freud y otros, ahora sabemos mucho más sobre el cerebro emocional. Sabemos que las sustancias químicas emocionales no son controladas por nuestra corteza verbal. Son controladas por un sistema límbico que es esencialmente igual al cerebro animal. Los animales no pueden hablar, así que tu cerebro animal no puede decirte con palabras por qué está activando un sentimiento. Por eso nuestras emociones son un misterio para nosotros, como lo han sido para todos nuestros antepasados. Como dijo Steven Pinker, nuestra corteza no tiene «información privilegiada» sobre el cerebro emocional al que está unida. Éste es el motivo por el cual a los humanos les ha costado tanto entender sus emociones y han aceptado unas explicaciones políticamente populares.

Me interesaba la forma en que a Freud le afectó la política de su época. La política filtra nuestra información, dando forma a nuestra manera de entender la realidad. Cuando dejamos entrar información nueva, entendemos nuestra propia realidad de una forma distinta. Este libro te proporciona la información que la política ha filtrado y ha dejado fuera. Te muestra cómo tu cerebro produce infelicidad, para que puedas encontrar el poder para redirigirlo.

Visité el apartamento de Freud en Viena, así como la casa donde vivió en Londres al escapar de los nazis. Vi el inodoro donde surgió su teoría de la retención anal. Vi las figuritas antiguas que coleccionaba en su esfuerzo por entender la naturaleza humana. Mientras estuve en el lugar donde él había estado, honré su eterno esfuerzo por comprender nuestra química natural. (Puedes encontrar más información sobre Freud en mi libro *Status Games: Why We Play and How to Stop*).

Los humanos nos sentimos tentados a creer lo que nos decimos a nosotros mismos porque nuestra corteza verbal es sumamente persuasiva. Nos sentimos tentados a creer las teorías populares acerca de las emociones porque nos resulta muy difícil entenderlas de otra manera. Pero la simple biología te permite entender tu infelicidad natural y redirigirla.

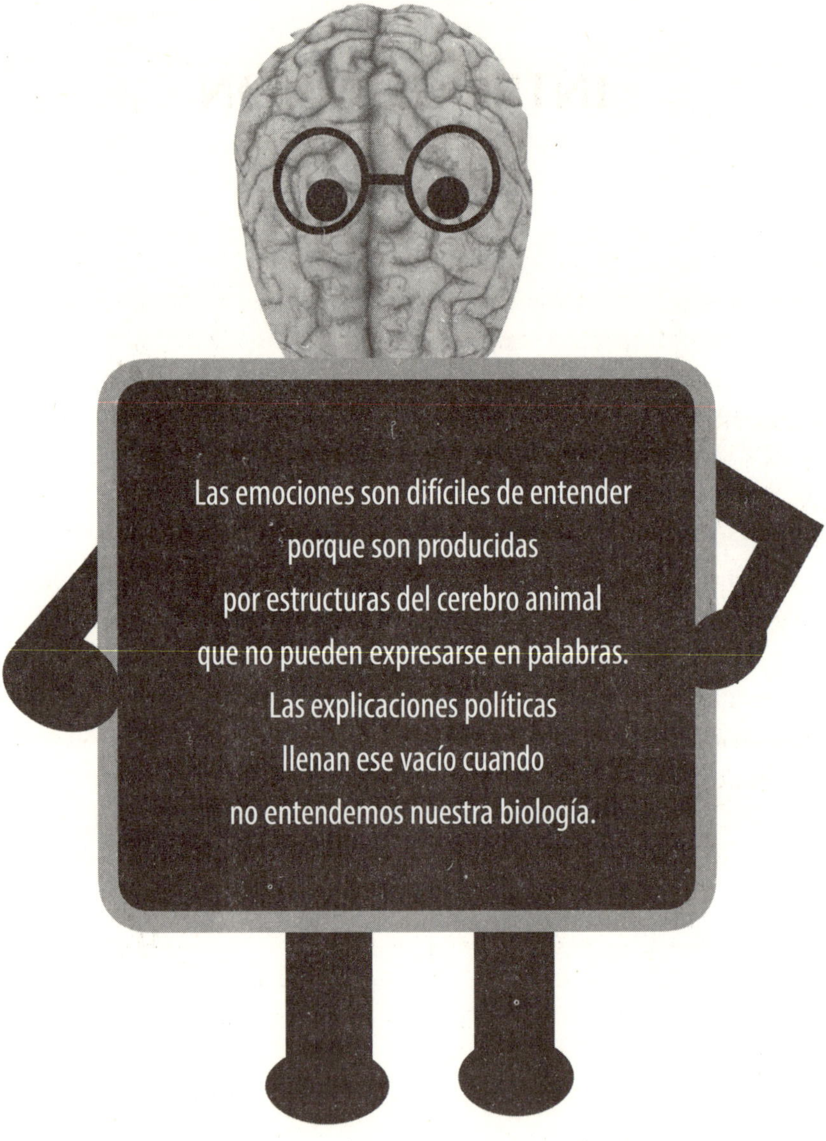
Las emociones son difíciles de entender
porque son producidas
por estructuras del cerebro animal
que no pueden expresarse en palabras.
Las explicaciones políticas
llenan ese vacío cuando
no entendemos nuestra biología.

INTRODUCCIÓN

Cuando era joven, nadie esperaba que yo fuera feliz. De hecho, la felicidad era una especie de tabú. Te señalaba como alguien que no estaba sufriendo lo suficiente.

En la actualidad, la mentalidad es bastante distinta. Ahora la felicidad se considera «normal» y la infelicidad es vista como un trastorno. Se nos dice que los animales son felices, los niños son felices y los cazadores-recolectores son felices, así que la felicidad debe ser el estado natural por defecto. La infelicidad es vista como un problema médico que puedes arreglar si «consultas a tu médico». Esta visión afirma ser La Ciencia, así que es difícil cuestionarla.

Pero no es verdad. Las sustancias químicas cerebrales de la felicidad no han sido diseñadas para estar activas todo el tiempo. Son liberadas en rachas cortas cuando encontramos una manera de satisfacer una necesidad de supervivencia. Se metabolizan rápidamente, de manera que siempre tienes que hacer más para obtener más. Las sustancias químicas de la infelicidad siempre están listas para brotar, porque antiguamente ayudaban a nuestros antepasados a detectar amenazas a tiempo para evitarlas. Nadie es feliz todo el tiempo de una forma natural, porque nuestro cerebro evolucionó para facilitar la supervivencia, no para hacer que te sientas bien.

Si esperas ser feliz todo el tiempo, acabarás decepcionándote. La visión actual de la felicidad hace que mucha gente se sienta defectuosa y privada de ella. ¿Cómo llegamos hasta aquí?

Hace casi trescientos años, Jean-Jacques Rousseau dijo que la naturaleza es feliz y que la civilización produce infelicidad. Rousseau vivió en una época en la cual los marineros europeos eran recibidos por mujeres desnudas al entrar en aguas tahitianas. Los europeos buscaron una forma de explicar esto y Rousseau lo describió como una expresión de la felicidad que prevalecía antes de que la civilización lo echara todo a perder. Ignoró el hecho de que esas mujeres eran presionadas para servir por sus padres y hermanos, quienes se quedaban con las ganancias. Rousseau no fue un espécimen ideal de la humanidad. Tuvo cinco hijos con su sirvienta, y en cuanto nacían los llevaba a un orfanato porque no quería que fueran criados por ella. Sin embargo, su teoría de que la sociedad es la causa de la infelicidad fue popular y echó raíces.

Un siglo más tarde, Karl Marx estuvo de acuerdo en que «nuestra sociedad» crea la infelicidad, pero afirmó que una nueva sociedad podía hacer que todos fueran felices. Marx desacreditó a la religión, la cual fue reemplazada por la búsqueda de una sociedad que hiciera felices a todos. Este sistema de creencias subyace a la visión actual de las emociones y la salud mental, la cual te entrena para que culpes a «nuestra sociedad» de tu infelicidad y esperes que ésta resuelva tus problemas.

Hace un siglo, las universidades europeas eliminaron los estudios medievales y los reemplazaron con unas «ciencias sociales» basadas en las teorías de Marx. La nueva sociología, psicología y antropología se extendieron rápidamente también en las universidades estadounidenses. Éstas se esforzaron por producir «pruebas» de que la felicidad es la norma en otras sociedades, pero que «nuestra sociedad» produce sufrimiento. No es de extrañar que, súbitamente, una gran cantidad de «estudios» proporcionaran las «pruebas» deseadas.

Cuando los nazis tomaron el poder en Alemania, un grupo de eruditos conocidos como «La escuela de Frankfurt» huyó al Colegio de Docentes de la Universidad de Columbia. Ahí crearon un prestigioso programa que fue adoptado a nivel nacional. Así pues, la formación de profesores en EE. UU. incorporó la creencia de que la sociedad hace infeliz a la gente y que para ser felices tenemos que cambiar la sociedad. Probablemente tus profesores recibieron su formación dentro de este paradigma.

Las emociones humanas son difíciles de entender porque provienen de una parte del cerebro que no es capaz de procesar el lenguaje. Este *sistema límbico* (la amígdala, el hipocampo, la pituitaria, el tálamo, etc.) es básicamente igual al cerebro de un animal. Los animales no pueden hablar, así que tu cerebro límbico no puede decirte en palabras por qué está liberando una sustancia química. Éste es el motivo por el cual los humanos siempre han estado ávidos de teorías que expliquen sus emociones.

En la antigüedad, se creía que las emociones eran los dioses hablándote directamente. Era difícil estar en desacuerdo con esa teoría porque todo el mundo creía en ella. Si la hubieras cuestionado habrían creído que estabas loco. Con el tiempo, nuevas teorías fueron reemplazando a las viejas, y las personas seguían basándose en la teoría popular del momento para evitar parecer locas.

LA SENSACIÓN DE CRISIS

Actualmente una crisis de la salud mental es ampliamente reportada. Se proporcionan estadísticas, de manera que parece ser un hecho. Te hacen creer que la sociedad está rota y que quizás tú también lo estás. Pero lo único que sabemos realmente, a partir de «los datos», es que más personas están interpretando sus sentimientos como un trastorno. Lo hacen porque están rodeadas por el mensaje de que la infelicidad es un trastorno y la felicidad era la norma antes de que «nuestra sociedad» lo echara todo a perder. Se nos dice que La Ciencia ha demostrado esto, así que uno cree que está loco si lo cuestiona.

Las conversaciones sobre salud mental invocan al bien común, de manera que deberíamos preguntarnos si el bien común realmente se beneficia con una teoría que dice que muchos de nosotros somos defectuosos. Y más importante aún, ¿se beneficia el bien común con la creencia de que no tienes ningún poder sobre tu cerebro y deberías esperar a que la sociedad te haga feliz?

Cuando era joven, me entusiasmé al descubrir la psicología, la sociología y la antropología. Estaba segura de que sería feliz si viviera según las reglas de las ciencias sociales. Pero eso no funcionó, y así fue como inicié mi investigación sobre la química cerebral de los animales.

He pasado la mayor parte de mi vida en el ámbito académico, de modo que he visto cómo se hacen las estadísticas. Soy como esa persona que ha estado en una fábrica de salchichas y ahora odia comer salchichas. Entonces, en lugar de examinar la felicidad a través de la lente de las estadísticas, examiné la biología básica y encontré una información fascinante sobre las sustancias químicas del cerebro que hacen que nos sintamos bien. La dopamina, la serotonina, la oxitocina y la endorfina tienen unas tareas específicas y no se supone que deban fluir todo el tiempo sin ninguna razón. Sólo son liberadas cuando encontramos la manera de satisfacer una necesidad de supervivencia.

En resumidas cuentas, es difícil que este cerebro que hemos heredado nos dé la felicidad. Ésa es una habilidad que debemos desarrollar a lo largo de nuestra vida. Pero no encontrarás ningún motivo para desarrollar esa habilidad si te dicen que la felicidad les llega automáticamente a las personas normales. Y no la aprenderás si te han entrenado para que creas que hay algo que está mal en ti y que la sociedad es la que debe arreglar eso.

Cuando tienes la información, puedes desarrollar la habilidad de producir más sustancias químicas de la felicidad. Está claro que, si supieras cómo hacerlo, ya lo habrías hecho. Ciertamente, las civilizaciones humanas siempre han valorado la capacidad de manejar las emociones y se han esforzado para cultivarla. Pero simplemente no tenían la información necesaria, de modo que los políticos llenaron esos vacíos. Somos afortunados de vivir en una época en la cual hay más información a nuestro alcance.

Sin embargo, esa información está en conflicto con las creencias rousseaunianas. El hecho de que las sustancias químicas de la felicidad nos recompensen cuando satisfacemos una necesidad está en conflicto con la creencia de que los sentimientos positivos son nuestro estado natural por defecto. El hecho de que nuestras sustancias químicas nos proporcionan información sobre nuestro entorno está en conflicto con la creencia de que en una buena sociedad serías feliz todo el tiempo. Las creencias pueden distraernos de la información esencial, incluso cuando creemos que estamos siguiendo a La Ciencia. Cuando emergen nuevos datos, tendemos a filtrarlos a través de nuestras viejas creencias. Por ejemplo, actualmente se considera que los genes son un componente de la felicidad, así que se culpa a la sociedad de no ser capaz de curar la infelicidad genética.

Si conoces tu biología, puedes manejar tus emociones de una forma más eficaz. Debes saber que tus sustancias químicas de la felicidad no están diseñadas para estar activas todo el tiempo. Debes saber que se encienden mediante las acciones que satisfacen tus necesidades de supervivencia. Debes saber que tu cerebro no verbal define las necesidades de supervivencia con vías neuronales creadas a partir de su propia experiencia. Y es esencial que sepas que los demás no están recibiendo todo el tiempo sustancias químicas de la felicidad sin esfuerzo.

Los datos acerca de las sustancias químicas de amenaza son igualmente importantes. Nuestro cerebro evolucionó en un mundo lleno de amenazas, y las sustancias químicas de amenaza ayudaron a nuestros antepasados a realizar las acciones necesarias para sobrevivir. La sensación desagradable del cortisol ayuda a las personas a percibir a tiempo las potenciales amenazas para actuar de una forma efectiva. Nuestro cerebro está diseñado para anticipar las amenazas y captar nuestra atención bombardeándonos con cortisol. Pero es esencial saber que cada cerebro define las amenazas con vías neuronales construidas por su propio cortisol del pasado.

Nuestros antepasados a veces se sentían bien a pesar de las amenazas que los rodeaban, porque las sustancias químicas de la felicidad eran liberadas cuando satisfacían sus necesidades. Tu cerebro siempre creará una sensación de amenaza, pero puedes sentirte bien realizando una acción que satisfaga tus necesidades.

Sentirte bien con el cerebro que has heredado es un desafío. Aunque hubieras nacido en un paraíso tropical, tendrías que enfrentarte a ese desafío. Estarías siempre examinando tu entorno en busca de amenazas y sintiéndote mal, a menos que desarrollaras la capacidad de concentrarte en el siguiente paso a dar para satisfacer una necesidad.

¿Por qué nadie nos dice esto?

Es la política.

No la política en el sentido de elegir líderes, sino la política en el sentido de decir aquello que es popular para conseguir apoyo. Médicos, académicos, terapeutas y medios de comunicación obtienen apoyo ajustándose al modelo rousseauniano, pero tú debes sacar sus propias conclusiones acerca de tu propio cerebro.

RECONSIDERAR EL ALARMISMO ACERCA DE LA SALUD MENTAL

Pocas personas cuestionan el modelo de enfermedad de la salud mental por varios motivos. En primer lugar, se presenta como La Ciencia y uno no quiere parecer un loco «anticiencia». En segundo lugar, nuestro cerebro está modelado por nuestras primeras experiencias, de manera que creemos que las creencias a las que fuimos expuestos en la juventud son la realidad. Y, por último, no tenemos una alternativa mejor. Pero este libro te ofrece una alternativa. Te explica el poder que tienes para sentirte bien independientemente de lo que crean los demás.

La primera parte te muestra por qué la infelicidad es algo natural. Te explica el lado negativo de cada sustancia química de la «felicidad», para que sepas por qué no se supone que los sentimientos positivos deban fluir todo el tiempo. Verás por qué las sustancias químicas de amenaza están ahí para ayudarte a percibir los riesgos y los obstáculos. Cuando conoces la biología, dejas de verlo como una patología.

La segunda parte te muestra la forma en que la política distorsiona la información sobre La Ciencia que recibimos del *establishment* médico, la psicología académica, las «profesiones de ayuda» y los medios de comunicación. Verás cómo estas instituciones filtran la información para satisfacer sus propias necesidades de supervivencia. Elaboran mensajes que encajan con el paradigma rousseauniano y dejan fuera el resto de la historia.

La tercera parte te muestra que cualquiera puede activar las sustancias químicas de la felicidad desarrollando habilidades de manejo del cerebro. He explicado esto extensamente en mis otros libros, especialmente en *Los hábitos de un cerebro feliz.*[1] Aquí encontrarás un método sencillo para crear nuevos senderos hacia tu dopamina, serotonina y oxitocina.

Esta biología básica es difícil de aceptar porque está en conflicto con creencias muy arraigadas. Nos gusta creer que los animales, los niños y los cazadores-recolectores siempre están felices. Pero la visión popular

1. Ediciones Obelisco, Barcelona, 2017.

te desconecta de la realidad de tus impulsos internos. Este libro te muestra la prueba de que los animales, los niños y los cazadores-recolectores son infelices una gran parte del tiempo. Estos datos te ayudarán a entender a tu mamífero interior, para que puedas manejarlo mejor.

La política no va a desaparecer, porque es un impulso humano natural. Hay política en todas las familias, porque los hermanos hacen campaña para obtener la aprobación de los padres. Hay política en todas las empresas, porque los empleados hacen campaña para obtener ascensos. Hay política en todas las disciplinas científicas, porque los investigadores hacen campaña para avanzar en sus carreras. Los medios de comunicación están arraigados en la política, ya que los periodistas hacen campaña para vender más y recibir premios. Incluso en una dictadura, las personas hacen campaña por una parte de la riqueza y el poder del líder.

En una democracia, los políticos hacen campaña por tu voto incidiendo en tu infelicidad y prometiéndote ponerle remedio. Esto se oye con tanta frecuencia que acaba dando forma a tus creencias sobre la felicidad. Te entrena para que culpes de tu infelicidad a fuerzas de externas e ignores tu programación interna. Te entrena para que esperes que la sociedad te haga feliz o te proporcione un «tratamiento» que cure la infelicidad. Aprendes a buscar la felicidad a través de la política y no de la biología.

Es difícil sentirse responsable de sus sustancias químicas cuando uno ha aprendido a creer que la felicidad es un derecho. Es difícil creer en nuestro poder para desarrollar habilidades cuando creemos tener un trastorno. Pero si aceptas la visión popular de las emociones, lo más probable es que seas infeliz, de modo que es maravilloso saber que, con esfuerzo, puedes desarrollar la habilidad de activar más sustancias químicas de la felicidad.

RECONSIDERAR QUÉ ES NATURAL

En los años sesenta, las feministas decían que «lo personal es político». Se crearon «estudios» para mostrar que el sistema político es el culpable de nuestros problemas personales. Cuando era joven, aceptaba esta forma de pensar porque admiraba a mis profesoras. ¿Y a qué joven no le gusta la idea de que luchar contra el sistema te hará feliz? Sin embargo, a medida que fueron pasando las décadas, me fui topando con evidencias que estaban en conflicto con la visión rousseauniana. Te ofreceré un ejemplo muy simple.

Cuando trabajaba como docente en un zoológico local, me pidieron que donara dinero a un santuario para pumas. Me lo explicaron como una forma de rescatar a los felinos salvajes que entran en las zonas residenciales. Les pregunté por qué simplemente no devolvían a los animales a la naturaleza. Como no recibí ninguna respuesta, repetí la pregunta en numerosas ocasiones. Finalmente, me dijeron que un puma mataría instantáneamente al puma que entrera en su territorio.

Sabía que eso era cierto, porque había leído sobre el tema de la territorialidad en los viejos libros de Biología. Me había enterado de que los animales matan a los de su propia especie por una larga lista de razones. Ciertamente, atacan siempre que creen que van a ganar. Los animales rara vez pelean porque son muy buenos prediciendo quién va a ganar. El cortisol hace que el probable perdedor desista de pelear cuando percibe su relativa debilidad. Los rousseaunianos llaman a esto «vivir en paz», pero ésa no es una descripción honesta de los hechos.

A lo largo de los años en que trabajé en el zoológico, aprendí que las personas que trabajan ahí aman a los animales, pero odian tener que reconocer la realidad de la agresividad animal. De manera que toman precauciones para proteger a sus animales, pero no reconocen el motivo por el cual las toman. Construyen una reja alrededor de un animal sin decir que, si no lo hicieran, su vecino lo mataría. Inventan eufemismos conmovedores para explicar la presencia de rejas. En los cinco años que trabajé en el zoológico escuché un montón de eufemismos (hablo más sobre ello en mi libro *Status Games*).

El impulso territorial llamó mi atención una vez más durante una visita que realicé a Medellín, Colombia. Una guía turística nos dijo que la violencia en la ciudad había llegado a su fin cuando construyeron un teleférico que iba desde el centro de la ciudad hasta la parte más alta de los barrios marginales. Nos dijo que el teleférico finalmente dio a los jóvenes acceso al centro de la ciudad. Le pregunté por qué antes no habían podido ir al centro, pero ella evadió mi pregunta, así que se la repetí unas cuantas veces. Finalmente me dijo que había autobuses, pero que la calle pasaba por diferentes territorios de bandas y que muchos chicos eran asesinados por las bandas rivales durante el trayecto. Luego señaló hacia una biblioteca que se encontraba en la cima de la colina y dijo que la violencia había cesado cuando el Gobierno la había construido. Esto sugiere que las personas se estaban matando unas a otras porque no había una biblioteca. Los eufemismos son atractivos porque la verdad no es atractiva.

No estoy diciendo que la violencia sea inevitable. Lo que estoy diciendo es que la negatividad llega fácilmente a este cerebro que hemos heredado, de modo que la positividad es una habilidad que cada nueva generación debe aprender. Cuando nos dicen que la paz y el amor son el estado automático por defecto, no vemos la necesidad de enseñar esa habilidad. Es necesario que haya una información realista sobre la naturaleza humana para que podamos tomar buenas decisiones.

La violencia es menos común en la actualidad de lo que lo era en el pasado, aunque si miras las noticias no parece ser así. La mayoría de la gente aprende a contener el impulso de conseguir cosas por la fuerza que hemos heredado de los primeros mamíferos. Pero no sabemos eso porque la información sobre los primeros mamíferos es filtrada a través de la lente rousseauniana.

Los niños pequeños se pelean por los juguetes con los impulsos de supervivencia de nuestros antepasados primitivos. Todo niño pequeño debe aprender a reprimir sus impulsos o, de lo contrario, los llevará a la edad adulta. No nacemos con habilidades de regulación de las emociones. Nacemos con la capacidad de aprender de la experiencia. Un bebé tiene miles de millones de neuronas, pero muy pocas conexiones entre ellas. Las conexiones se crean con cada experiencia, especialmente cuando una experiencia activa tus sustancias químicas. La neuroplasticidad llega a sus niveles más altos en la juventud, de manera que las primeras experiencias crean importantes autopistas en el cerebro. Podemos redireccionar una vía más adelante, pero toma tanto trabajo que no ocurre a menudo. Nuestras primeras experiencias nos marcan en mayor medida de lo que nos gustaría. Para que las personas eviten la violencia, el cerebro de cada recién nacido debe aprender a controlar su propia negatividad. Sin embargo, nuestras instituciones de confianza nos dan la información en segmentos, de una forma que oculta las realidades no rousseaunianas de la vida.

Las facultades de medicina no enseñan lo que hacen las sustancias químicas cerebrales en los animales. Tu médico fue formado en el modelo de enfermedad de la salud mental. Los médicos han aprendido a ver las sustancias químicas desde el punto de vista de la enfermedad, mas no cuáles son sus funciones naturales saludables.

La psicología académica no enseña la biología que explico en este libro. Antes bien, se centra en la creencia de que «el problema es la sociedad». Culpa a las corporaciones de manipular tu dopamina en lugar de ayudarte a manejarla. Busca la oxitocina en los abrazos grupales e ignora la verdadera dinámica de una manada o un grupo de mamíferos. Aporta pruebas de una epidemia de salud mental, sin reconocer el núcleo autoinformado de las estadísticas.

Los terapeutas tienen un tipo de política distinto. Te dicen lo que quieres oír hoy con la esperanza de tener un impacto mañana. Y se ajustan a las tendencias académicas para que se considere que lo que hacen está «basado en la evidencia». Si sus clientes y supervisores académicos quieren el modelo de «culpar a la sociedad», entonces eso es lo que las profesiones de ayuda bienintencionadas nos dan.

Los periodistas refuerzan en modelo de enfermedad de la salud mental con frecuentes alertas sobre «señales de alarma». No es de extrañar que tantas personas vean señales en sí mismas o en los demás y lleguen a la conclusión de que no están bien.

Aprendí sobre el cerebro mamífero leyendo estudios con décadas de antigüedad que habían sido pasados por alto. Leí mucho sobre biología evolutiva y psicología cognitiva y até cabos. Fui capaz de hacerlo porque me retiré anticipadamente de mi carrera académica.

De repente, la vida cobró sentido para mí cuando comprendí las raíces mamíferas de nuestras emociones. Sabía que esa información podía ayudar a las personas, así que decidí compartirla tan ampliamente como me fuera posible. Los académicos no han mostrado mucho interés en mi trabajo, y entiendo sus condicionamientos porque yo también los viví. Algunos periodistas mostraron interés en mi trabajo, pero sólo querían consejos para «controlar» las sustancias químicas. Mi médico no conoce el trabajo natural que realizan las sustancias químicas cerebrales de la felicidad, pero él no es responsable de mi felicidad. En cuanto a los terapeutas, estoy agradecida de que me hayan ayudado a ver lo que había debajo de mi barniz verbal, a pesar de que intentaron implantar sus propios modelos.

La perspectiva del mamífero interior ha calado en las personas, más que en las instituciones. Una persona puede sentir rápidamente la verdad de esta información cuando la escucha. Las personas me dicen con frecuencia que sintieron que les quitaban un peso de encima y que su confusión emocional desapareció cuando oyeron esta información. A menudo, me cuentan que cambió su perspectiva sobre todas las cosas y que ahora ven la vida de un modo más despreocupado. Y me dicen que quieren transmitir esta visión a los demás.

Sería bonito que hubiera una forma rápida y fácil de disfrutar de las sustancias químicas de la felicidad, pero este libro explica por qué no es así. Nuestro cerebro guarda las sustancias químicas de la felicidad para los momentos relevantes para nuestra supervivencia, tal como los definen las vías neuronales creadas a partir de nuestras experiencias del pasado. Saber esto te libera de la búsqueda poco realista de «trucos», para que puedas invertir tus esfuerzos en dar pasos para satisfacer tus necesidades, porque eso es lo que activa las sustancias químicas de la felicidad.

Quizás al principio esta nueva perspectiva te disguste. Es posible que prefieras culpar a la sociedad de tu infelicidad e insistas en que no es posible que todos los investigadores estén manipulando los datos para que encajen en el modelo de paz y amor. Quizás quieras llamarme una conspiracionista. Pero ¿a dónde te lleva eso? ¿A esperar a que la sociedad te haga feliz y te proporcione «el tratamiento adecuado»? Mientras esperas, se te pasa la vida.

Podrías ser más feliz en este instante si entendieras tu biología. Tus sustancias químicas de la felicidad siempre descenderán después de haber brotado, porque no han sido diseñadas para estar activas todo el tiempo. Las sustancias químicas de la infelicidad siempre estarán ahí, porque el cerebro evolucionó para buscar amenazas potenciales. Pero cuando entiendes tu sistema operativo natural, puedes gestionarlo de una forma más efectiva. En lugar de esperar a que los médicos, académicos, terapeutas y periodistas te proporcionen la información, puedes simplemente pasar a la siguiente página.

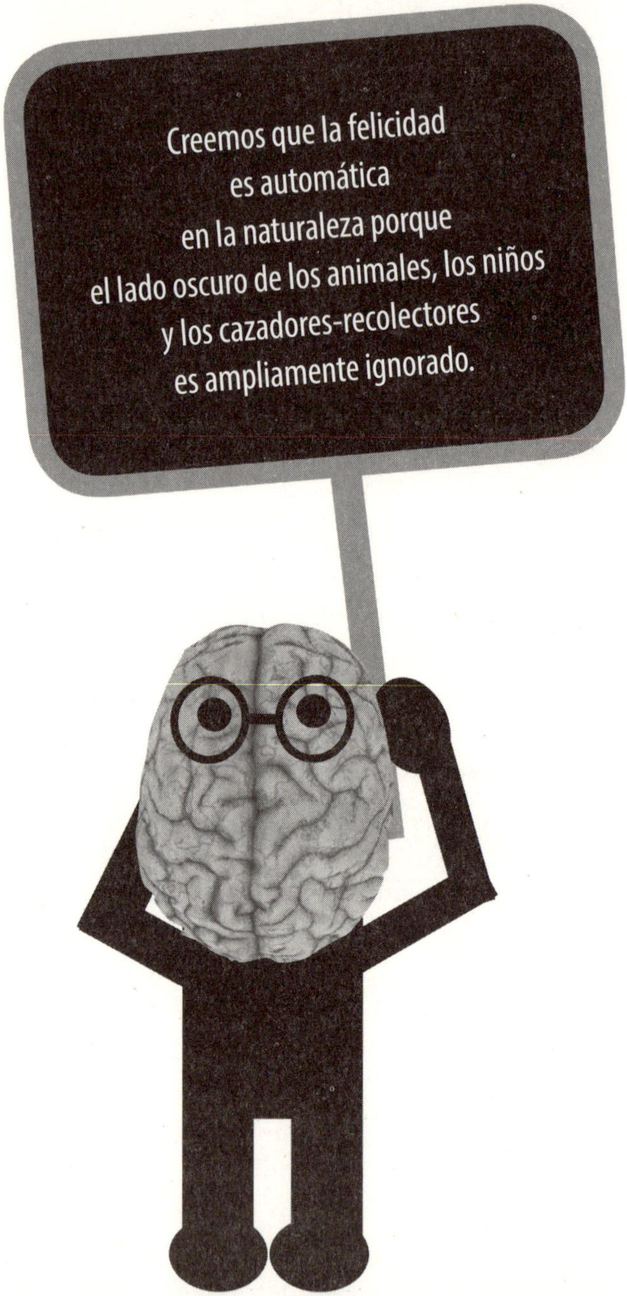
Creemos que la felicidad
es automática
en la naturaleza porque
el lado oscuro de los animales, los niños
y los cazadores-recolectores
es ampliamente ignorado.

Parte 1

Cómo nuestro cerebro produce infelicidad

1
LAS SUSTANCIAS QUÍMICAS DE LA INFELICIDAD

Naciste llorando.

Naciste con una sensación de urgencia respecto a tus necesidades de supervivencia, pero con poca capacidad para satisfacerlas. Un recién nacido siente el malestar del hambre, pero no puede conseguir su propio alimento. Se libera cortisol y eso desencadena el llanto. ¡Funciona! Con el tiempo, aprendiste nuevas respuestas al cortisol de las necesidades no satisfechas, pero el impulso de estallar sigue estando ahí, subyacente. La experiencia fundamental en tu cerebro es el terror de ser incapaz de satisfacer tus propias necesidades.

Los sentimientos negativos existen por una buena razón: nos alertan de las amenazas potenciales para que podamos actuar a tiempo para protegernos. El cortisol crea la sensación de que morirás si no haces que se detenga. Te motiva a hacer lo que sea necesario para aliviarlo, y rápido. Las neuronas se conectan cuando el cortisol fluye, y eso te predispone a prever la amenaza más rápidamente la siguiente vez que veas algo relacionado con eso. ¡No me extraña que seamos tan buenos previendo amenazas!

Cuando naces, tu conciencia de las amenazas es limitada, pero en cuanto eres capaz de ponerte de pie, descubres el dolor de la caída. Quieres evitar ese dolor, así que eres más cuidadoso al dar el siguiente paso. Pero con los nuevos pasos, descubres el riesgo de ser separado de la persona que te cuida. Cuanto más aprendes a actuar, más nuevas amenazas descubres.

El cerebro está diseñado para prever el dolor cuando ves señales que se asemejan al dolor del pasado. Cuando ves ese patrón conocido de alerta, la electricidad fluye hacia el interruptor de «encendido» de tu cortisol. La sustancia química te hace sentir que hay una amenaza inmediata porque no eres consciente de la vía que la ha activado. ¡Y acabas produciendo un montón de cortisol!

Afortunadamente, nacemos con un sistema de búsqueda de recompensa, así como con un sistema de búsqueda de amenazas. Las sustancias químicas que te hacen sentir bien te alertan de las oportunidades de la misma manera en que las sustancias químicas que te hacen sentir mal te alertan del dolor. Preferiríamos sentirnos bien todo el tiempo, pero nuestro cerebro ha evolucionado para mantenernos con vida, no para hacernos felices. Utiliza las sustancias químicas de la felicidad para motivarnos a dar pasos hacia las recompensas y las sustancias químicas de la infelicidad para motivarnos a dar pasos para alejarnos de la amenaza.

Pero nuestro cerebro da prioridad a los sentimientos negativos porque una amenaza puede matarte más rápidamente que una necesidad no satisfecha. El cerebro siempre está decidiendo en qué recompensa o amenaza se va a concentrar. Esto lo hacemos sin ser conscientes, ya que las señales que llegan a tus sentidos fluyen hacia los canales creados por nuestras propias experiencias anteriores. Esos canales conectan una señal con la sustancia química que experimentamos en los encuentros anteriores.

Uno no se da cuenta de que está haciendo eso, porque el cerebro verbal y el cerebro emocional, literalmente, no se comunican. Tu cerebro límbico no puede decirte en palabras que está percibiendo una recompensa o una amenaza, así que tu cerebro consciente tiene que adivinar por qué te estás sintiendo bien o mal.

El cerebro rosado y mullido que ves en las imágenes es la corteza, que sólo existe en los humanos. Su poder especial es encontrar patrones y utilizarlos para hacer predicciones. Pero tu gran corteza humana no controla las sustancias neuroquímicas, ni tampoco al cuerpo. El cerebro mamífero que está debajo de ella las controla. Tu corteza trata de ayudar a tu mamífero interior a sentirse bien encontrando maneras de satisfacer tus necesidades de supervivencia. Tu corteza sigue intentando predecir patrones en las recompensas y en las amenazas para que puedas sentirte bien.

Los animales hacen predicciones inmediatas, mientas que el gran cerebro humano hace grandes predicciones a partir de grandes grupos de datos. Nosotros no esperamos a que la amenaza esté cerca. Sobrevivimos generando imágenes internas de amenazas lejanas para poder actuar para evitarlas. Esas imágenes autogeneradas tienen una apariencia suficientemente real como para desencadenar un aumento del cortisol. Puedes acabar teniendo muchísimo cortisol si adhieres una gran corteza a un sistema límbico mamífero.

El cerebro te recompensa con el sentimiento maravilloso producido por la dopamina cuando ve que una predicción es correcta, y te alarma con cortisol cuando ve que una predicción es errónea. Eso hace que haya dos maneras naturales de sentirte mal: puedes predecir grandes amenazas y hallar evidencia de que estabas en lo cierto, y puedes predecir grandes recompensas y hallar evidencia de que estabas equivocado. Cuando los sentimientos negativos producidos por el cortisol se activan, das por sentado que hay una amenaza real porque no eres consciente de los pensamientos que lo activaron.

EL SISTEMA DE TRANSMISIÓN DE EMERGENCIA DE LA NATURALEZA

Cuando ves a una lagartija asoleándose, podrías pensar que está disfrutando de una felicidad natural que tú te estás perdiendo. Lo cierto es que es todo lo contrario. La lagartija corre el riesgo de ser devorada en cualquier momento mientras está al Sol. Preferiría estar ocultándose bajo una piedra, pero si lo hiciera moriría de hipotermia. Entonces, cuando la temperatura de un reptil baja hasta llegar a niveles peligrosos, se libera cortisol y eso lo motiva a actuar para aliviar su situación. Sale al Sol el tiempo suficiente para satisfacer esa necesidad y permanece en alerta todo el tiempo, ¡a pesar de que él también es un depredador!

Una lagartija siempre se enfrenta a dos opciones malas, pero sobrevive porque su cerebro se concentra en la amenaza más inmediata en cada momento. Todos los mamíferos tienen un cerebro reptil en lo más profundo de su ser. A menudo sentimos que tenemos dos opciones malas, pero nuestro cerebro reptil es experto concentrándose en la amenaza más inmediata. Tu cerebro siempre está buscando amenazas potenciales, de modo que si básicamente estás a salvo, explora una zona más lejana para encontrar amenazas potenciales más distantes. Tu éxito encontrando amenazas potenciales puede llenarte de cortisol y convencerte de que tu vida es espantosa. Es mejor saber que hemos sido diseñados para prever amenazas.

Eso lo hacemos aprendiendo del cortisol. Por ejemplo, nuestros ancestros evitaban los arbustos en los que se escondían los depredadores porque las neuronas se conectan cuando el cortisol fluye. Evitaban los alimentos que les hacían enfermar porque el cortisol abre vías neuronales. Actualmente, el cortisol nos programa para que temamos cualquier cosa que esté vinculada a un momento de liberación de cortisol del pasado. Cuando el miedo se activa, es difícil entender por qué lo hace. Quizás pensemos que se trata de un trastorno, a menos que sepamos que es nuestro mecanismo de supervivencia natural.

Puedes aprender a estar agradecido por tu sistema de alarma natural, en lugar de verlo como un defecto. Uno no toca un fogón caliente dos veces, porque la primera vez el dolor creó una gran vía de cortisol. Esa vía de dolor te prepara para que puedas predecir el dolor en circunstancias futuras similares. Tu cerebro está constantemente previniendo el dolor para protegerte y evitar que te quemes.

El cortisol de una gacela aumenta cuando ésta huele a un depredador, pero ella no huye inmediatamente. Primero reúne información sobre la amenaza, para poder correr en la dirección correcta. Tú también reúnes información cuando tu cortisol se activa. Un cerebro como el tuyo puede encontrar tantas evidencias de una amenaza que puedes acabar produciendo más cortisol. Eso hace que continúes buscando amenazas, lo cual puede crear una espiral de cortisol.

Si no conoces tu biología, te parecerá que tu alarma de cortisol es una amenaza real. Es mejor saber que lo que hace que te sientas mal es una sustancia química y una vía. Pero nadie te lo dice. Sólo te dicen que «nuestra sociedad» produce «estrés».

La sociedad moderna sí afecta a tu cortisol, pero de una forma distinta a la que crees. La vida moderna te libera de tener que caminar largas distancias para buscar agua o leña, de modo que tienes más energía para buscar amenazas lejanas. La sociedad es tan cómoda que encontramos nuevas maneras de utilizar esa energía destinada a buscar amenazas que la naturaleza nos ha proporcionado.

EL SUFRIMIENTO SOCIAL

Las alianzas sociales ayudan a los mamíferos a sobrevivir, de modo que a nuestro cerebro le importan muchísimo las alianzas sociales. El cerebro te recompensa con sustancias químicas de la felicidad cuando satisfaces una necesidad social y te alarma con cortisol cuando tus expectativas sociales se ven defraudadas. Las neuronas se conectan, creando vías que responden a situaciones sociales similares en el futuro. Por ese motivo tienes sentimientos muy intensos sobre esas situaciones y no sabes por qué. Tu cerebro verbal trata de explicar esos sentimientos intensos, y es posible que digan que otras personas «hacen» que te sientas así. Resulta muy útil saber cómo creas esos sentimientos.

El cerebro desarrollado por la selección natural te recompensa con sentimientos positivos cuando haces cosas que ayudan a mantener tus genes vivos. Los animales no son conscientes de sus genes, pero están muy motivados a hacer cosas que atraen al sexo opuesto y que protegen a sus crías. Los sentimientos positivos evolucionaron para recompensar comportamientos que tú has vinculado con atraer a una pareja y proteger a los niños.

Has heredado tu cerebro de personas que tuvieron éxito en la misión de mantener vivos sus genes. Esto puede parecer muy obvio, pero las tasas de supervivencia eran muy bajas en el estado natural y, sin embargo, tus ancestros se las arreglaron para sobrevivir y tener hijos que también sobrevivieron. Ellos te dieron el cerebro que tienes.

Para tu mamífero interior, cualquier obstáculo para la propagación de tus genes es como una amenaza a su supervivencia. Cualquier defecto en tu apariencia puede ser como una amenaza a la supervivencia, aunque no estés interesado o interesada en reproducirte. Cualquier decepción en la vida de tu hijo o tu hija puedes sentirla como si fuera una amenaza a tu supervivencia, aunque no estés centrada conscientemente en la supervivencia de tus genes.

La visión cálida y difusa de los animales dificulta la comprensión del impulso reproductivo. Los animales compiten intensamente por la oportunidad de aparearse. Compiten por el alimento que hace que sus músculos se desarrollen más y por una leche más rica, lo cual ayuda a la propagación de sus genes. Y compiten por las alianzas sociales que les ayudan a atraer a una pareja y a proteger a sus crías de los depredadores. Lo hacen porque su cerebro se lo recompensa con sentimientos positivos. Cualquier revés en esa misión dispara el cortisol, lo cual los motiva a realizar una acción para aliviarlo.

Los pensadores rousseaunianos no te cuentan esto. Hacen que parezca que la vida social de los mamíferos en pura dicha. Cuando tu vida no es así, te preguntas qué es lo que ha ido mal. Los próximos capítulos te explicarán la neuroquímica de la vida social de los mamíferos. Puedes encontrar la información básica sobre el comportamiento social de los mamíferos en cualquier libro sobre biología evolutiva (por ejemplo, en *Social Evolution* de Robert Trivers o *Sociobiology* de EO Wilson). Mi lista de lectura (www.innermammalinstitute.org/readinglist) describe una gran selección de libros sobre la rivalidad social que domina la vida de los mamíferos.

La rivalidad social desencadena fuertes sentimientos en tu vida diaria porque eres un mamífero. Las decepciones en tu búsqueda de alianzas sociales pueden disparar tu cortisol. Tienes un montón de energía para pensar en las decepciones sociales porque no tienes que utilizar esa energía para buscar alimento y agua.

COMO SI ESO FUERA POCO

Es importante saber que la decepción dispara el cortisol. Si no recibes el poni que querías para tu cumpleaños, no lo ves conscientemente como una amenaza a tu supervivencia. Pero cuando las recompensas no satisfacen nuestras expectativas, liberamos cortisol, y ése es el motivo por el cual las pequeñas frustraciones pueden sentirse como grandes amenazas.

Para entender la química de la decepción, imagina a un león persiguiendo a una gacela, y la gacela se empieza a escapar. El león odia tener que darse por vencido porque está muy cerca y él tiene mucha hambre. Pero un león moriría de hambre si estuviera constantemente persiguiendo gacelas que se escaparan. Darse por vencido favorece la supervivencia porque pone fin a una persecución fallida y libera la energía para pueda ser utilizada en una perspectiva mejor. Un león se rinde cuando el cortisol de la decepción supera al cortisol del hambre. Hace falta mucho cortisol para hacer que el león tenga un sentimiento negativo respecto a esa gacela que antes le despertaba un sentimiento positivo, y por eso la decepción le hace sentir tan mal.

El cortisol de la decepción favorece la supervivencia porque te avisa que tu inversión de energía no está obteniendo un beneficio. Imagina que tu antepasado cazador-recolector está buscando agua en medio de una sequía. Es posible que suba a una montaña porque espera encontrar agua en el otro lado. Imagina su desilusión si, cuando llega ahí, ve que no hay agua. Ahora su sed es más urgente y se ha quedado sin energía. Un gran aumento del cortisol conecta las neuronas, lo cual le ayuda a evitar esa predicción incorrecta en circunstancias similares futuras.

La decepción te lleva de las expectativas positivas a las expectativas negativas en respuesta a la nueva información. Nos gustaría sentirnos bien todo el tiempo, pero los sentimientos negativos te ayudan a dejar de gastar energía en una causa perdida. El cortisol de la decepción libera tu energía para que la utilices en una recompensa que sí puedes obtener. Éste es el motivo por el cual una decepción amorosa te hace sentir tan mal. Está ayudando a recordarte que ese sentimiento negativo favorece la supervivencia de tus genes si pones fin a una empresa imposible, para que puedas iniciar otra más posible.

Todos tenemos una energía limitada, así que nuestro cerebro está diseñado para tomar decisiones acerca de dónde invertirla. Tu cerebro está comparando continuamente tus resultados con tus expectativas. Si obtienes un beneficio mayor al esperado, la dopamina hace que te sientas maravillosamente bien. Si obtienes menos de lo que esperabas, el cortisol hace que te sientas fatal. Entonces, esperar mucho puede producir muchísimo cortisol. Es posible que tengas una buena vida…, pero no es lo que esperabas.

FINALMENTE, UN ALIVIO

Los sentimientos negativos son difíciles de ignorar porque el cortisol está diseñado para llamar tu atención. Tu supervivencia depende de ello. Cuando una gacela huele a un depredador, preferiría seguir comiendo, pero una gacela que ignora a los depredadores sería eliminada del fondo genético. Las gacelas sobreviven porque su respuesta de cortisol a los depredadores es mayor que su respuesta de cortisol al bajo nivel de azúcar en sangre de un estómago vacío. El cortisol hace que el cerebro se concentre en cualquier cosa en la que el sentimiento negativo se detenga. Una gacela corre hasta que las señales del depredador han desaparecido y luego retorna a la alegría de comer. Un mamífero sobrevive porque hace cosas que cambian un sentimiento negativo por uno positivo.

Cuando el cortisol baja, sientes que te has salvado la vida, y tu cerebro mamífero te recompensa con dopamina. Imagina, por ejemplo, que tienes congestión nasal mientras estás dormido en la noche y no estás respirando suficiente aire. El cortisol te despierta con una sensación urgente de ahogo y la primera bocanada de aire hace que te sientas muy bien. La dopamina aumenta cuando haces lo necesario para satisfacer una necesidad.

Cuando la dopamina fluye, las neuronas se conectan y eso hace que, en el futuro, en situaciones similares, tomes medidas efectivas. Todos estamos muy motivados para repetir los comportamientos que han hecho que el cortisol disminuya en nuestras propias experiencias pasadas. Esto puede dar como resultado comportamientos no deseados. Por ejemplo, si un videojuego te produce alivio en un momento en el que estás decepcionado, eso te programa para que pienses en videojuegos la siguiente vez que sientas una decepción. El alivio no significa necesariamente que el problema subyacente se haya resuelto. El mero hecho de interrumpir los pensamientos negativos es suficiente, porque la gran corteza humana desencadena la subida del cortisol con sus propios pensamientos. Si imaginamos a un león, podemos activar sentimientos de amenaza. Pero no podemos imaginar a un león mientras estamos jugando a un videojuego.

La distracción es popular porque funciona. Dejas de pensar en las amenazas cuando tu cerebro encuentra una recompensa en la cual se puede concentrar. Cualquier recompensa que esté disponible inmediatamente es sumamente deseable en un momento de ansiedad. La dicha que te produce el alivio crea una vía hacia los sentimientos positivos que en el futuro utilizarás sin recordar conscientemente cómo la creaste.

Tu mamífero interior siempre está tratando de hacer que el cortisol descienda de las formas en que lo ha hecho antes. Nuestros ancestros buscaban leña en la nieve porque esperaban que eso aliviara más sentimientos negativos de los que creaba. Seguían el rastro de los animales bajo un Sol de justicia porque esperaban que el sentimiento negativo les trajera alivio para el hambre. Quizás te guste comer o hacer fogatas, incluso cuando no tienes hambre o frío, porque experiencias del pasado te han programado para que esperes que esas actividades te hagan sentir bien.

Entonces, supongamos que te sientes incómodo en una situación social y que ese sentimiento negativo se convierte en positivo cuando participas en un determinado ritual social. Eso entrena tu cerebro para que espere sentir alivio con ese ritual en particular. Los rituales sociales de otras personas pueden parecerte descabellados, pero sientes que el tuyo te salva la vida.

¡YO NO PIENSO ASÍ!

Es posible que insistas en que tú no piensas así. Tú crees que tus acciones son puramente racionales. Ése es tu cerebro verbal intentando satisfacer tus necesidades sociales sin saber cómo funciona el resto del cerebro. Vamos a examinar esto detenidamente.

La electricidad en tu cerebro fluye como el agua en una tormenta, encontrando senderos en los que hay poca resistencia. Crees que sabes lo que está ocurriendo cuando la electricidad fluye fácilmente por las viejas vías. Te sientes seguro porque puedes identificar rápidamente las amenazas y las oportunidades.

Es posible que te burles de otras personas porque ven el mundo a través de la lente de las viejas vías, así que es importante que sepas por qué todos nos apoyamos en ellas. Si ignoraras tus viejas vías, verías el mundo como un bebé recién nacido cada día. Nada tendría sentido. El mundo inunda tus sentidos con detalles y las viejas vías lo reducen a lo que es relevante para tu supervivencia. Esto lo hacen con una elegante simplicidad, dejando que la electricidad fluya hacia un canal cercano que se construyó a partir de recompensas o dolor del pasado.

Ciertamente, las viejas vías no son una guía perfecta para las experiencias nuevas. Es maravilloso saber que tenemos el poder de detener el flujo de electricidad y redirigirlo, pero es difícil redirigir el flujo de un canal grande hacia un canal pequeño y poco desarrollado. Por eso nos aferramos a las viejas vías a pesar de nuestras mejores intenciones. Afortunadamente, un canal nuevo se agranda cada vez que lo activas. La tercera parte de este libro te enseña a hacerlo. Por ahora, tenemos que apreciar a nuestro piloto automático, porque estamos diseñados para utilizarlo la mayor parte del tiempo. En lugar de señalar con el dedo a los demás por confiar en su piloto automático, deberías hacerte amigo del tuyo.

Quizás pienses que nuestras vías provienen de un mapa genético, pero no es así. Las tortugas están codificadas genéticamente, de manera que una tortuga recién nacida puede salir de su hogar y encontrar su propio alimento. Los reptiles nacen con el conocimiento de sus ancestros, mientras que los humanos nacemos sin ningún conocimiento, pero con la capacidad de hacer conexiones a partir de nuestra propia experiencia. Un humano recién nacido tarda mucho tiempo en crear suficientes conexiones como para ser capaz de salir de su hogar y encontrar alimento.

Este proceso depende de las sustancias químicas de las emociones. Cuando satisfaces una necesidad, se activa una sustancia química de la felicidad y crea una vía neuronal que dice «esto es bueno para ti, encuentra más de esto». Cuando ves un obstáculo para satisfacer una necesidad, se activa una sustancia química de la amenaza y crea una vía que dice «esto es malo para ti, evítalo».

Las experiencias que tienes antes de los ocho años y durante la pubertad crean las vías más grandes en tu cerebro porque es entonces cuando tienes muchísima *mielina*. Esta sustancia grasa recubre las neuronas de la misma manera en que el aislamiento recubre un cable, de manera que la electricidad fluye con mucha más rapidez. Nuestras neuronas mielinizadas son tan eficientes que nos apoyamos fuertemente en ellas. Uno no es consciente de que las está eligiendo. Simplemente uno se deja llevar por la corriente.

Tu cerebro verbal piensa que está controlándolo todo porque es el que habla. Pero tu corteza verbal no puede realizar tareas a menos que tu cerebro límbico active las sustancias químicas. Tu cerebro verbal piensa que es el que lo dirige todo, pero es sólo el narrador. Y por eso a menudo hacemos cosas que lamentamos y no hacemos lo que teníamos intención de hacer.

EL DESAFÍO DE LA FELICIDAD

Hay tantas formas de sentirse mal que uno se pregunta cómo es que una persona puede llegar a ser feliz. Vamos a examinar esta cuestión desde una perspectiva animal. La mayoría de los animales corren el riesgo de ser devorados o de ver cómo devoran a sus crías. ¿Cómo se concentran en las recompensas en un mundo lleno de amenazas?

Gracias al hambre.

Cuando el hambre desencadena un sentimiento negativo, el animal sabe qué acciones harán que se sienta bien. Un lobo caza durante todo el día para conseguir suficiente comida, pero su dopamina se dispara con cada paso que da hacia su presa. Un mono puede pasarse una hora tratando de abrir una nuez, pero su dopamina continúa fluyendo porque ésa es su única fuente de proteína. Nos olvidamos del impulso animal para satisfacer sus necesidades porque confundimos a los animales con las mascotas. La dopamina de un animal doméstico se activa cuando ponemos comida en su plato. Es posible que prefieras que te pongan comida en el plato en lugar de trabajar todo el día, pero tu dopamina no se activará de la forma natural.

Un animal en la naturaleza debe realizar acciones efectivas para sentirse bien. Una gacela debe buscar su alimento. Un mono debe lograr abrir las cáscaras de las nueces para poder comerlas. El cerebro que se ha desarrollado por la selección natural guarda las sustancias químicas de la felicidad para las acciones que satisfacen necesidades. Tú has heredado un cerebro diseñado para liberar sustancias químicas cuando realizas una acción efectiva. Si no estás de humor para la acción, entonces no activarás las sustancias químicas de la felicidad. Sería bonito que fluyeran todo el tiempo sin ningún motivo, pero no es así como funciona nuestro cerebro.

La sensación agradable que nos da la dopamina cesa tan pronto como la necesidad es satisfecha. Los animales no se inquietan cuando su dopamina se detiene, porque ellos no esperan que esté activa todo el tiempo. No produce más cortisol por esperar que la vida esté libre de estrés. Simplemente, buscan oportunidades para cambiar los sentimientos negativos por sentimientos positivos.

Pero los humanos tenemos una corteza que analiza. Cuando un sentimiento positivo cesa, nos preguntamos por qué y esperamos poder ponerle remedio para sentirnos bien todo el tiempo. ¡No es fácil ser un mamífero con un cerebro grande.

EL ESPAGUETI EN TU CEREBRO

Todos nos enfrentamos a la vida con los espaguetis de vías neuronales creados por nuestras experiencias individuales singulares. Y todos nos sentimos frustrados porque las experiencias tempranas no pueden predecir a la perfección qué es lo que va a satisfacer nuestras necesidades en la adultez. Los monos pueden conseguir comida con las habilidades que aprenden en su juventud, pero es posible que la forma en que tú aprendiste a obtener alimento en tu niñez no funcione más adelante. Todos tenemos el desafío de movernos por el mundo con un cerebro que se ha formado basándose a una colección aleatoria de experiencias tempranas.

Pero no eres un prisionero de las vías neuronales que se formaron en tus primeros años de vida. Tu corteza prefrontal tiene el superpoder de redirigir tu electricidad. La corteza prefrontal humana es aproximadamente tres veces más grande que la de un simio, cuya corteza prefrontal es aproximadamente tres veces más grande que la de un mono, la cual es el triple que la de un perro. Entonces, podemos ser más que nuestro piloto automático. Pero esto es más difícil de lo que crees, porque la electricidad fluye mal en las neuronas poco desarrolladas. Es como tratar de desviar un río hacia una pajita. Son necesarias muchas repeticiones para construir una nueva vía, y ése es el motivo por el cual utilizamos antiguas vías incluso cuando conocemos sus defectos.

Es posible que detestes la idea de apoyarte en las antiguas vías. Es posible que deplores la «inconsciencia» de otras personas y te enorgullezcas de tu «conciencia» superior. Pero tienes diez veces más neuronas que van de tu cerebro a tus ojos de las que tienes en la dirección contraria. Esto significa que estás diez veces más equipado para encontrar lo que estás buscando que para interpretar lo que venga. Estás más equipado para oír los sonidos que quieres oír que para oír lo que te llegue. Nuestro gran cerebro está diseñado para encontrar información que se ajuste a nuestras expectativas, incluso cuando piensas que sólo estás guiándote por los datos. Entonces, incluso cuando una vía conduce a la infelicidad, tendemos a utilizarla porque está ahí.

MÁS RAZONES PARA SENTIRNOS MAL

1. Mortalidad

Los animales no son conscientes de su propia mortalidad porque sus pequeños cerebros no son capaces de crear abstracciones. La muerte es una abstracción, de manera que hace falta una corteza humana para procesar el horrible hecho de que tus esfuerzos por sobrevivir algún día fracasarán. Oyes el tictac de un reloj y eso dispara tu cortisol. Esto intensifica la frustración de las pequeñas decepciones.

2. Neuronas espejo

Las neuronas espejo ayudan a un mono a imitar al compañero de manada a romper una nuez. Le indican a la gacela que debe correr cuando su manada corre. Los humanos nos fijamos en las recompensas y en las amenazas de las personas de nuestro entorno en nuestros primeros años de vida. Las neuronas espejo hacen que los niños reproduzcan la alegría y también el dolor de los demás, sin saber conscientemente por qué lo están haciendo.

3. Habituación

Los sentimientos positivos no duran porque el cerebro está habituado a las recompensas ya existentes. Si tienes sed en el desierto, encontrar agua hace que te sientas muy bien, pero el sentimiento positivo cesa cuando la necesidad es satisfecha, de manera que permanecer en un oasis no te hará feliz. Nuestras neuronas ganan y pierden receptores para adaptarse a los altibajos de las sustancias químicas de la felicidad. Entonces, incluso si piensas que serás eternamente feliz si logras un determinado objetivo, tu cerebro pronto se habitúa a esa recompensa y vuelve a dedicarse a buscar amenazas. Incluso puedes preocuparte por perder una recompensa sin disfrutar el hecho de que la tienes. Nuestro cerebro ha evolucionado para concentrarse en las necesidades no satisfechas en lugar de disfrutar lo que ya tiene.

ENTONCES, ¿CUÁLES SON LAS IMPLICACIONES DE ESTO?

Tu cerebro no va a liberar sustancias químicas de felicidad todo el tiempo, y en ocasiones liberará sustancias químicas de amenazas. No puedes eliminar estos altibajos naturales, así que lo mejor que puedes hacer es entenderlos.

Puedes dejar de ver las subidas de cortisol como una crisis, aunque sientas que eso es lo que es. Esto es difícil de hacer porque el cortisol crea una sensación de alarma en todo el cuerpo. A mí me empezó a resultar más fácil aceptar mi cortisol cuando me informé acerca del hombre que acuñó el término «lucha o huida». Hace un siglo, Walter Cannon estaba estudiando las respuestas de los animales al cortisol en la Facultad de Medicina de Harvard. Estaba tratando de averiguar por qué una sola sustancia química afectaba a prácticamente todos los sistemas del cuerpo. El cortisol afecta a los sistemas cardiovascular, digestivo, reproductivo e inmune, además de a la vista y a la piel. De repente, Cannon vio el patrón: cada efecto ayuda al animal a maximizar su energía en el momento en el que está experimentando una amenaza. Cuando sabes cómo afecta el cortisol a tu cuerpo, la intensidad de la infelicidad cobra sentido.

No es agradable pensar que tus vías de cortisol se crearon durante la vulnerabilidad de tu juventud. A mí me ayudó el hecho de entender el motivo de esto. Los animales tienen infancias muy cortas. Un ratón es una cría dependiente de su madre sólo por dos meses. Después de ese tiempo, es sexualmente maduro, de manera que puede ser abuelo a los cuatro meses de edad. Un mono madura en uno o dos años, y un simio en aproximadamente seis años. Un mamífero bebé normalmente muere si su madre muere, de manera que la naturaleza quiere que se desarrolle rápidamente. En ese contexto, la infancia humana es sumamente larga.

Tenemos esta infancia tan extensa por una razón. Nuestro gran cerebro consume mucho oxígeno y glucosa, así que realmente tenemos que sacarles provecho a esas neuronas adicionales. Y lo hacemos conectándolas a partir de la experiencia, lo cual hace que nos adaptemos al mundo en que vivimos y no al mundo de nuestros ancestros. Pero eso nos obliga a desarrollar habilidades de supervivencia desde el inicio y necesitamos protección durante el tiempo que lleva desarrollarlas. Desde la perspectiva de la naturaleza, tus primeros circuitos son una inversión colosal. Quizás pienses que cuando te fuiste de casa y aprendiste todo sólo más adelante borraste toda la programación de la infancia, pero el cerebro no funciona así. En lugar de pensar que es vergonzoso funcionar en base a unas viejas vías, puedes verlo como un logro que tardó millones de años en evolucionar.

Puedes redirigir tu electricidad desde las vías viejas hacia las nuevas, pero ésa es una habilidad en la que debes trabajar. Sólo desarrollas esa habilidad si sabes por qué la necesitas. No tienes ningún motivo para desarrollarla si crees que la felicidad es un derecho o un fallo del sistema. La desarrollas cuando conoces la verdad biológica.

El modelo de enfermedad de la salud mental no te ayuda a descubrir el poder que tienes sobre tu cerebro. Es bonito creer que tu cerebro se puede reparar como si fuera un automóvil, pero esa creencia tiene un precio muy alto.

- Crees que se supone que debes sentirte bien todo el tiempo, lo cual hace que tus bajones sean más estresantes de lo que deberían ser.

- Crees que los demás se sienten bien todo el tiempo y que te lo estás perdiendo.
- Crees que se supone que los sentimientos positivos deben llegar sin esfuerzo, de modo que pasas por alto la habilidad necesaria para gestionarlos.

Anhelamos tener sentimientos agradables que alejen los sentimientos desagradables porque así es como nuestro cerebro está diseñado para funcionar. Pero los sentimientos positivos no llegan tan fácilmente como esperamos, y eso lo explico en el próximo capítulo.

2

LA INFELICIDAD DE LA DOPAMINA

Últimamente, la dopamina está recibiendo mucha atención, mayormente negativa. Te enseñan a culpar a la dopamina de tus malos hábitos y a las empresas de manipular tu dopamina. Se ha vuelto popular hacer una «dieta de dopamina». Sin embargo, rara vez se explica cuál es su función natural, de modo que esa visión alarmista no es cuestionada.

La dopamina crea una sensación de excitación cuando encuentras la manera de satisfacer una necesidad. El cerebro define eso de una forma muy sencilla: cualquier cosa que haya activado tu dopamina en el pasado, la activa en el presente, porque se ha creado una vía. Un mono hambriento se excita cuando ve una fruta porque en el pasado una fruta alivió su hambre y disparó su dopamina.

La dopamina libera tu tanque de reserva de energía para ayudarte a obtener esa recompensa que esperas. Por eso hace que te sientas bien. Queremos que la excitación de la dopamina se mantenga siempre, pero si así fuera no podría hacer su trabajo. Su trabajo consiste en llamar tu atención cuando aparece una buena oportunidad. La dopamina es la forma que tiene el cerebro de decirte: «¡Invierte energía ahora, porque es probable que obtengas una recompensa!».

Pero no siempre obtienes la recompensa esperada. El cortisol es liberado para hacerte saber que no te estás acercando a ella y la dopamina se libera para hacerte saber que sí lo estás haciendo. Los sentimientos positivos y negativos te ayudan continuamente a elegir el mejor paso a dar. Ésa es la tarea para la cual evolucionaron las emociones.

En el estado de la naturaleza, la dicha de la dopamina no es algo filosófico. Si no has comido y esperas encontrar alimento en el otro lado de la montaña, sientes alegría cuando llegas a la cima. No juzgas el hecho de que tu alegría descansa sobre la mundana satisfacción de tus necesidades. Pero en el mundo actual, a menudo se asocia la alegría con valores más elevados, así que nos cuesta creer que la dopamina se dispare cuando satisfacemos una necesidad egoísta. Este capítulo te muestra que la dopamina aumenta cuando satisfacemos necesidades sociales, y los valores más elevados pueden hacer eso.

La dopamina se detiene cuando obtienes la recompensa que buscabas porque ya ha hecho su trabajo. Si tu dopamina estuviera activa todo el tiempo, perderías energía corriendo detrás de malas oportunidades y no verías las buenas. La dopamina evolucionó para favorecer la supervivencia, no para hacerte feliz. Ciertamente, a las personas les entusiasman las cosas que son malas para la supervivencia. Este capítulo te muestra cómo las viejas vías neuronales causan esta paradoja.

La dopamina nos hace sentir tan bien que queremos que esté activa todo el tiempo, de manera que cuando el brote de dopamina cesa, estás ansioso por encontrar una nueva manera de provocarlo. Por eso la gente siempre parece estar persiguiendo algo y siempre está buscando la siguiente cosa que va a entusiasmarla. Se nos dice que esa búsqueda continua es una mala forma de pensar y que es culpa de la sociedad. Nadie nos dice que así es como está diseñado nuestro cerebro para funcionar porque nuestros antepasados tenían que estar buscando constantemente para no morir de hambre. Nosotros siempre queremos dopamina, pero no estamos diseñados para que fluya sin esfuerzo. Y la creencia de que tener dopamina constantemente es «normal» y que es un derecho no nos beneficia. Lo que nos beneficia es aprender la compleja habilidad de controlar nuestra dopamina.

LA DICHA DE UNA BIOLOGÍA REALISTA

Es posible que la verdad acerca de la dopamina no te resulte atractiva. Es posible que no te guste la idea de que es activada por cualquier cosa que haya satisfecho tus necesidades en el pasado. Quizás te gustaría que te diera una explicación más ética o mística. Es posible que quieras culpar a alguien, que no seas tú, por los altibajos de tu dopamina. Pero el conocimiento realista de la dopamina te ayuda a controlar tu impulso natural de repetir comportamientos que la activan.

El impulso de satisfacer tus necesidades no es consciente porque está controlado por el cerebro no verbal. Para entender este impulso, imagina que eres un mono hambriento. Buscas una manera de aliviar el hambre y ves una fruta madura en la distancia. La excitación de la dopamina se activa porque la fruta encaja con el patrón de algo que te alivió el hambre en el pasado. Te vas acercando a la fruta y cada paso que das hace que brote más dopamina. Cuando finalmente agarras la fruta, la dopamina cesa porque ya ha hecho su trabajo.

La función de la dopamina es difícil de entender porque imaginamos a nuestros ancestros en un paraíso exuberante donde todo está a nuestro alcance. La dopamina tiene más sentido cuando conoces la dificultad de satisfacer las necesidades en la naturaleza. Cuando un grupo de monos encuentra un árbol lleno de fruta madura, la consumen rápidamente y luego tienen que encontrar otro árbol para su siguiente comida. Mientras buscan, corren el riesgo de encontrarse con otra manada de monos, lo cual puede ser violento. En la época de sequía, los monos tienen que buscar más lejos y se arriesgan a tener más encuentros con vecinos hostiles. Acaban recorriendo largas distancias y comiendo fruta que no está madura.

Un mono define cuáles son sus necesidades sin hacer un análisis racional. Simplemente mira a su alrededor hasta que algo activa su dopamina. Eso funciona porque la dopamina conectó todas las neuronas activas en el momento en que la necesidad fue satisfecha en el pasado. Eso quedó grabado en la percepción del mono de la fruta, de las hojas que había alrededor de ella, de la forma del árbol e incluso de los sonidos y los olores que había en ese momento. Ahora, la dopamina se activa cuando percibe ese conjunto de elementos.

Cuando un mono ve una fruta en la distancia, los pasos que da para acercarse a ella son más complejos de lo que podrías imaginar. Primero busca un camino seguro para llegar hasta la fruta, y si lo encuentra, su organismo libera dopamina. Luego, planea su primer paso buscando una rama que pueda sostener su peso sin peligro. Cuando encuentra un primer paso factible, se libera más dopamina, y con cada paso que va dando hacia la fruta se va liberando más y más. El mono sigue mirando hacia adelante para asegurarse de que no haya un mono más grande que se considere propietario de la fruta, porque no quiere desperdiciar esfuerzos en una causa perdida. Tú no percibes todos estos pasos cuando ves a un mono balanceándose entre los árboles. Es posible que pienses que simplemente está sintiendo la alegría de vivir en la naturaleza y que las frutas aparecen en sus manos.

Tu barriga llena hace que te resulte difícil entender la dopamina, de manera que es necesario un experimento mental. Imagina que estás perdido en una excursión y no has comido en todo el día. Deambulas por el bosque buscando tu zona de acampada y no puedes dejar de pensar en el emparedado que está en tu coche. Cuando finalmente te haces con ese sándwich rancio, no puedes creer lo delicioso que está. ¡Ésa es la dopamina!

Ahora, imagina que eres un bebé recién nacido. Tienes hambre, pero no entiendes la causa de esa sensación molesta. De repente, algo entra en tu boca y te sientes bien. Antes de saber lo que es la leche, el hecho de haber satisfecho esa necesidad hace que la dopamina se dispare. Eso conecta todas las neuronas que están activas en ese momento. Ahora, te sientes bien cuando oyes la voz de tu madre. Antes de saber lo que es una persona, puedes predecir que tu angustia se aliviará.

Ahora, consideremos la perspectiva de la Edad de Piedra. Imagina a tus ancestros cazadores-recolectores encontrando una gran laguna llena de peces. Ellos disfrutaban de los grandes aumentos de la dopamina porque eso podía satisfacer sus necesidades con un menor esfuerzo. Esto creaba una vía neurológica que les ayudaba a encontrar peces en el futuro.

Nuestro cerebro evolucionó en un mundo en el que había que buscar alimento, en el que no sabías de dónde vendría tu siguiente comida. Hoy en día, es necesaria menos energía para satisfacer las necesidades físicas, de modo que invertimos más en las necesidades sociales. Cuando ves una manera de satisfacer una necesidad social, la dopamina te excita y te ayuda a llegar ahí. Cualquier cosa que satisficiera una necesidad social en el pasado creó estas respuestas. En los próximos dos capítulos exploraremos las necesidades sociales en detalle. Por ahora, podrías pensar en la «virtud» como la expectativa de satisfacer una necesidad social. Cada cerebro busca la virtud de una forma que está definida por sus propias experiencias del pasado. El «honor entre ladrones» es un clásico ejemplo de cómo el cerebro define la «virtud» de una forma que satisface sus propias necesidades de supervivencia.

EL PREMIO GORDO DE LA DOPAMINA

Los alimentos altos en calorías desencadenan la producción de más dopamina porque hacen más para satisfacer las necesidades calóricas. Por eso nos resultan atractivos. Quizás desearías que no fuera así, pero la primera vez que probaste un alimento alto en calorías, la dopamina produjo una sensación de excitación y creó la expectativa de esa emoción. La segunda vez que comiste ese alimento, fue menos excitante porque ya esperabas las bondades de la comida alta en calorías. Pero el gran sendero sigue estando ahí, de modo que sigues teniendo la expectativa de una gran emoción.

La dopamina decae cuando una recompensa satisface tus expectativas y aumenta cuando una recompensa supera tus expectativas. Esto ayudó a nuestros ancestros a centrar sus esfuerzos en los alimentos más gratificantes, y nos ayuda a decidir dónde poner nuestros esfuerzos en la actualidad. En un mundo en el que tenemos un acceso fácil a la comida, hay otros tipos de recompensas que llaman nuestra atención.

Nuestro cerebro está diseñado para concentrarse en necesidades *no satisfechas* y evita gastar dopamina en necesidades que ya han sido satisfechas. Cuando satisfaces tu necesidad de alimento, tu necesidad no satisfecha de agua capta tu atención. Sin un pensamiento consciente, la sensación desagradable de la sed envía electricidad hacia acciones que la aliviaron en el pasado. Se libera dopamina y te sientes bien por haber realizado esa acción. Cuando tus necesidades físicas son satisfechas, las oportunidades de satisfacer necesidades sociales te entusiasman. Cada paso que damos hacia una necesidad no satisfecha dispara la dopamina, de manera que continuamos buscando maneras para seguir disfrutando de ella.

Éste es el motivo por el cual siempre estamos buscando algo más. Cada cerebro define la siguiente gran cosa con vías neuronales construidas a partir de sus propias experiencias del pasado. Si te emociona el tener un nuevo empleo, o ir a una fiesta, o recibir la *pizza* que acabas de pedir por teléfono, esas cosas hacen que te sientas bien porque algo similar satisfizo una necesidad en el pasado.

Si pediste una *pizza,* tu dopamina empezó a fluir en cuanto imaginaste lo bien que te sentirías si comieras una *pizza* en ese momento. Esa dopamina te motivó a dar el siguiente paso, de modo que hiciste la llamada. Ahora estás esperando a que llamen a tu puerta y la dopamina está aumentando. Es posible que el cortisol también esté fluyendo, ya que percibes los costos de esta acción tanto como percibes sus beneficios. Cuando la jugosa bondad de la *pizza* llega a tu boca, la dopamina se dispara y luego cesa. Por desgracias, el cortisol se mantiene durante más tiempo, así que pronto estarás buscando otra manera de hacer que esa sensación molesta se detenga.

Quizás estés pensando que la *pizza* realmente no satisface ninguna necesidad, pero pensemos en las formas en que la *pizza* puede haber satisfecho alguna necesidad en tu pasado. Tal vez hubo un tiempo en el que eras demasiado pequeño para alimentarte a ti mismo y cuando alguien llegó con una *pizza* ya estabas muriendo de hambre. Quizás hubo una época en la que te sentías solo y una *pizza* alivió la sensación de aislamiento. Tal vez te fue mal en un examen y una *pizza* fue una distracción bienvenida.

Ahora, reemplaza la palabra *pizza* con otros hábitos populares de alivio y te resultará más fácil ver por qué repetimos comportamientos que no nos benefician. Las primeras recompensas te programan para que esperes que cualquier cosa similar te aporte sensaciones agradables.

Quizás te estés preguntando acerca de las adicciones. Siempre que una recompensa supera lo que esperabas, se produce un aumento mayor de dopamina. Eso crea un sendero mucho más grande, así que esperas experimentar una emoción muy grande con la misma sustancia. Vamos a llamar a esto «el premio gordo de la dopamina». Si el sendero del premio gordo se creó en tus años de mielina, seguirás prediciendo la recompensa incluso después de experimentar muchas decepciones.

Los premios gordos vienen de muchas formas distintas. Las drogas son premios gordos porque inyectan más sustancias químicas de las que puedes obtener de una forma natural. La novedad suele disparar la dopamina porque cualquier recompensa ha sido inesperada. Batear un jonrón hace que la dopamina se dispare, a menos que llegues a un punto en el que esperas lograr el jonrón, en cuyo caso la sensación agradable cesa. Y, ciertamente, ganar un premio grande en los juegos de azar activa la dopamina del premio gordo, lo cual te programa para que esperes ganar otra vez, a pesar de tu sofisticado conocimiento de las estadísticas.

Ésta es una historia divertida que resalta las peculiaridades de nuestra dopamina. Me encontraba visitando la Universidad St. Andrews en Escocia con una amiga y, cuando pasamos delante de una máquina expendedora, me dijo que esa máquina le había dado dos leches chocolatadas cuando sólo había pagado una. Esto había ocurrido cuarenta años atrás en un viaje que había realizado con sus padres, pero cada vez que pasa por ese lugar, recuerda ese momento. Ella no sabía por qué le ocurría esto, hasta que estudió la dopamina.

Una leche chocolatada gratis no es una gran recompensa para un adulto, pero para una niña que está de vacaciones es un premio gordo. Por supuesto que mi amiga no esperaba que eso volviera a ocurrir. Simplemente tenía una gran vía neuronal debido a un gran aumento de la dopamina.

LA CAÍDA DE LA DOPAMINA

La dopamina nunca dura. Quizás pienses que serás eternamente feliz si terminas una maratón o si encuentras a tu alma gemela o si haces un vídeo viral, pero tarde o temprano la dopamina disminuye y anhelas encontrar alguna manera de producir más. Puedes encontrar maneras saludables de hacerlo, como veremos en la tercera parte del libro, pero primero tienes que saber que la caída de tu dopamina es algo natural. Quizás hayas aprendido a pensar que hay algo que está mal en ti y en la sociedad si no te sientes entusiasmado todo el tiempo. Necesitas tener un conocimiento realista de la biología para liberarte de la creencia de que algo no está bien.

La dopamina cesa cuando consigues lo que buscas. Es posible que odies esa sensación de que la fiesta se ha acabado. Es posible que te desagrade esa sensación de que estás en una cinta de correr y tienes que continuar haciendo cosas para mantener esa sensación agradable. Resulta muy útil conocer el valor de supervivencia de la caída de la dopamina. Cuando nuestros antepasados cazadores-recolectores conseguían suficiente fruta, salían a buscar proteína porque para producir más dopamina hay que tener una necesidad no satisfecha. Cuando ya tenían suficiente comida, buscaban cobijo. Estamos aquí hoy porque la caída de dopamina motivaba a nuestros ancestros a continuar concentrándose en satisfacer la siguiente necesidad. No lo hacían por un motivo racional. Lo hacían porque es algo que hace que uno se sienta bien.

La dopamina disminuye porque su función principal es llevar tu atención a las oportunidades. Las oportunidades más grandes producen mayores brotes de dopamina, pero cuando aprovechamos la oportunidad la dopamina cae.

La mayor recompensa es obtener más de lo que esperabas. Imagina a la persona que descubrió la médula ósea, por ejemplo. Con el simple hecho de romper un hueso obtuvo un nivel de nutrición que le hubiera llevado horas de cacería. La emoción de la dopamina hizo que buscara y encontrar más huesos. Pero el siguiente hueso no produjo un subidón de dopamina tan grande como el primero, porque en la segunda ocasión ya existía la expectativa de la recompensa.

Tu cerebro está comparando continuamente las recompensas con las expectativas. Su un determinado tipo de hueso tiene más médula ósea que otros, ése es un gran premio que vas a recordar. La dopamina te programará para que te fijes en ese hueso rápidamente, y para que te esfuerces por obtenerlo, aunque ya no sentirás la emoción que sentiste cuando lo descubriste por primera vez.

Nada es tan emocionante como lo fue la primera vez, porque tu cerebro no gasta dopamina en lo que no es una novedad. Lo que realmente activa su producción es información nueva acerca cómo satisfacer tus necesidades. Ése es el motivo por el cual siempre estamos buscando cosas «nuevas y mejores», incluso si te opones a eso.

Cuando una recompensa resulta estar por debajo de tus expectativas, liberas cortisol. Eso te ayuda a tomar mejores decisiones acerca de dónde poner tu esfuerzo en el futuro. No piensas conscientemente que la felicidad está en obtener un mayor beneficio de tu inversión de esfuerzo, pero eso es lo que nuestro sistema operativo neuroquímico considera gratificante.

Quizás te gustaría poder transitar por la vida en una nube de dopamina, pero nuestro cerebro no está diseñado para darte eso. Entonces, esperar el premio gordo de la dopamina todo el tiempo hará que te sientas decepcionado. Eso hará que tu cortisol se dispare, causando una sensación de amenaza incluso cuando tus necesidades están siendo satisfechas.

Una forma sencilla de aliviar la frustración producida por la disminución de la dopamina es verla como tu punto muerto. Entre la alegría de avanzar y el dolor de retroceder, tu punto muerto no tiene prejuicios acerca de lo que es bueno o malo. Esto te libera para que puedas evaluar la nueva información de una forma más objetiva. Ver la caída de la dopamina como algo neutro te protege de la subida del cortisol.

Esto es más fácil desde una perspectiva animal. Imagina que eres un león que está observando a una manada de gacelas. Si corrieras detrás de todas las cosas acabarías sin tener nada, porque no tendrías un tanque lleno de energía cuando apareciera una oportunidad viable. El león espera en un estado neutro hasta que ve algo que sabe que puede conseguir basándose en sus experiencias anteriores. Entonces, la dopamina aumenta y el león corre. La dopamina te proporciona la sensación de «puedo conseguirlo», pero sólo cuando ves evidencia de que puedes lograrlo.

¿Y si no crees que puedas conseguir nada? Es posible que te sientas así después del cortisol de la decepción. Recuérdate que los leones fallan un 95 % de las veces que persiguen a sus presas. Pero lo intentan de todos modos porque el cortisol del hambre empieza a superar al cortisol de la decepción. Ellos buscan una manera de aliviar ese cortisol y la dopamina les avisa cuando hay una buena oportunidad.

LA ALEGRÍA DE LA PREDICCIÓN

Cada vez que esperas una recompensa y la obtienes, se libera un poco de dopamina. Hacer una predicción correcta es una manera fiable de liberar dopamina. Por eso una gran parte de la interacción humana gira en torno a la predicción. Hablar del tiempo, del mercado de valores, de deporte y de las elecciones hace que estemos continuamente haciendo predicciones.

Cuando ves una película o lees una novela, estás continuamente prediciendo lo que ocurrirá a continuación y estimulando tu dopamina. Cuando utilizas las redes sociales, tratas de predecir qué publicación será popular. Cuando sales a cenar, tratas de predecir qué restaurante será bueno. Incluso actividades singulares como apostar y la astrología se basan en la dopamina de hacer predicciones.

Las predicciones negativas como «el mundo se está yendo al demonio» también disparan la dopamina, porque te sientes más capaz de evitar las amenazas cuando puedes predecirlas. Encuentras evidencia de las amenazas y dices, «¿Ves? ¡Yo tenía razón!».

Los animales no hacen predicciones para entretenerse. Su supervivencia depende de sus buenas predicciones acerca de qué árbol vale la pena trepar y qué río vale la pena cruzar. Ellos no «saben» qué camino es el mejor de una forma cognitiva. Simplemente asocian la información que llega a sus sentidos con experiencias gratificantes del pasado. Una asociación desencadena un aumento de la dopamina, el cual les motiva a dar el siguiente paso. Si se sigue liberando dopamina, ellos continúan dando pasos. Una gota de dopamina es suficiente para motivar a un animal hambriento. No se puede esperar al premio gordo cuando el cortisol del hambre le está diciendo «¡Haz algo!». Con frecuencia, nuestros ancestros estaban agotados, pero continuaban dando paso tras paso cuando necesitaban aliviar el cortisol.

Si no tienes hambre, es posible que esperes a que se libere un chorro de dopamina en lugar de actuar con sólo una gota. Por eso nos sentimos tan tentados por cualquier cosa que esté vinculada a un aumento de la dopamina en el pasado. A veces no puedes entender por qué has hecho algo, porque no sabes conscientemente por qué ese patrón te motiva tanto.

La adicción es un camino que predice un premio gordo. Lamentablemente, la recompensa nunca libera tanta dopamina como lo hizo la primera vez, y ésa es la razón por la cual se dice que los adictos «siempre están buscando el primer subidón».

Nuestro cerebro siempre está tratando de predecir qué es lo que nos va a hacer sentir bien. A veces nuestras predicciones son muy específicas y en ocasiones son generales. Por ejemplo, cazar es una predicción específica y recolectar es una predicción general. Cuando recolectas, puedes buscar cualquier cosa que te haya dado una recompensa en el pasado. Tu punto muerto te abre a una amplia gama de posibilidades. Un paseo por el bosque o una visita a un museo libera dopamina debido a este mecanismo de «buscar y encontrar». Desplazarte por una pantalla puede hacerlo también.

En el mundo actual, el tiempo nos parece más escaso que la comida, de modo que ahorrar tiempo es una recompensa muy valorada. Cuando consigues hacer algo más rápido de lo esperado, la dopamina hace que te sientas entusiasmado. Cuando algo lleva más tiempo de lo esperado, el cortisol hace que te sientas infeliz. Odias a la persona que te hace perder el tiempo y amas a la que te ayuda a ahorrarlo. Tenemos sentimientos intensos acerca del tiempo porque nuestro cerebro lo vincula con la supervivencia. Puedes acabar con muchísimo cortisol si tienes expectativas poco realistas acerca del tiempo que te va a llevar hacer algo.

Cuando tu cerebro libera dopamina, no recuerdas conscientemente las recompensas del pasado que hicieron que ahora las espere. Entonces, nos cuesta explicar nuestra alegría y nuestra excitación, y aceptamos explicaciones que son populares entre la gente de nuestro entorno.

Quizás te sientas ofendido por la idea de que tu alegría proviene de predicciones acerca de recompensas. Te parece algo superficial. Pero es muy útil saber que nuestro cerebro asigna diferentes significados a abstracciones como alegría, excitación, placer, recompensa, necesidades, energía, predicción y recuerdo, pero nuestro mamífero interior las experimenta como una sola cosa.

PREDICCIONES POCO REALISTAS

Los líderes de opinión rousseaunianos describen a nuestros ancestros como unas personas que estaban en un paraíso exuberante en el que los peces prácticamente saltaban a sus regazos. Los antropólogos dicen que nuestros antepasados sólo trabajaban cuatro horas al día y pasaban el resto del tiempo creando arte y haciendo el amor. Esto crea la expectativa poco realista de que nuestras necesidades pueden ser satisfechas sin ningún esfuerzo. Cuando crees en el mito rousseauniano, no ves la necesidad de liberar dopamina.

La ciencia social tiende a glorificar la dicha de los animales, los niños y los cazadores-recolectores, y crea unas expectativas poco realistas. Lo cierto es que los animales, los niños y los cazadores-recolectores experimentan muchas caídas de la dopamina. A menudo, los animales y los cazadores-recolectores no tienen éxito en sus esfuerzos, pero perseveran para poder comer. Los niños humanos también lo hacían en las generaciones pasadas. Ellos buscaban alimento o practicaban la agricultura con sus padres y aprendían que si no adoptas medidas eficaces acabarás pasando hambre. Aprendieron que tienes que cuidar de la vaca para poder tener leche. En la actualidad, los niños consiguen leche sin tomar medidas efectivas, de manera que no aprenden a liberar dopamina de una forma natural.

Los jóvenes suelen decir que están «aburridos», que es la forma coloquial de decir que están experimentando una caída de la dopamina. Anhelan la excitación de la dopamina, pero no saben cómo crearla dando los pasos necesarios para obtener una recompensa. Estar aburrido significa que no esperas satisfacer tus necesidades con tus propios actos. Tus expectativas son la fuente del problema, pero si no sabes cómo funciona tu cerebro, culpas a tu entorno de tu aburrimiento.

Las expectativas realistas acerca de tus propios pasos son el camino fiable hacia la dopamina. Las expectativas realistas te ayudan a concentrarte en las recompensas que puedes obtener, de manera que liberas la dopamina que te facilitará dar el siguiente paso. Las expectativas realistas también te preparan para la caída de la dopamina que llega tras conseguir la recompensa. Nuestros antepasados vivían en un mundo de «festín o hambruna». Sobrevivían actuando de manera realista, no buscando premios gordos. Las expectativas poco realistas producen decepción y te privan de la dopamina.

¿Por qué nadie te dice esto?

Porque las ideas utópicas de la felicidad son más fáciles de vender. La publicidad, la política y la industria médica nos están transmitiendo continuamente el mensaje de que deberías ser feliz en este instante, y si no lo eres, eso debería solucionarse. Nadie te da una visión realista de la dopamina.

ENTONCES, ¿CUÁLES SON LAS IMPLICACIONES DE ESTO?

Los humanos tenemos una sensación de urgencia porque sabemos que nuestro tiempo en este planeta es limitado. Por eso tenemos prisa por obtener recompensas, incluso cuando ya tenemos muchísimas. La dopamina liberada al pasar a la acción nos ayuda a aliviar el cortisol producido por el hecho de ser mortales.

Durante la mayor parte de la historia de la humanidad, las personas tenían pocas opciones respecto a dónde poner su energía porque empezaban a tener bebés en la adolescencia. Estaban ocupadas protegiendo a sus hijos del hambre y de los depredadores. En la actualidad tenemos un abanico más amplio para escoger cual será nuestro próximo paso, pero continuamos viéndolo a través de la misma lente de «vida o muerte».

Tu cerebro siempre va a buscar el siguiente paso a dar para obtener una recompensa. Los antiguos faraones continuaban construyendo pirámides porque ya tenían todas las otras recompensas concebibles. El propio Julio César, cuando ya tenía todas las recompensas conocidas en su época, declaró que era un dios. La reina Victoria se esforzaba continuamente por diseminar sus genes y logró insertar su material genético en la mayor parte de las familias reales de Europa. Quizás te resulte irritante ver a otras personas esforzarse por conseguir nuevas recompensas, pero si eres sincero podrás reconocer que tú también lo haces, porque nuestro cerebro ansía liberar más dopamina. Claro que tú defines tus recompensas a tu manera, basándote en tu propia experiencia singular.

Sin embargo, esa búsqueda de dopamina produce frustración por muchos motivos.

- La dopamina cae después de brotar, de manera que la sensación agradable nunca dura mucho tiempo.

- Tu dopamina fue programada por tus momentos cumbre, y normalmente en la vida hay muy pocos momentos así.
- Las vías creadas por las primeras recompensas son predictoras defectuosas de recompensas futuras.
- Nuestro cerebro se habitúa a las recompensas, de modo que es necesario algo nuevo para activarlo.
- Nos sentimos motivados a repetir conductas que liberan una dopamina a corto plazo, incluso si a la larga nos hacen daño.
- Sentirnos libres de amenazas hace que liberemos dopamina, lo cual nos motiva a repetir esos comportamientos que nos hicieron sentir ese alivio en el pasado.
- La distracción estimula la dopamina porque interrumpe la percepción de amenaza, lo cual crea la ilusión del alivio.

Las expectativas realistas te ayudan a aceptar la caída de la dopamina, en lugar de verla como una amenaza. Pero es difícil tener expectativas realistas cuando las personas de tu entorno piensan de otra forma. Es difícil cuestionar la visión popular de que la alegría es nuestro estado natural y que te han privado de ella. La visión popular se repite con tanta frecuencia que crea una vía en tu cerebro, haciendo que resulte difícil cambiarla.

Es más fácil ver las peculiaridades de la dopamina en otras personas. Cuando otras personas se entusiasman con cosas que te parecen ridículas, mueves la cabeza negativamente. Pero tus propias peculiaridades de la dopamina te parecen realistas porque provienen de tu propia experiencia. No puedes refrenar un determinado entusiasmo y no sabes por qué, así que tu cerebro verbal inventa una «buena» explicación. Te crees tus propias explicaciones hasta que reconoces el poder de las sustancias neuroquímicas y las vías neuronales.

Los dos capítulos siguientes explican por qué las recompensas sociales nos preocupan cuando nuestras necesidades físicas ya han sido satisfechas.

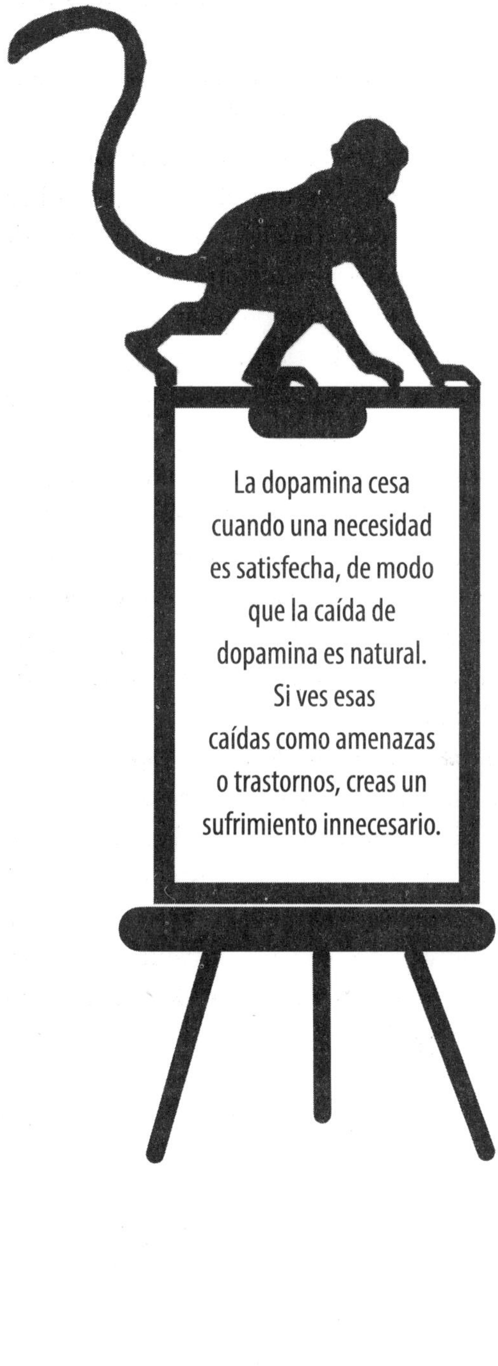
La dopamina cesa
cuando una necesidad
es satisfecha, de modo
que la caída de
dopamina es natural.
Si ves esas
caídas como amenazas
o trastornos, creas un
sufrimiento innecesario.

3

LA INFELICIDAD DE LA SEROTONINA

Normalmente oímos hablar de la serotonina en el contexto de los antidepresivos, así que me sorprendió encontrar un estudio sobre la serotonina en los monos. El estudio mostraba que cuando un mono domina a otro, ello provoca sentimientos positivos. Súbitamente, entendí la vida. Pude ver por qué las personas anhelan tanto el dominio social y por qué se sienten tan amenazadas cuando creen que van a perderlo. El cerebro mamífero busca urgentemente el dominio social porque la serotonina hace que resulte agradable.

En el mundo de los monos, el dominio social trae consigo más alimentos y oportunidades de apareamiento, lo cual hace que más copias de los genes de un mono sobrevivan. La selección natural desarrolló un cerebro que te recompensa con serotonina cuando tienes un momento de importancia social. La serotonina se metaboliza rápidamente, y ése es el motivo por el cual buscamos la importancia social una y otra vez.

Quizás detestes la idea de que unos lindos animales peludos estén ocupados molestándose unos a otros, pero los biólogos saben esto desde hace un siglo. El «orden de picoteo» de las gallinas fue explicado en la tesis doctoral de Schjelderup-Ebbe en 1921. Él observó cómo las gallinas, literalmente, picoteaban la comida en un orden específico y, si no sabían «cuál era su lugar», eran atacadas por las gallinas más fuertes.

Las gallinas determinan el orden de picoteo de una forma muy simple: cada ave pelea contra cada compañera de grupo una vez. Si pierde, el cortisol la programa para temer a esa gallina. Si gana, la serotonina la programa para sentir confianza en su propia fuerza cuando está cerca de esa otra gallina. El tamaño máximo de un grupo de gallinas es de treinta miembros; más allá de eso, no son capaces de recordar a cada uno de los miembros, así que pelean constantemente hasta que el grupo se divide en dos.

Los monos tienen unas dinámicas similares. Un mono joven es mordido si agarra comida cerca de un mono más grande. El dolor dispara el cortisol, lo cual programa al mono pequeño para retroceder la siguiente vez que ve alimentos cerca de un mono más grande que él. Pero continúa estando hambriento, así que busca alimentos que no estén cerca de un compañero más fuerte que él. Si se aleja demasiado de los demás, se arriesga a ser mordido por un depredador, de modo que se siente bastante motivado a encontrar el mejor lugar posible. Esto lo hace comparándose con cada individuo y liberando serotonina cuando ve una oportunidad de estar en una posición de fuerza. El cerebro animal hace comparaciones sociales con un sentido de la urgencia porque su supervivencia depende de ello.

La serotonina no es agresividad. Es una serena seguridad en tu capacidad de satisfacer tus necesidades en un mundo lleno de rivales. Es esa sensación agradable de que puedes relajarte y estás a salvo, porque eres suficientemente fuerte para lidiar con lo que pueda venir. Nuestro cerebro verbal podría llamarlo «orgullo».

Los biólogos han estudiado el comportamiento jerárquico en una amplia gama de mamíferos y han encontrado el mismo patrón una y otra vez. Los animales buscan el dominio social con gran energía, y el éxito favorece la supervivencia de sus genes.

Me sorprendió enterarme de que los animales son bastante quisquillosos respecto a con quién se aparean. Buscan una pareja de un estatus superior, como si su vida dependiera de ello, y desde el punto de vista genético, sí depende de ello. Las hembras tienen las mismas aspiraciones que los machos de formas que las benefician específicamente. (Encuentra detalles en mis libros *I, Mammal* y *Status Games*, y en mi página sobre la serotonina: innermammalinstitute.org/serotonin).

No es de extrañar que los humanos estemos continuamente haciendo comparaciones sociales. No es de extrañar que la gente trate las decepciones sociales más nimias como si fueran amenazas a su supervivencia. Hemos heredado un cerebro que ha sido diseñado para compararse con los demás y reaccionar de una forma química a los resultados. Hacemos esto con una intención consciente, incluso cuando preferiríamos no hacerlo.

Puedes condenar a otros por hacer comparaciones sociales sin darte cuenta de que tú también las haces. Cuando no sabes cómo producir esos sentimientos, crees que los demás te lo están haciendo a ti. Piensas que te están juzgando porque no te das cuenta que tú también juzgas. Crees que te están menospreciando porque no te das cuenta de que tú te menosprecias. Para mí, fue un gran alivio saber que todos los mamíferos buscan una posición superior porque el cerebro recompensa eso con serotonina.

LAS VÍAS DE LA SEROTONINA

Las neuronas se conectan cuando la serotonina fluye, de manera que cada cerebro hace comparaciones sociales con las vías neuronales que se han desarrollado a partir de sus propias experiencias pasadas. En el mundo actual, la fuerza física es sólo una de las muchas maneras de producir ese sentimiento de superioridad. Nuestro enorme cerebro compara una gran lista de parámetros. Es posible que compares tus abdominales con los de otra persona y tus zapatos con los de alguien más. Quizás compares tu «compasión» con la de otra persona. Quizás te burles de las personas a la que les importan los «me gusta» y te sientas superior a aquéllas a las que les gustan los automóviles de lujo. La superioridad moral es una forma confiable de sentirte superior, aunque no lo veas así conscientemente.

Las comparaciones sociales de tu juventud crearon las vías en las que se libera tu serotonina hoy. Si descubres los sentimientos de superioridad e inferioridad de tus años de mielina, entenderás las emociones que estás sintiendo actualmente. Quizás te enorgullezcas de aguantar el alcohol mejor que los demás, o de resolver ecuaciones cuadráticas mejor que otras personas, o de ser más consciente que los demás. Cualquier cosa que en el pasado hizo que aumentase tu producción de serotonina, te programó para que la repitieras. Cualquier cosa que en el pasado hizo que liberaras más cortisol, te programó para que la evitaras.

La serotonina que liberas se metaboliza rápidamente, de modo que tienes que encontrar otro momento en el que te sientas superior para disfrutar de otra dosis de ella. En tu caso, no intentas dominar como lo hacen una gallina o un mono, sino que tratas de hacerlo con abstracciones, como lo hace la corteza humana.

Utilizamos diferentes palabras para referirnos a este impulso natural. Lo llamamos ego, ambición, presunción, gloria, honor, dignidad, elitismo, prestigio, prominencia, grandiosidad, poder, exclusividad, reconocimiento, aclamación, autoestima, aprobación, autoengrandecimiento, manipulación, asertividad, arrogancia, competitividad, aspiración, superioridad, ser respetado, sentirse superior, tener clase, salvar la cara, ser especial, ser influyente, ser un ganador y ser una persona orgullosa o segura de sí misma.

Utilizamos palabras bonitas para referirnos a nuestros propios sentimientos producidos por la serotonina y palabras feas cuando nos referimos a esos mismos sentimientos en nuestros rivales sociales.

Nuestro cerebro divide al mundo en personas que ayudan a tu búsqueda de dominio social y las que no. Perdonas el impulso de intento de dominio de las personas que están de «tu lado» y te enojas con las que están de «su lado».

Quizás culpes a un cierto tipo de personalidad de tener ese bucle de pensamientos, pero si miras debajo del barniz verbal, verás que todo el mundo lo hace. Las abuelas se comparan con otras abuelas y los yoguis se comparan con otros yoguis. Los camareros comparan sus propinas, los delincuentes comparan sus crímenes y los activistas políticos comparan los artículos publicados sobre ellos en la prensa. Los investigadores crean un «tipo» centrándose en algunas variedades de dominio social e ignorando otras. Puedes señalar a «ese tipo» y creer que tú no eres de ese tipo, pero tu cerebro continúa comparando y respondiendo con sustancias químicas poderosas.

Nos enseñan a culpar a «nuestra sociedad» por el impulso de sobresalir. Nos enseñan que la igualdad es la norma en los animales y en los humanos primitivos, y que podemos disfrutar de ella si destruimos «nuestra sociedad». Cuando te sientes inferior, es posible que pienses que destruir «nuestra sociedad» es el camino hacia la felicidad. Cuando el cerebro verbal no entiende nuestro sentido natural de urgencia respecto al dominio social, se agarra a explicaciones que son aceptadas por la gente de tu entorno.

Nuestro anhelo natural de liberar serotonina es más fácil de gestionar cuando sabemos que existe. La vida cotidiana es más fácil de manejar cuando entendemos que todos somos un mamífero que está buscando urgentemente otro momento en el que sentirse superior. El ansia de serotonina explica por qué la gente está tan ansiosa por relacionarse con una persona prominente. Por eso las personas se sienten tan emocionadas cuando descubren que tienen un antepasado importante, o simplemente cuando salen con alguien que lo tiene. Por eso cualquier camino hacia el reconocimiento público es tan motivador. Y debido a que la serotonina se metaboliza rápidamente, la gente está continuamente tratando de conseguir más.

Por desgracia, reconocer el impulso de superioridad es tabú en nuestra cultura actual. Las buenas personas no hablan de eso. Si reconoces que la posición social es importante para ti, pierdes tu superioridad moral. Ni siquiera puedes admitirlo interiormente. Entonces lo disfrazas insistiendo en que sólo te importa el bienestar de los demás. Los seres humanos siempre hemos aspirado a «salvar el mundo» o a rescatar a sus habitantes, porque ése es un camino socialmente aceptable para conseguir estatus. Nos creemos nuestro propio discurso de relaciones públicas porque la verdad acerca de la serotonina no es socialmente aceptable. Mucha gente trata de elevar su estatus condenando el impulso de otras personas de tener un estatus. Por muy tentador que sea reprender a los demás, te beneficia más reconocer ese impulso en ti mismo.

Cuando leí por primera vez un artículo sobre la serotonina en los monos, me pareció importante y me pregunté por qué no había oído hablar de ello en las décadas en las que había estudiado Psicología. Busqué más información sobre el tema y descubrí la gran investigación que se realizó en el siglo xx sobre la rivalidad social en los mamíferos. En la década de los noventa, este estudio fue muy importante en los círculos psiquiátricos y en la psicología evolutiva. Después de eso, al parecer el tema desapareció. Entonces empecé a recopilar todos los libros polvorientos sobre el tema que encontré, y yo misma escribí dos libros sobre esto (*Status Games* y *I, Mammal*). También recopilé una lista de lectura para ayudar a las personas a encontrar información (innermammalinstitute.org/readinglist). Los vídeos sobre la naturaleza son una manera estupenda de aprender acerca de estas conductas. En la lista de lectura sugiero algunos y he puesto algunos enlaces en mi página sobre la serotonina (innermammalinstitute.org/Serotonin).

Sin embargo, la verdad acerca de la serotonina es ampliamente ignorada. Rara vez la encontramos en cursos de Psicología, facultades de medicina o en los medios de comunicación, y apenas se menciona en Internet. Los motivos de esto son la segunda parte de este libro. Primero exploraremos la infelicidad producida por nuestra búsqueda de serotonina, a pesar de su imagen de sustancia química de la felicidad.

LA CAÍDA DE LA SEROTONINA

En cuanto tienes un instante de dominio social, otro mono tratará de quitártelo.

Nos esforzamos por generar más de la forma en que antes nos ha funcionado, pero eso suele fallar. Si conseguiste que te aplaudieran en la obra de teatro del colegio, buscarás más aplausos de maneras similares, pero no siempre podrás hacer que ocurra. Si metiste un gol, eso te programó para buscar reconocimiento anotando otro gol, pero no siempre podrás lograrlo. Si encontraste importancia en la mirada de alguien especial, buscarás eso, pero es posible que tu persona especial no responda.

Cada cerebro busca la serotonina con la colección de vías de ascenso y descenso que posee.

Tus esfuerzos por ser especial chocan con la dura realidad de que 8 000 millones de otras personas quieren ser especiales tanto como tú. Cuando las expectativas no se cumplen, se libera cortisol, lo cual te programa para temer cualquier cosa que esté relacionada con un esfuerzo fallido de ser especial que hayas experimentado en el pasado.

Las neuronas espejo desempeñan un papel muy importante en estos bucles de pensamientos.

Cuando ves que otra persona consigue ser respetada, tus neuronas espejo imaginan lo bien que te sentirías si te ocurriera a ti, lo cual te motiva a imitarla. Los seres humanos siempre han imitado comportamientos que consiguen respeto en su nicho, porque es difícil predecir qué es lo que va a funcionar, hasta que ves que le funciona a otra persona. Las historias de héroes siempre han gustado mucho, porque nuestra serotonina fluye cuando las oímos. Ciertamente, el mundo rara vez te trata como a los héroes sobre los que has leído, así que a menudo acabas sintiéndote decepcionado.

Nuestras neuronas espejo reflejan el sufrimiento de los demás, así como sus triunfos. Los reveses sociales que viste en tu juventud te programaron para temer esos reveses en particular. Puedes programarte para sentir mucho dolor, incluso teniendo una muy buena vida.

Las frustraciones de estatus en tu adolescencia crearon enormes vías de cortisol gracias a la mielina de la pubertad. Cualquier sentimiento de inferioridad en tus años de adolescencia te programaron para temer las cosas que encajan con el mismo patrón. Todos tenemos antiguas heridas y a todos nos cuesta entender de dónde viene el dolor. Incluso si insistes en que no te importa el estatus, eres sumamente sensible a las comparaciones sociales en las áreas relacionadas con tus primeras decepciones.

Para complicar la vida aún más, el cerebro se habitúa a cualquier estatus social que tengas. Un estatus nuevo y mejor es lo que se necesita para que realmente liberes más serotonina. Cuando consigues un ascenso, al principio te sientes muy bien, pero al poco tiempo empiezas a anhelar el siguiente ascenso. Si te compras una vivienda nueva, al principio te sientes orgulloso, pero al poco tiempo te habitúas y la das por sentado. Las personas siempre se están esforzando por conseguir más porque nuestro cerebro no está diseñado para sentir eternamente un momento en el que tienes ventaja sobre otra persona.

Cuando no logras conseguir ese momento de dominancia que buscas, el cortisol hace que sientas eso como una amenaza real. Entonces, puedes acabar sintiéndote inferior, incluso estando en una posición elevada. Tu corteza «racional» trata de explicar esa sensación de inferioridad y encuentra evidencia de que «ellos» van a por ti. Cada decepción va construyendo el camino que anticipa más decepciones. Puedes acabar estando convencido de que los monos grandes siempre están tratando de quitarte tus plátanos, incluso cuando tienes muchísimos. Por eso las personas tienen una sensación de urgencia respecto al siguiente escalón en la escalera, sin importar en qué escalón se encuentren.

Actualmente se culpa a las redes sociales de esta montaña rusa, porque la gente no entiende la biología. A lo largo de la historia de la humanidad, las personas se han esforzado por mejorar su situación social con la tecnología que tuvieran a su alcance. Con o sin redes sociales, vas a anhelar el reconocimiento y te vas a esforzar por hacer cosas que lo produzcan. Cualquier cantidad de serotonina que obtengas, pronto será metabolizada y anhelarás tener más.

Es posible que creas que los peces gordos van por la vida en una nube de serotonina y que tú te lo estás perdiendo. Pero si fueras la décima persona más rica del mundo vivirías con el temor de que un nuevo millonario te haga descender en la lista. Si fueras un abogado de primer nivel, te pasarías la vida rindiendo pleitesía a tus clientes. Si fueras una estrella de cine, temerías el día en que llegara una nueva estrella y te desplazara. Si hubieses nacido en una familia de clase alta, siempre te sentirías inferior en comparación con tus padres ricos. Y si fueras un mono alfa, probablemente morirías joven después de tener un conflicto con los monos beta.

Todo el mundo vive anhelando esa siguiente dosis de serotonina. El cerebro mamífero siempre está tocando esa melodía con toda la energía que te queda después de haber satisfecho tus necesidades físicas. Tu cerebro verbal está culpando continuamente a algo externo a ti de esa frustración, porque le cuesta creer que tú la hayas creado.

Es difícil aceptar que nuestra serotonina no está diseñada para estar activa todo el tiempo. Un mono con una serotonina constante se metería en conflictos peligrosos con los monos más grandes. La función de la serotonina es motivar la autoafirmación en momentos cuando es probable que propicie tu supervivencia. Si estuviera activa todo el tiempo, perdería su poder para motivarte en momentos cruciales.

Entonces, todos vivimos con la frustración de querer serotonina y no tenerla. Todos observamos la fuerza de los demás y nos preocupa nuestra debilidad. Tenemos que saber que esto es normal para no alimentar el problema.

Pero nadie te lo dice.

En lugar de eso, te dicen que te sientes deprimido debido a un «desequilibrio químico». Te advierten que debes «consultar con tu médico» acerca de unos síntomas que en realidad son bastante comunes. Te dicen que sólo tienes que «aceptar ayuda» para sentirte bien. Y si te sientes mal, puedes culpar a «nuestra sociedad». Estos mensajes siempre invocan a La Ciencia, de modo que pensamos que son ciertos. Pero no te ayudan a encontrar tu poder sobre la serotonina. Encontrarás tu poder cuando sepas cómo los animales, los niños y los cazadores-recolectores buscan el dominio social.

EL DOMINIO SOCIAL EN LOS ANIMALES

Siempre que dos mamíferos se encuentran, uno de ellos hace algún gesto de dominación como, por ejemplo, levantar la cabeza por encima del otro. Entonces, el otro tiene que tomar una decisión. Podría decidir que es más débil y bajar la cabeza en señal de sumisión. Ese gesto dice: «No tienes que hacerme daño, porque te cederé cualquier alimento u oportunidad de apareamiento que se presente». Pero un animal podría decidir que él es más fuerte y hacer también un gesto de dominación. En ese caso, el primer individuo tiene la opción de someterse o de arriesgarse a pelear. Los animales rara vez se pelean porque son muy hábiles prediciendo quién ganará, y el individuo más débil retrocede para protegerse.

Una vez solucionado ese asunto incómodo, los dos mamíferos pueden relajarse e incluso cooperar. El más fuerte no es un matón porque la serotonina lo ha tranquilizado. No necesita ser agresivo porque su superioridad ha quedado establecida. Todo esto ocurre sin un pensamiento consciente gracias a las sustancias químicas y las vías.

Los monos no tratan de dominar a los más jóvenes de su grupo. Toleran un comportamiento desenfrenado siempre y cuando el mono pequeño tenga la «marca de los menores» de su especie como, por ejemplo, un mechón de pelo blanco en la cabeza. Estas marcas desaparecen aproximadamente a los tres meses de edad, y entonces los monos adultos les quitan la comida de las manos e incluso de la boca.

Quizás estés pensando que no hay ningún motivo para competir por la comida porque en la selva abunda, pero los monos buscan alimento en grupo para protegerse de los depredadores. Los individuos más fuertes dominan los mejores lugares delante del área en la que se encuentra el alimento, mientras que los más débiles comen en la periferia, donde hay menos nutrición y están más expuestos a los depredadores. De modo que el dominio social siempre es parte de sus vidas.

Esto es incluso más patente cuando el sexo es el recurso que está en juego. Los monos abandonan el hogar cuando llegan a la pubertad para evitar la endogamia. Por supuesto que ellos no son conscientes de la genética, pero cuando llegan a la adolescencia buscan un nuevo grupo con un sentido de la urgencia de vida o muerte. Están ansiosos por ser aceptados porque los monos aislados son vulnerables a los depredadores. Pero una vez que un mono es aceptado por un nuevo grupo, está en la parte más baja de la nueva jerarquía de estatus. Su oportunidad para reproducirse depende de que eleve ese estatus, de manera que busca ascender como si su supervivencia dependiera de ello. (Ésta es una simplificación neutra desde el punto de vista del género; los detalles específicos sobre cada género se explican en *Status Games* y *I, Mammal*).

Las especies con cerebros más pequeños tienen jerarquías sociales más simples. Las gacelas, por ejemplo, simplemente se abren camino hacia el centro de la manada donde están a salvo de los depredadores. A medida que un miembro de la manada va envejeciendo, pierde fuerza y acaba en los bordes vulnerables. Pero para entonces ya ha criado a sus hijos, de modo que sus genes sobrevivirán si es escogida por un depredador. Quizás prefieras pensar que las gacelas mayores se sacrifican por el bien de la mayoría, pero en realidad intentan abrirse camino hacia el centro y no lo consiguen.

Los monos tienen más neuronas que los animales de manada y las utilizan para crear jerarquías sociales más complejas. En lugar de pelearse entre ellos una vez, los monos se desafían unos a otros cada vez que creen que pueden ganar. Sus grandes cerebros pueden estar continuamente actualizando la jerarquía social, e incluso percibir el estatus relativo de dos terceros.

Los animales aprenden a medir su fuerza durante la rudeza de la juventud. Esas peleas los entrenan para sentir su dominación o su debilidad, de manera que saben cuándo imponerse y cuándo retirarse. La gente dice que «sólo están jugando», pero para el cerebro del mamífero es un asunto serio.

Los mamíferos sólo pelean cuando dos individuos creen que pueden ganar. No pelean mucho, pero una gran parte del tiempo están al borde del conflicto. Esto no es lo que nos dijo el *monsieur* Rousseau. Durante la mayor parte de la historia humana, la gente conocía la verdad acerca de los conflictos entre los animales porque los veían de primera mano. Si le decías a alguien que los animales son pacíficos y cooperadores, se reía de ti. Pero cuando la gente empezó a vivir en ciudades, la visión de «paz y amor» de la naturaleza les resultaba más atractiva. Y el urbanita Rousseau lo sabía.

Actualmente, nuestra experiencia con los animales proviene principalmente de nuestras mascotas. Un animal doméstico no utiliza su cerebro de una forma natural porque no necesita encontrar comida o proteger a sus crías. En el mundo de las mascotas, un caniche diminuto puede ladrarle a un perro grande con total impunidad. En la naturaleza, ese caniche fanfarrón sería eliminado rápidamente. El cerebro mamífero evolucionó para hacer juicios realistas acerca de su fuerza relativa. Ciertamente, sus juicios provienen de las vías neuronales que se desarrollaron a partir de las experiencias vividas.

Quizás te resulte difícil aceptar el impulso animal de dominio social. Es posible que insistas en que los animales son altruistas y «nuestra sociedad» ha proyectado su falsa forma de pensar en ellos. El capítulo 7 te muestra que lo contrario es verdad: la forma de pensar rousseauniana está construida artificialmente y es proyectada en los animales.

Ciertamente, los animales no buscan el estatus social con la intención consciente de hacerlo. Lo buscan para sentirse bien y evitar sentirse mal. Los individuos asertivos hicieron más copias de sus genes y, después de millones de años, todos descendemos de esos individuos asertivos. En las primeras series de vídeos de David Attenborough podemos ver una hermosa y honesta representación de la rivalidad social entre mamíferos. (Las posteriores son más rousseaunianas).

EL DOMINIO SOCIAL EN LOS NIÑOS

Imagínate a mi nieto pequeño entrando en su clase de preescolar. Ve que hay juguetes por todas partes, pero se concentra en el juguete que otro niño tiene en la mano. Se acerca a él y se lo quita, y el otro niño le pega. Ahora tiene que tomar una decisión. ¿Le devuelve el golpe y se lleva el juguete? ¿O busca la oportunidad en otra parte? Con el tiempo, mi nieto acumula experiencias con estas situaciones. Cada momento de sufrimiento o de orgullo crea vías que le ayudan a tomar decisiones acerca de la siguiente situación. Las intervenciones de los adultos afectarán a esos momentos de dolor y orgullo. Cuando sea mayor tendrá una gran red de vías para guiar sus esfuerzos de sentirse bien y evitar sentirse mal.

Algún día, mi nieta entrará en la cafetería de un instituto y tendrá sentimientos intensos en esa situación. Es posible que escuche risas provenientes de «la mesa buena» y se sienta inferior sin saber por qué. Su cerebro verbal tratará de explicar de dónde viene ese sentimiento negativo y es posible que incube la idea de que están hablado mal de ella. Cada vez que piense eso, esa vía se hará más fuerte. Con suerte, mi nieta aprenderá a reírse con las personas que están su mesa, en lugar de convertirse en uno de esos adultos que se obsesionan con estar en «la mesa buena».

Los adolescentes tienen sentimientos intensos en relación a cómo se comparan con los demás. Los investigadores han estudiado la «popularidad» en los institutos de educación secundaria y han visto que es algo real, en el sentido de que un gran número de estudiantes reportan constantes *rankings* de popularidad. Los investigadores han hallado que los estudiantes incluso se clasifican a sí mismos correctamente. Ningún cuadro de organización formal les proporciona esa información. Todo ocurre de una forma no verbal, porque cada cerebro mamífero observa quién obtiene respeto quien. Cada cerebro responde con sustancias químicas que crean vías neuronales.

Cada experiencia temprana es altamente individual. Quizás tuviste un hermano o hermana mayor que te golpeaba y te quitaba los juguetes, o quizás fueras tú el agresor o la agresora. Quizás un adulto interviniera, o quizás no. Quizás esa intervención era amable, o quizás era dura. Quizás sentiste que no estabas en la «mesa buena» o en la «mesa mala», o en ninguna de las dos.

Es posible que pienses que otras personas tuvieron una programación más feliz gracias a sus experiencias felices, pero cuando te enteras de cómo fueron sus primeras experiencias te das cuenta de que ellas también tuvieron experiencias dolorosas de menosprecio. Y cuando disfrutaron de alguna oportunidad para sentirse superiores a los demás, empezaron a vivir con miedo de perder eso. Quizás pienses que tus experiencias de menosprecio fueron peores que las de los demás, pero tu serotonina se activa con ese pensamiento, de manera que no eres un juez objetivo.

Es difícil recordar las experiencias tempranas que influyeron en las comparaciones sociales que haces, pero es divertido verlo en otras personas. La película *Uno de los nuestros* (*Goodfellas*) muestra a un niño que se da cuenta de que los mafiosos son respetados y ansía ser como ellos. Ve cómo todos en el barrio se someten a esos «iniciados» de la mafia y se imagina lo agradable que debe ser experimentarlo. Y promete hacer lo que haga falta para ser uno de ellos.

En tu niñez, tus neuronas espejo se fijaban en los rituales mamíferos de dominación-sumisión en tu entorno, y te programaron para hacer predicciones acerca de cuáles eran los comportamientos que obtenían respeto. No siempre conseguías el respeto que deseabas, pero continuabas haciendo predicciones con las vías que tenías. Y dado que no somos conscientes de nuestras propias vías, nos parecía que nuestros sentimientos eran la realidad del mundo.

Cada niño busca el poder de cualquier forma que le permita conseguirlo en su entorno. Pero el deseo natural de dominar es ignorado silenciosamente por los expertos en la crianza de los niños y en los libros para padres. Se supone que debemos aceptar la idea de Rousseau de que los niños nacen buenos y siguen siendo buenos si simplemente los dejas en paz. Cuando un niño se porta mal, la sociedad es siempre la culpable. Si dijeras que todos los niños buscan el dominio social, es posible que se te prohíba entrar en la sociedad educada.

EL DOMINIO SOCIAL EN LOS CAZADORES-RECOLECTORES

Los antropólogos insisten en que las sociedades tribales vivían en paz y armonía, pero hay muchísima evidencia de lo contrario. Los primeros exploradores se encontraban con guerras casi constantes en las tierras que hallaban. Los arqueólogos han confirmado una alta tasa de muertes violentas entre los primeros humanos. (Más detalles en el capítulo 2 de *Status Games*).

Los diarios de los primeros exploradores hablan de jerarquías sociales con jefes despóticos y criados reales en prácticamente todas las sociedades tribales que encontraban. Los primeros antropólogos también documentaron la prevalencia de aristocracias, rituales de dominación-sumisión y caudillos que controlaban el acceso a las mujeres. Podemos encontrar un relato auténtico de este tipo de tradiciones en el libro escrito por el primer hawaiano que aprendió a escribir (*Hawaiian Antiquities* de David Malo).

Un filtro rousseauniano ha sido superpuesto a nuestra información acerca de los humanos preindustriales. Se supone que debemos ver a estos grupos como igualitarios y altruistas. El investigador que encuentra «evidencia» de paz y amor es aplaudido. El investigador que encuentra evidencia de canibalismo y sacrificios humanos es ridiculizado o vilipendiado por sus homólogos. Entonces, acabamos teniendo muchísimos «estudios» sobre la bondad de los pueblos tribales y poca mención de sus conductas de búsqueda de dominación (más sobre el tema en el capítulo 7).

Es bonito creer que existen islas tropicales en las que abundan la cooperación y la armonía, pero si observas detenidamente verás cómo se hilan los hechos. Por ejemplo, nos dicen que los chimpancés y los cazadores-recolectores siempre comparten la carne de la caza, en lugar de quedarse con ella. Ése es un uso engañoso del término «compartir». Lo cierto es que el cazador exitoso nunca se queda con la presa cazada, porque el individuo más fuerte del grupo se la quita. Dicho líder distribuye la carne entre sus seguidores. Puedes llamarlo «compartir», pero no es lo que te imaginas en tu fantasía de lo que es la felicidad primigenia.

Asimismo, oímos hablar del «amor libre» en esas sociedades, pero no nos hablan de la costumbre de matar a los bebés producto de esas uniones en el momento de su nacimiento.

La verdad de la naturaleza humana es más fácil de aceptar cuando uno se da cuenta de que el motivo subyacente es la supervivencia. Imagina a tu antepasado cazador-recolector tejiendo una canasta mejor para preservar los alimentos de los parásitos. Se sentía orgulloso cuando esa canasta contribuía a que los niños estuvieran mejor alimentados. Es posible que los líderes tribales le quitaran la canasta y que los ancianos de la tribu le obligaran a tejer canastas a la antigua usanza. Pero las personas continuaban buscando oportunidades para desarrollar su fuerza en un mundo en el que otros eran más fuertes que ellas.

ENTONCES, ¿CUÁLES SON LAS IMPLICACIONES DE ESTO?

Quieres sentir continuamente la serena seguridad que te proporciona la serotonina, pero no puedes hacer que eso ocurra todo el tiempo. Cuando tu serotonina cae, los sentimientos de inferioridad hacen que te sientas amenazado. Tienes la sensación de que algo está terriblemente mal porque te han hecho creer que deberías sentirte seguro siempre.

No hay ningún camino real que conduzca a la serotonina. Todos experimentamos su caída porque:

- La serotonina evolucionó para premiar tus juicios realistas acerca de tu fuerza relativa.
- Es liberada en pequeñas cantidades que son metabolizadas rápidamente.
- Tu cerebro se habitúa a tu estatus social, así que hace falta algo nuevo para que active tu serotonina.
- Los momentos de serotonina de tu pasado programaron tus expectativas acerca de la importancia social, a pesar de que son una guía errónea sobre cómo obtenerla en la actualidad.

- Las decepciones en tu búsqueda de dominio social disparan el cortisol, el cual le dice a tu corteza que busque evidencias de amenazas.
- Estás compitiendo con un mundo lleno de gente que también está tratando de estimular su serotonina.

La necesidad de serotonina puede preocuparte cuando ya has satisfecho tus otras necesidades. Te puede parecer que el sentimiento de inferioridad es una amenaza a la supervivencia, si no te estás enfrentando a otras amenazas más inmediatas. Tienes muchísima energía para invertir en tratar de sentirte superior, porque no tienes que buscar alimentos o agua o leña. La máquina cerebral que evolucionó para la supervivencia se orienta hacia disputas como las que tienen los niños pequeños por los juguetes.

Cuando tu búsqueda de reconocimiento social fracasa, buscas una forma alternativa de sentirte superior. Quizás te digas a ti mismo que tienes más buena onda o eres más cariñoso que los demás. Quizás encuentres maneras de descalificar a las personas que están obteniendo reconocimiento. Ese camino hacia una posición superior está dentro de tu control, así que es bastante popular. Cada vez que disfrutas de la serotonina de esta forma, creas la vía que repite ese tipo de pensamientos de superioridad. Puedes acabar en un bucle en el que un sentimiento de inferioridad te impulsa a encontrar defectos en los demás una y otra vez. Tu cerebro verbal siempre puede hallar evidencias para hacer que sea verdad.

Es posible que en ocasiones quieras tirar la toalla. «La lección es: nunca lo intentes», es lo que Homer Simpson aconseja a sus hijos cuando fallan. Sabemos que ése es un mal consejo, pero nos reímos porque vemos cómo encaja con nuestros impulsos no verbales.

Cuando era niña, oía a mis padres expresar su ansiedad por el estatus. Odiaba oírlos lamentarse porque alguien los había menospreciado, así que me juré mantenerme alejada de ese asunto, pero con el tiempo aprendí que ese asunto está en todas partes, porque somos mamíferos.

Cada generación define el dominio social de una nueva forma, porque eso les proporciona una manera de elevarse por encima de los alfas prevalecientes. En el mundo actual, proclamar que eres una víctima es el camino principal hacia el dominio social. Acusas a otros de estar oprimiéndote, lo cual te eleva por encima de ello en la jerarquía moral percibida. El estatus de víctima puede ser declarado de muchas formas, y un diagnóstico de salud mental es una de ellas.

Tus ansias de estatus son difíciles de percibir, porque se trata simplemente de electricidad que fluye hacia unas vías bien allanadas. Quizás sientes vergüenza ajena cuando piensas en ello conscientemente y buscas una explicación más cómoda.

Parece que no hubiera buenas opciones. No quieres que los monos más fuertes te quiten tus plátanos, pero no quieres ser un capullo. Tienes que aceptar tu impulso natural de dominio social para poder gestionarlo, pero reconocer que tienes ese impulso puede hacer que te critiquen por ser una mala persona.

Desde tiempos inmemoriales, los mamíferos se han enfrentado a sentimientos de inferioridad al unirse a un grupo. Te sientes fuerte cuando estás rodeado por un grupo fuerte. Pero una vez que estás dentro del grupo, puedes ver que algunos miembros reciben más reconocimiento que tú. El próximo capítulo muestra cómo otra sustancia química nos premia por mantenernos en un grupo a pesar de las inevitables frustraciones.

Es bonito imaginar un mundo en el que nunca pierdes ante los más fuertes. Sin embargo, si eres sincero, te darás cuenta de que disfrutas siendo la persona más fuerte siempre que puedes. Aceptar la realidad acerca de la rivalidad social no significa que debamos llevar a la acción el impulso de ser superiores cuando nos apetezca. Significa que sabemos cómo creamos los sentimientos de inferioridad para no tener que vernos como víctimas impotentes. Nosotros no elegimos tener el impulso de dominio social, pero debemos controlarlo para ser felices.

El sentimiento de inferioridad parece ser una amenaza a la supervivencia cuando no nos enfrentamos a una amenaza más inmediata.
El cerebro que evolucionó para la supervivencia se orienta hacia disputas como las de los niños pequeños por los juguetes.

4
LA INFELICIDAD DE LA OXITOCINA

La oxitocina es la sensación de que puedes bajar la guardia.

Una gacela baja la guardia cuando está con su manada. Cuando está sola, está tan ocupada buscando depredadores que a duras penas puede comer. Le gusta estar rodeada de otras gacelas y sentirse segura antes de bajar la cabeza hacia la hierba. La oxitocina es la señal de que está a salvo.

Pero cuando te quedas con la manada, acabas comiendo la hierba que ha sido embarrada por otras gacelas y eso te provoca parásitos intestinales. Para evitar esto, las gacelas se separan unas de otras cuando comen. Pero cuando una gacela no consigue ver a las demás, su cortisol se dispara y esa sensación desagradable se alivia cuando regresa junto al grupo. Cuando la gacela ve que tiene protección, libera oxitocina.

La oxitocina recompensa al mamífero que se queda con el grupo a pesar de la inevitable molestia.

La oxitocina es tan agradable que uno se siente motivado a hacer cosas para liberarla. Los fumadores que se encuentran en el exterior de un edificio están disfrutando de un momento de oxitocina mientras bajan la guardia con otros fumadores.

Desafortunadamente, la oxitocina es más difícil de mantener de lo que uno podría imaginar. Una gacela puede darse cuenta de que la manada se ha alejado mientras estaba agachada, quedando peligrosamente expuesta. Por lo tanto, está continuamente monitoreando su posición en relación con las demás, y la oxitocina la premia cada vez que logra mantenerse conectada. Esa sensación agradable no está diseñada para estar activa todo el tiempo. Está diseñada para recompensarte por haber hecho lo necesario para estar protegido.

Resulta útil notar cuán incansablemente trabaja un mamífero para mantener su seguridad dentro de un grupo. Cuando oyes a una vaca mugir, o a un mono aullar, están diciendo, «Estoy aquí. ¿Dónde estás tú?». Cuando la llamada obtiene una respuesta, una pequeña cantidad de oxitocina ayuda a que el animal se sienta seguro. Pero esa sustancia química se metaboliza rápidamente, de manera que el cerebro mamífero se siente motivado a continuar reconfirmando su protección. Los adolescentes humanos se caracterizan por hacer esto de una forma que ha quedado bellamente captada en el título del libro: *Is Everyone Hanging Out Without Me?* [2]

La oxitocina es conocida popularmente como la «sustancia química del amor» y la «hormona del vínculo afectivo». Esto crea expectativas poco realistas acerca del amor y la creación de vínculos que pueden resultar decepcionantes. Seremos más felices si tenemos unas expectativas más realistas. Y eso lo podemos lograr si examinamos a la naturaleza detenidamente.

Una gacela no arriesga su vida para proteger a otros miembros de su manada y tampoco espera que los demás le «cubran las espaldas». Una visión cálida y borrosa de la naturaleza hace que nos resulte difícil aceptar que una gacela está concentrada en su propia supervivencia. Cuando huele a un depredador, corre hacia la mandada y trata de abrirse paso hacia el centro a empujones, poniendo en peligro a las demás en el proceso.

La gran corteza humana crea la expectativa del apoyo mutuo, pero no somos jueces objetivos de ese apoyo. Estamos sumamente concentrados en nuestra propia supervivencia, porque somos mamíferos. Tendemos a dar un gran valor a nuestros propios sacrificios por el grupo porque sentimos el costo directamente. Y tendemos a sentirnos decepcionados por los sacrificios de los demás porque queremos protección urgentemente. Por lo tanto, a menudo llegamos a la conclusión de que estamos dando más de lo que recibimos. Eso hace que se libere mucho

2. El equivalente en español sería «¿Habéis quedado todos sin mí?». *(N. de la T.)*

cortisol. Nos convendría más aceptar la verdad acerca de nuestros impulsos mamíferos.

Los abrazos son ampliamente promocionados como algo que libera oxitocina, pero sólo cuando se ha establecido una confianza. Los chimpancés son cuidadosos respecto a quién se acerca para tocarlos, porque si el chimpancé equivocado se acerca demasiado, podría matarlos. Sólo bajan la guardia con individuos que han demostrado ser dignos de confianza. Abrazar a alguien en quien no confías no estimula la oxitocina porque tu mamífero interior no baja la guarda hasta asegurarse de que no corre peligro.

Nos encantaría tener oxitocina constantemente, pero eso no favorecería nuestra supervivencia. No te sentirías motivado a hacer lo necesario para mantener vínculos sociales si la oxitocina fluyera todo el tiempo. Y bajarías la guardia en situaciones peligrosas. Le darías tu contraseña a extraños. Nuestro cerebro ha evolucionado para almacenar oxitocina para los momentos adecuados.

Pero ¿cómo sabe cuál es el momento adecuado?

A estas alturas ya puedes adivinar que es por las vías neuronales creadas a partir de experiencias pasadas. Cualquier momento en el que te hayas sentido protegido te ha programado para bajar la guardia más rápidamente en ese contexto.

LA CARGA DE LAS DECISIONES

Tu cerebro siempre está decidiendo si es seguro bajar la guardia. Siempre estás sopesando los costos y los beneficios de las alianzas sociales utilizando las vías neuronales creadas a partir de tus experiencias anteriores. Cuando ves que los beneficios de una alianza social superan los costos, liberas oxitocina. Esto podría parecer egoísta, de modo que nuestro cerebro verbal tiende a pasar por alto estos cálculos. En lugar de eso, utilizamos palabras bonitas como «amor» y «comunidad» para explicar nuestra decisión de invertir en una determinada alianza social.

La visión del mundo rousseauniana hace que parezca que en la naturaleza los lazos sociales no conllevan esfuerzo y son alegres. Los rousseaunianos ignoran el alto precio que paga un animal por «pertenecer» o por formar parte de una «comunidad». La gacela siempre está sopesando dos malas opciones: comer hierba embarrada o convertirse en blanco de los depredadores. Siempre está reuniendo información para decidir si el siguiente paso debería ser hacia el grupo o hacia pastos más verdes. La dopamina la recompensa por dar un paso hacia nuevos recursos, mientras que la oxitocina la recompensa por dar un paso hacia la protección.

Los humanos nos enfrentamos a la misma disyuntiva frustrante de seguir al grupo o seguir nuestro propio camino. Tu cerebro siempre está reuniendo información para ayudarte a elegir entre dar un paso hacia el grupo y dar un paso hacia mejores horizontes. La visión rousseauniana te hace pensar que no deberías tener que elegir. Quieres las dos cosas. Esperas tener la protección de la manada sin sacrificar tu propia independencia. Cuando esas expectativas no se cumplen, te dicen que es culpa de la sociedad. Cuando siento esa decepción, me digo a mí misma que si el diminuto cerebro de una gacela puede manejar esa frustración, yo también puedo hacerlo.

La raíz del problema no son los defectos de la sociedad, sino el hecho de que nuestro cerebro se concentra en la necesidad no satisfecha. Cuanto más satisfaces la necesidad de tener apoyo social, más aislado te sientes y más apoyo buscas. La decisión perfecta no existe porque seguir a la manada significa que tienes sus cuernos en tu cara, pero abandonarla significa que te enfrentarás a las amenazas solo. Debemos saber que esos sentimientos son naturales y no verlos como algo trágico. ¡Ojalá lo hubiera sabido hace mucho tiempo!

LA IMITACIÓN

La oxitocina de tus años de mielina creó las vías que te dicen cuándo debes confiar y cuándo no debes hacerlo. Puedes modificar esas vías, pero es necesario mucho trabajo para conseguir unos pequeños cambios, de modo que vemos el mundo principalmente a través de la lente de nuestra oxitocina inicial. Puedes cambiar de manada, pero tus expectativas centrales acerca de la confianza social probablemente tendrán los mismos patrones.

Las neuronas espejo desempeñan un papel importante en este aprendizaje. Nos preparan para que busquemos apoyo social de formas que funcionen para la gente de nuestro entorno y para que temamos que las personas de nuestro entorno sufran decepciones sociales.

Las taltuzas pueden ayudarnos a entender esta imitación. Es más probable que una taltuza sea devorada por un halcón si levanta la cabeza cuando las demás tienen la cabeza abajo. La selección natural desarrolló un cerebro que motiva al mamífero a imitar a los otros miembros de su grupo. «Encajas» en el grupo porque eso te ayuda a sentirte seguro. Corres cuando tu grupo corre, incluso cuando crees que es una falsa alarma.

El comportamiento social es más aprendido de lo que creemos. Una gacela no nace con la habilidad de seguir a la manada. Pero cuando es separada de su madre, siente hambre al poco rato y aprende que seguirla le proporciona alivio. Sus neuronas espejo activan la alarma cuando su madre se siente alarmada. Pronto, la gacela bebé corre cuando la manada corre, aunque no tiene ni idea de qué es de lo que está huyendo.

Las neuronas espejo complican la vida de una forma que rara vez es expresada en palabras. Cuando imitas el comportamiento de las personas que te rodean, ellos te ven como alguien «normal». Si no lo haces, te ven como una persona «rara». Esto te deja con dos malas opciones: ser una persona que sigue a los demás o parecer raro. Todos tenemos que pasar por esas decisiones dolorosas porque todos somos mamíferos. Observas que la gente consigue apoyo cuando se amolda y eso te programa para esperar apoyo cuando te amoldas. Observas que las personas que no se amoldan se quedan aisladas y eso te programa para esperar el aislamiento si no te amoldas. Tu mamífero interior sopesa las opciones y tu cerebro verbal encuentra la manera de justificar tu decisión con palabras bonitas que son populares. Es posible que veas esto fácilmente en las personas que no te caen bien, pero es importante que lo veas también en las personas que te caen bien.

RECIPROCIDAD

Probablemente has visto imágenes de monos acicalándose el pelaje unos a otros. Quizás consideres que es una prueba de que los animales se dedican desinteresadamente a cuidar de los demás, pero los estudios muestran que la causa de esto es la reciprocidad. Pero no es una reciprocidad «uno a uno», porque el mono que acicala rara vez es acicalado. En lugar de eso, es posible que reciba protección cuando se presente una amenaza, o que tenga preferencia cuando llegue la temporada de apareamiento. Si no recibe nada, el mono acabará buscando a otro compañero al que acicalar.

Me asombré cuando me enteré de que la pequeña corteza del mono hace un registro de los favores dados y recibidos. Y lleva a cabo esta contabilidad con sustancias químicas, en lugar de hacerlo con cognición. Cuando un favor es recibido, se libera oxitocina, y cuando una expectativa no se cumple, se libera cortisol. Las neuronas se conectan y guían las decisiones que tomará un mono en el futuro. De igual manera, el cerebro humano lleva un registro de los favores dados y recibidos, aunque se considera de mala educación reconocerlo.

La principal forma de reciprocidad entre los mamíferos es unirse frente a un enemigo común. Los animales se mantienen unidos en el grado en que es percibido un enemigo común. Los babuinos se dispersan cuando buscan alimento para reducir los conflictos, pero se unen en cuanto huelen a un león. Las vacas y los cerdos se pegan unos a otros cuando hay un depredador común acechándolos, pero se dispersan cuando están fuera de peligro. El cerebro mamífero prefiere ir por su propio camino, pero un enemigo común lo motiva a dejar de lado las diferencias y a unirse.

Los seres humanos también se unen cuando hay un enemigo común. Escucha las conversaciones que hay a tu alrededor y verás que la gente pasa una gran parte del tiempo hablando de algún enemigo común. Los líderes de grupos se centran en los enemigos comunes porque las tensiones que hay dentro del grupo se relajan cuando la atención se centra en un grupo externo. No hacemos esto conscientemente. Nos concentramos en motivaciones virtuosas como la lealtad y la empatía con nuestro cerebro verbal. Serías considerado una mala persona si dijeras: «Quiero que me protejáis de ellos». Ni siquiera puedes admitir esto para ti mismo.

El mito rousseauniano oculta el hecho de que los animales, los niños y las personas tribales deben devolver los favores si quieren obtener apoyo social.

Los chimpancés patrullan las fronteras de su territorio para repeler o atacar a los grupos vecinos de chimpancés. Una mayor participación en estos patrullajes hace que el chimpancé obtenga más comida y oportunidades de apareamiento. Los chimpancés también cuidan de las crías de otros miembros de su grupo y, más adelante, disfrutan de ser correspondidos. Además, invierten en alianzas sociales cuando eso favorece su supervivencia.

De igual manera, los grupos tribales exigen que se pague un precio por el apoyo que proporcionan. Imponen prácticas que controlan cada faceta de la vida de un individuo. A menudo, hay también rituales en los que se inflige dolor. Si un miembro de la tribu no cumple, es amenazado con la expulsión y se le dice que el enemigo lo matará si se queda solo. Cumplir con lo exigido es una buena decisión para la supervivencia.

Los niños humanos también aprenden que la reciprocidad es el camino hacia las recompensas. Los estudios indican que los niños incluyen a un recién llegado en un juego cuando los participantes ven que está observándolos y comportándose como ellos.

En la naturaleza, obtener apoyo social requiere un gran esfuerzo. Un organismo hace el esfuerzo porque la recompensa es la oxitocina, pero nunca puedes estar seguro de que un esfuerzo específico será recompensado. Es frustrante, pero cuando sabes que todos los mamíferos se enfrentan a esta incertidumbre, eso te libera de sentirte una víctima.

Los rousseaunianos desvirtúan esto cuando presentan a los animales como unos seres «compasivos» y «altruistas». Ocultan el hecho de que la reciprocidad es una habilidad que debe ser aprendida. Un niño no aprende si le enseñan que el mundo les debe un apoyo incondicional. Uno no aprende a invertir en una alianza si nos enseñan a culpar a los demás cuando sentimos que no pertenecemos.

Paradójicamente, la visión rousseauniana ha fomentado la creencia popular de que ponerte en último lugar es el camino hacia la felicidad. Esto se basa en la presunción de que los demás también se pondrán en último lugar. Quizás hayas probado eso y te hayas sentido decepcionado. Pero no eres capaz de explicar ese sentimiento negativo porque no puedes admitir que esperabas algo a cambio de tu «altruismo». Y no puedes admitir tu falta de objetividad respecto a tu propio altruismo. Entonces, pareciera como si algo estuviera muy mal cuando otras personas no te corresponden de la forma en que tú esperabas. Creas lazos con las personas con las que compartes tu desilusión. Eso dispara la oxitocina a corto plazo, pero pagas un precio muy alto. Tienes que continuar sintiéndote decepcionado para estar en la manada y tienes que ver al resto del mundo como el enemigo. La mentalidad rousseauniana crea una tribu, pero no es una tribu feliz.

SER REALISTAS ACERCA DE LA «CONEXIÓN»

En el mundo actual, se considera que la solución para los problemas de salud mental es la «conexión» y la «comunidad». Pero la fantasía de una solidaridad sin esfuerzo no te prepara para el tremendo esfuerzo que se requiere para mantener una alianza social. Las personas hablan continuamente de los enemigos comunes porque esa forma de conexión es fácil de conseguir.

La oxitocina es un desafío, pero las expectativas poco realistas hacen que resulte más difícil de lo necesario. Las personas que viven de dar consejos alimentan las expectativas poco realistas con consejos como:

- Sé tú mismo (esperando que los demás se adapten a ti).
- Diviértete (pasando por alto los costos y el esfuerzo de los lazos sociales).
- Mereces recibir «apoyo incondicional» (como los bebés).

Podemos entender la «comunidad» de una forma más realista si examinamos la biología.

Los peces se mantienen juntos en cardúmenes, pero no están motivados por el espíritu comunitario o la oxitocina. Sus motivos son superficiales, literalmente. Su piel tiene sensores que captan la distancia que hay entre ellos y el otro pez. Cuando se alejan mucho, se libera cortisol. Podríamos llamarlo «trabajar juntos por un objetivo común», pero el giro moralista distorsiona el verdadero motivo, que es sobrevivir. Los peces que siguen al grupo tienen una mayor probabilidad de supervivencia porque parecen ser más grandes, lo cual ahuyenta a los depredadores.

Los reptiles liberan oxitocina cuando se aparean, lo cual dura diez segundos. El resto del tiempo, los reptiles no tienen oxitocina (excepto cuando ponen un huevo, porque la oxitocina activa el músculo que se utiliza para poner huevos). Sin oxitocina, los reptiles no soportan estar cerca unos de otros. Las lagartijas no confían en otras lagartijas. Las serpientes no cooperan con otras serpientes. La desconfianza es el estado natural predeterminado.

Un mamífero nace con un brote de oxitocina porque esa sustancia química activa el parto y la lactancia. Esa oxitocina pronto es metabolizada, pero la madre mamífera estimula más abrazando o lamiendo. Esta primera oxitocina desarrolla los circuitos básicos que nos ayudan a confiar a lo largo de la vida.

El «amor materno» es idealizado de una forma que contribuye a que tengamos expectativas poco realistas. Es importante saber que la crianza de los hijos se basa en la reciprocidad, por muy chocante que pueda sonar esto. Tu hijo o hija favorece la supervivencia de tus genes más que nada en el mundo. Invertir en tu propio hijo es la mejor manera de proteger tus genes, y ése es el motivo por el cual eso activa la oxitocina.

Otros aspectos egoístas de la crianza de los hijos incluyen el impulso de aliviar el doloroso sonido del llanto y el miedo a ser visto como un mal padre o una mala madre. Además, en la mayor parte de la historia de la humanidad, el número de hijos que uno tenía era fundamental para el estatus social. Ciertamente, estos motivos egoístas no pueden ser reconocidos, porque se supone que debemos ver la crianza de los hijos como altruismo en su estado puro.

Me conmocionó enterarme de que, en la mayoría de las especies mamíferas, la madre deja el grupo para parir. En su momento más vulnerable, decide que está mejor sola. La oxitocina liberada durante el parto le permite sentirse segura mientras toma la decisión que protege mejor sus genes. Cada cerebro sopesa constantemente los costos y los beneficios de los lazos sociales.

Los mamíferos recién nacidos obtienen apoyo incondicional, pero los animales esperan pronto que sus crías se adapten al grupo. Una gacela con un día de vida corre cuando la manada corre. Un cachorro de león no puede comer hasta que todos los adultos hayan terminado de hacerlo. Un chimpancé de dos años debe seguir a su madre todo el día mientras ella busca alimento. Esperar apoyo incondicional después de la infancia, simplemente, no es realista.

Las alianzas sociales son difíciles para los humanos porque somos muy distintos unos de otros. Cada persona piensa que tiene la razón y que los demás están equivocados porque determinamos «la verdad» basándose en las experiencias singulares que hemos tenido. Queremos la seguridad del grupo, pero nos sentimos más seguros cuando hacemos las cosas a nuestra manera. Ése es el enigma humano.

Una alianza social existe cuando los participantes individuales la ven como algo beneficioso. Puedes tener una alianza social con alguien si ambos estáis dispuestos a centraros en las cosas que tenéis en común. Diez personas pueden mantener una alianza si se concentran en lo que tienen los diez en común, por poco que sea. Una alianza de un millón de personas sobrevive si se centra en algo que todos tienen en común. Normalmente, sólo hace falta tener un enemigo común.

La oxitocina permite que un cuerpo baje la guardia cuando está cerca de otro cuerpo. Nos gustaría creer que la confianza social es el estado natural por defecto, pero eso sólo ocurre cuando cada uno de los cuerpos ve que el beneficio esperado de bajar la guardia supera el costo esperado.

LA CAÍDA DE LA OXITOCINA

Cuando obtienes protección, la oxitocina se activa durante un instante y luego se desactiva. Odiamos perder esa sensación agradable, así que nos sentimos motivados a repetir los comportamientos que la activan.

En tu niñez, cualquier cosa que te proporcionaba la sensación de estar protegido creaba una vía, y en la actualidad esa vía activa la oxitocina en situaciones similares. Quizás fuera una gran reunión o la mirada de una persona afín. Quizás recibiste protección de una eminencia poderosa, o te sentiste protegido en un refugio imaginario. No importa qué es lo que activa tu oxitocina; el hecho es que se metabolizará rápidamente y luego querrás más.

El sexo hace que la oxitocina se dispare, pero esta sustancia química se metaboliza rápidamente y desaparece.

La oxitocina cae después de haber sido liberada, de manera que intentas hacer cosas que la vuelvan a activar. Si no sabes que el hecho de que caiga es normal, sentirás que algo ha ido mal. Buscarás una explicación y te sentirás tentado a creer la teoría de que «la sociedad» te ha fallado al no satisfacer tus necesidades.

Es fácil creer que los demás tienen oxitocina continuamente, porque vemos muchas imágenes de reuniones sociales en las que todos parecen estar alegres. Pero todos experimentamos la caída de la oxitocina. Todos buscamos continuamente el apoyo de otras personas en un mundo en el cual los demás también lo hacen. Todo el mundo busca maneras de obtener apoyo sin tener que renunciar en gran medida a su independencia (dopamina) y al respeto (serotonina).

Cuando no consigues el apoyo que imaginabas, liberas cortisol. Y culpas a los demás de ese sentimiento negativo porque no sabes que tú lo has creado con tus expectativas.

Éstos son algunos de los diferentes tipos de infelicidad que creamos en nuestra búsqueda de oxitocina:

- Pierdes interés en una alianza social después de lograr finalmente la aceptación que buscabas, porque el cerebro se habitúa a las recompensas. No te das cuenta de que tú has hecho eso, de modo que culpas a tu alianza social y presupones que conseguirás un apoyo mejor en otra parte.
- Tienes expectativas negativas sobre la confianza social debido a decepciones que sufriste en el pasado. Tu cerebro evita cualquier cosa que esté vinculada a un sufrimiento pasado, así que no das los pasos necesarios para liberar más oxitocina.

- Quieres ser aceptado por personas que en realidad no te agradan. No quieres darles la aceptación que tú desearías obtener; simplemente quieres la protección que supone pertenecer a su grupo.
- No quieres seguir a la manada. No quieres comportarte como los demás o temer a su enemigo común. No quieres comer la hierba en la que han orinado. Pero anhelas la oxitocina y no sabes cómo obtenerla.
- Te dices que ya has hecho «más de lo que te corresponde», así que ahora la manada debería seguirte a ti. Pero no lo hace.
- Ignoras nuevas oportunidades para liberar oxitocina porque no encajan en tus viejas vías. No haces el trabajo de crear confianza con personas nuevas, porque tus viejas vías te dicen que los riesgos superan a las recompensas.
- Te niegas a corresponder. Esperas protección sin ofrecer protección. Pero eso no funciona porque los demás también son mamíferos.

Las viejas vías confiables de oxitocina pueden perder su encanto cuando te habitúas a ellas. Las reuniones acogedoras que solían encantarte pueden empezar a parecerte obligaciones aburridas. Las nuevas vías de oxitocina parecen atractivas desde la distancia, pero los riesgos se hacen visibles cuando te acercas. No hay ninguna fuente de oxitocina que sea fácil.

Si no entiendes tu biología, te parecerá que la caída de la oxitocina es evidencia de que los demás te han defraudado. Es posible que recibas consejos de un terapeuta y de los medios de comunicación, los cuales, a su vez, se apoyan en la investigación médica y académica. Pero esas aportaciones pueden reforzar la sensación de que la culpa es de los demás. Refuerzan la creencia de que crear lazos es fácil para los animales, los niños y las personas tribales, de manera que algo ha ido mal. Rara vez explican el alto precio que tienen los lazos sociales en la naturaleza y los cálculos egoístas que hacen que el precio parezca aceptable.

LOS ATAJOS DE LA OXITOCINA

Cuando la oxitocina cae, resulta tentador tomar un atajo. Hay muchas maneras de aumentar la oxitocina a corto plazo, aunque éstas no proporcionan la protección confiable que tu mamífero interior está buscando a largo plazo. Pero cuando dejas de liberar oxitocina, es posible que simplemente optes por tomar otro atajo. Éstos son algunos ejemplos de atajos populares:

1. Las multitudes

Puedes ir a un estadio en el que hay diez mil personas a las que les gustan los mismos atletas, músicos o políticos que a ti. Eso estimula la sensación de pertenecer a una gran manada. Esas personas no te van a apoyar cuando tengas un problema, pero la oxitocina hace que te sientas bien en ese momento. (¡Además de la serotonina de segunda mano que obtienes si tu equipo gana!).

Unirte a un grupo político es otra forma popular de sentirte protegido dentro de una manada. Tanto si eliges estar con ellos en la calle como si simplemente decides conectar a nivel mental, obtienes la ilusión de tener apoyo a gran escala. La serotonina también es estimulada por el activismo político, ya que te da una sensación de poseer una fuerza mayor y una superioridad moral. Y obtienes dopamina cuando tu causa promete grandes recompensas.

Conectar con extraños tiene sus ventajas. No te hacen preguntas indiscretas acerca de dónde estuviste la noche anterior. Como posiblemente esperarás menos de ellos, no sufrirás grandes decepciones. Pero a la larga, tu mamífero interior percibirá la falta de apoyo real y el riesgo de ser abandonado si no sigues a esas personas continuamente.

2. La nostalgia

Cualquier cosa que haya estado relacionada con la oxitocina en tu juventud activa el sentimiento positivo con mayor facilidad hoy. Un ejemplo famoso son las magdalenas de Proust. El autor describió la repentina oleada de sentimientos de seguridad que sentía cuando entraba en una panadería y olía los bollos que su abuela solía darle. Esto no significa que tuviera una infancia feliz; significa que hubo momentos inolvidables de protección en presencia de esos bollos. Si tienes sentimientos positivos respecto a ciertos alimentos, o música, o actividades, es porque están vinculados a momentos en los que te sentiste protegido en tu niñez.

Por eso las personas tienden a crear lazos en torno a experiencias tempranas compartidas. Si disfrutaste de una sensación de comunidad en el gimnasio cuando eras joven, tienes unas expectativas positivas respecto a ese ambiente en la actualidad. Es posible que otra persona tenga asociaciones negativas con los gimnasios, pero asociaciones positivas con un lugar que a ti no te agrada. Cada cerebro aprende de sus propias experiencias.

A menudo, los malos hábitos están vinculados a la oxitocina de la niñez. Repites un comportamiento que te hace daño porque es la única forma de conectar con los demás que tu cerebro conoce. Te iría mejor si supieras que ese hábito era simplemente una vía mielinizada a la oxitocina y que hay muchas otras maneras de activarla.

Los momentos de unión de la niñez crean canales profundos, de modo que son una forma fácil de sentirse bien. Desgraciadamente, son una guía defectuosa para los vínculos recíprocos de la edad adulta, y ése es el motivo por el cual todos tenemos el desafío de actualizarlos.

3. Las relaciones sin culpa

El divorcio sin imputación de culpa comenzó en los años setenta y los seguros de no culpabilidad llegaron después. Hoy en día, muy pocas personas saben cómo era la vida cuando la culpa era importante. Era imposible divorciarse a menos que una de las partes probara en los tribunales que la otra parte había violado el contrato matrimonial. (¡Por eso había tantas agencias de detectives y tanta ficción basada en ellas!). Era imposible que un seguro te pagara a menos que demostraras que la otra persona tenía la culpa. Era complicado, pero el estilo de vida actual de «ninguna culpa» trae nuevas complicaciones. La persona con la que te cases puede dejarte en cualquier momento sin ningún motivo y llevarse la mitad de todas tus cosas. Como resultado de ello, es posible que el matrimonio no le dé a tu mamífero interior la sensación de apoyo confiable que anhela.

Algunas personas incluso renuncian a las relaciones largas para protegerse de la decepción, pero la oxitocina de corta duración te deja sin ningún lugar en el que poder bajar la guardia a la mañana siguiente.

El compromiso entre un empleador y un empleado también es muy escaso en la actualidad. Quizás odies el hecho de que tu jefe puede despedirte, pero en el pasado la seguridad laboral tenía un precio muy alto: no podías dejar tu empleo sin recibir unas penalidades importantes. Es posible que quieras que tu empleador te proporcione seguridad sin darle tú a él ninguna seguridad. Desde una perspectiva mamífera, ésa no es una expectativa realista.

Sin un compromiso, la vida nos parece insegura, pero los compromisos tienen un costo. Tu cerebro siempre está sopesando los costos y los beneficios, y buscando la mejor opción. Algunas personas se unen a sectas porque el beneficio de una protección segura les parece que vale su alto precio. Pero, ciertamente, no estoy sugiriendo eso. Estoy sugiriendo que el ansia de tener más oxitocina nos ayuda a entender las elecciones que hacen las personas.

Durante la mayor parte de la historia de la humanidad, la gente vivía en tribus que controlaban cada minuto de sus días. Incluso hace cien años, la vida solía girar en torno a los vínculos que uno había creado en su juventud. Era difícil crear nuevos vínculos, así que las personas tenían cuidado de no romper los viejos. En la actualidad es más fácil crear vínculos con desconocidos, así que la gente está menos dispuesta a invertir en conservar los viejos vínculos. Vemos los defectos de nuestras alianzas sociales porque imaginamos que hay una mejor alianza social a la vuelta de la esquina.

Contarle tu vida a un extraño en un avión es otro camino rápido hacia la oxitocina. Es posible que le cuentes cosas que no les has contado a personas que conoces desde hace décadas. Los amigos de Internet son lo mismo. Abrirte con extraños te proporciona el placer de bajar la guardia con un riesgo bajo de decepción. Esos extraños no estarán ahí para protegerte en la vida real, pero tú tampoco estás obligado a protegerlos.

4. Los grupos simbólicos

Los vínculos entre dos personas son difíciles de mantener porque ambas se irritan mutuamente, de modo que resulta útil crear vínculos en torno a un símbolo. La Corona británica es un ejemplo famoso. Se supone que crea una sensación de unidad entre personas que también pueden sentir una gran animosidad. Otros símbolos conocidos son los bolsos de diseñador, la parafernalia deportiva, los tatuajes y los automóviles deportivos. El símbolo te define como miembro de un grupo sin tener que pasar por el largo y lento proceso de crear una confianza recíproca.

Los símbolos religiosos son, ciertamente, el eterno ejemplo.

Los símbolos ayudan a que la gente permanezca conectada a pesar de los brotes de mala voluntad que tienen los mamíferos. Tus asociaciones positivas con la abstracción continúan incluso cuando tienes asociaciones negativas con miembros individuales del grupo. Los sentimientos positivos acerca del símbolo son vías neuronales creadas durante los momentos de oxitocina en tu pasado. La vía se fortalece si el símbolo también eleva tu estatus y alivia tu estrés. Dado que no somos conscientes de nuestras vías, nuestro cerebro verbal encuentra palabras bonitas para explicar los sentimientos evocados por el símbolo.

Es posible que tu grupo simbólico no te proteja en la vida real. Su magia es sólo electricidad que fluye hacia tu interruptor de oxitocina. Por eso los grupos simbólicos de los demás te parecen disparatados, incluso cuando tu propio símbolo te parece seguro.

Los animales se unen en torno a símbolos de una forma interesante. Una gacela con dos rayas en el trasero no crea vínculos con las gacelas que tienen una sola raya. Una gacela con dos rayas negras evita a las gacelas que tienen una raya negra y una blanca, o dos rayas blancas. Los animales carecen de la capacidad cognitiva de idealizar al indicador de un grupo. Ellos simplemente se sienten bien cuando ven señales vinculadas a la seguridad en su pasado. Sus crías tienen más probabilidades de sobrevivir si se aparean con individuos adaptados a su nuevo nicho ecológico, como lo indican las rayas.

5. Los enemigos comunes

Crear vínculos frente a enemigos comunes es un comportamiento generalizado. Los médicos, por ejemplo, suelen encontrar fallos en otros médicos, pero cuando dos médicos se enfrentan a un radiólogo, dejan de lado sus antipatías y hacen causa común. Sin embargo, los médicos se unen a los radiólogos cuando se enfrentan a un administrador. Incluso los administradores pasan a formar parte de la manada cuando deben enfrentarse a un hospital que compite con ellos. Y los hospitales que compiten se unen cuando se enfrentan a reguladores y a aseguradoras.

Este impulso fue expresado en un antiguo dicho beduino: yo contra mi hermano; mi hermano y yo contra mis primos; mis primos y yo contra el mundo.

La mayor parte de la literatura de la antigüedad es una llamada a unirse contra un enemigo común, y lo mismo ocurre con la tradición oral que estaba antes de que se inventara la escritura.

Mis abuelos sicilianos son un ejemplo interesante. Personas de la misma zona de Sicilia se instalaron en los mismos edificios en Brooklyn. Yo veía esto como una señal de amistad histórica, hasta que me enteré de que la violencia entre pueblos sicilianos era la norma. La gente rara vez salía de su pueblo en toda su vida, porque el riesgo de ser asesinado en los caminos era muy alto. La confianza social se desarrolló en Brooklyn porque había un enemigo común. Los sicilianos odiaban a los del norte de Italia, a menos que fueran a una iglesia en la que hubiera personas no italianas. Y si salían de su barrio, incluso creaban vínculos con católicos que no eran italianos. Cada cultura tiene su propia versión de este impulso porque está profundamente arraigado en el cerebro mamífero.

Los enemigos comunes te ayudan a hacer amigos rápidamente. Un ejemplo trágico es el de los anoréxicos que se unen contra el «enemigo», que son las personas que los presionan para que coman. Los alcohólicos se unen contra la presunta enemistad de los no alcohólicos. Los burócratas corruptos se unen contra un mundo que amenaza con encarcelarlos. Los que es autoidentifican como genios del arte se unen contra un mundo que no reconoce su genialidad. Sin un enemigo común, los miembros de estos grupos experimentan las mismas fricciones sociales que los demás mamíferos.

Pagas un alto precio por este atajo, ya que vives con un miedo constante al «enemigo». Ese miedo es acentuado por el riesgo de que tu grupo te haga el vacío si no te adaptas. Muchos grupos te empujan a cortar lazos con las personas que no pertenecen a ellos. Si no eres capaz de enfrentarte al enemigo tú solo, sigues a la manada dondequiera que vaya.

Quizás pienses que los demás son estúpidos cuando ves que se unen en torno a un «enemigo». Pero tu «enemigo» puede parecerte una amenaza legítima que requiere la protección de tu manada.

Una variación de este tema es unirte con una persona diciendo «tú y yo contra el mundo». Por desgracia, eso hace que el mundo entero sea tu «enemigo».

ENTONCES, ¿CUÁLES SON LAS IMPLICACIONES DE ESTO?

En la actualidad, el FOMO (siglas del inglés que significan «miedo a perderte algo») es una queja habitual. Piensas que los demás están obteniendo apoyo social sin ningún esfuerzo y que tú te lo estás perdiendo. Ese pensamiento dispara tu cortisol, lo cual te programa para sentirte mal más rápidamente la próxima vez que pienses que otros están consiguiendo apoyo sin esfuerzo.

Si ves un vídeo de miembros de una tribu cantando y bailando, es posible que pienses que ellos tienen el apoyo y la felicidad de los que tú careces. Pero si vivieras con ellos, tendrías que cantar las mismas canciones y bailar los mismos pasos que los demás todo el tiempo. Probablemente lo odiarías y anhelarías la independencia. Tal vez acusarías a la tribu de no ser capaz de «verte» u «oírte». Pero si la abandonaras, tendrías que crear tu propio sistema de apoyo.

Anhelamos la unidad, pero detestamos los sacrificios necesarios para que las personas se unan. Entonces, fantaseamos con una vida de apoyo ilimitado sin ningún costo. Seguimos a las personas que ofrecen esta fantasía. Al principio nos hace sentir bien, pero con el tiempo acabamos dándonos cuenta del precio que estamos pagando.

El modelo de salud mental actual premia la «comunidad» y condena a «nuestra sociedad» por no ser capaz de proporcionarla. Te enseñan que una sociedad mejor te proporcionaría esa sensación de apoyo que anhelas tener. Esto convierte «nuestra sociedad» en el enemigo frente al cual debemos unirnos. Esto hace que nos sintamos bien rápidamente, pero nos desconecta de nuestra propia biología.

Al principio, a verdad acerca de la oxitocina no nos resulta atractiva. Preferiríamos pensar en el apoyo social como un derecho o una alegría. Pero conocer los hechos te ayuda a ser consciente de tu poder para decidir cuándo puedes bajar la guardia. Cuando sabes que tú produces tus propios sentimientos con tus creencias sobre la protección, tienes poder sobre ellos. El camino hacia la oxitocina no es fácil, pero las creencias utópicas sólo hacen que te sientas peor.

5
LA INFELICIDAD DE LA ENDORFINA

La endorfina fue la primera sustancia química de la felicidad en ser estudiada, de manera que las ideas erróneas acerca de ella han tenido más tiempo para desarrollarse. Con frecuencia, el término «endorfinas» es utilizado para referirse a las sustancias químicas de la felicidad en general. Y el «subidón de endorfina» es visto generalmente como El camino hacia la felicidad. Pero casi nunca se menciona la simple biología.

La endorfina es el opioide natural del cuerpo. La palabra fue acuñada para significar «morfina endógena». La endorfina es activada por el dolor físico y su tarea consiste en enmascarar el dolor con una sensación de euforia durante unos minutos. Eso ayuda a que el animal herido pueda correr para salvarse. Entonces la endorfina cesa y sentimos el dolor, porque tenemos que sentirlo para poder protegernos.

Un corredor debe correr hasta el punto de sentir dolor para conseguir el «subidón del corredor». El cuerpo se habitúa al dolor, así que cada vez hace falta más para conseguir el mismo efecto. Éste no es un camino seguro hacia la felicidad. La endorfina no evolucionó para que nos inflijamos dolor a nosotros mismos; está diseñada únicamente para emergencias.

Pero sin la información biológica, las personas están aprendiendo a perseguir la felicidad haciendo ejercicio. Si continúan sintiéndose infelices, creen que la única opción es hacer más ejercicio. Esto puede hacer que una persona haga ejercicio hasta el punto de lesionarse, y absorbe la energía necesaria para conseguir las otras sustancias químicas de la felicidad. Por lo tanto, es importante entender cuál es la verdadera función de la endorfina.

Si tu ancestro de la Edad de Piedra se caía y se rompía una pierna, la endorfina le daba unos minutos para conseguir ayuda. Si la carne de una gacela es desgarrada por un león, aun así puede continuar corriendo para salvar su vida porque las endorfinas enmascaran ese dolor. Quince minutos más tarde, la gacela ha escapado para lamer sus heridas o ha muerto en un subidón de endorfina. Si alguna vez te has puesto de pie después de caerte y has dicho que estabas bien, y poco después te has dado cuenta de que no lo estás, ése es el efecto de la endorfina.

Estamos hechos para buscar la dopamina, la serotonina y la oxitocina, pero no la endorfina. Y, sin embargo, la gente busca esa sensación agradable, así que necesitamos saber cómo funciona. Entrar en una bañera de agua caliente estimula la endorfina, pero unos minutos después ese subidón ha desaparecido y los pensamientos habituales regresan. Podrías producir más endorfina haciendo que el agua esté más caliente aún, pero eso sería SUMAMENTE ESTÚPIDO.

El chile picante hace que se libere un poco de endorfina, pero esa sensación agradable desaparece rápidamente. Una vez que tu cerebro aprende a esperar una sensación agradable al ingerir chile, quieres más. Tu cuerpo se habitúa, así que cada vez ingiere más.

Puede parecer ilógico infligirnos dolor, así que es importante recordar el poder de la distracción. Cualquier cosa que interrumpa un pensamiento angustiante, reduce el cortisol. Ese alivio te dice que has satisfecho una necesidad de supervivencia, lo cual crea una vía que te invita la siguiente vez que aparece un pensamiento de ese tipo. Un subidón de endorfina te distrae eficazmente de los bucles de pensamientos estresantes.

Hacer ejercicio hasta el punto de sentir dolor puede interrumpir los pensamientos negativos y crear una vía que espera un alivio. Pero es esencial saber que la endorfina es sólo una pequeña parte de esa sensación agradable. El ejercicio también estimula la dopamina cuando te marcas una meta y avanzas hacia ella. La serotonina es liberada cuando te sientes orgulloso de tus logros atléticos. La oxitocina se activa cuando socializas mientras haces ejercicio. Si no sabes nada acerca de las otras sustancias de la felicidad, crees que esa sensación agradable viene del hecho de hacer ejercicio. Entonces crees que el dolor es necesario para sentirte bien. Conozco a gente que toma analgésicos antes de hacer ejercicio para poder mantener el ritmo. Eso no favorece la supervivencia al largo plazo, pero la gente se deja engañar por la sensación agradable de corta duración.

La búsqueda de un subidón de endorfina encaja con la creencia rousseauniana de que la alegría está dentro de nosotros, esperando a ser liberada. Sugiere que serás feliz si abres el contenedor de alegría de cualquier forma posible. Pero te conviene más conocer el verdadero propósito de cada una de las sustancias químicas de la felicidad.

El dolor producido por el hambre activa la endorfina. Es posible que hayas notado una sensación extrañamente agradable un día en que te olvidaste de almorzar. Esa sensación agradable cesó cuando comiste, pero fue reemplazada por la sensación incluso mejor de haber satisfecho una necesidad. ¡La endorfina no evolucionó para motivarte a matarte de hambre! Evolucionó para ayudar a tus antepasados a continuar buscando alimentos cuando no los encontraban.

Algunas personas se enorgullecen de su capacidad de matarse de hambre, y la serotonina los motiva a continuar haciéndolo. La dopamina recompensa a las personas que se ponen metas de pasar hambre y la oxitocina recompensa el hecho de unirse a otras personas que también han elegido hacerlo. Pasar hambre también puede utilizarse para interrumpir los pensamientos dolorosos. Estas sensaciones agradables a corto plazo pueden crear la ilusión de que matarte de hambre te hace feliz.

Pero los niveles bajos de azúcar en sangre privan a tu corteza de la glucosa necesaria para tomar buenas decisiones. Las malas decisiones ocurren cuando uno está pasando hambre. El hambre también te llena de cortisol. Si alivias el cortisol matándote de hambre, estás en un bucle muy malo. Piensas que tienes que sentirte mal para sentirte bien y acabas siendo infeliz.

La endorfina existe porque nuestros ancestros se lesionaban con frecuencia. Se llenaban de picaduras de insectos, cortes infectados y lesiones que no podían curarse llamando a una ambulancia. Este sufrimiento es ocultado por la visión rousseauniana de nuestros antepasados, de manera que no vemos la necesidad natural de liberar endorfina.

No hemos sido diseñados para infligirnos daño a nosotros mismos para sentirnos bien. Hemos sido diseñados para buscar dopamina, serotonina y oxitocina, pero la endorfina es sólo para las emergencias.

Parte 2

Cómo la política filtra la información acerca de la biología

6
LA POLÍTICA DE LA MEDICINA

Los anuncios publicitarios de antidepresivos te dicen que consultes con tu médico si tienes alguno de los síntomas de su lista. Los síntomas son comunes, así que la mayoría de la gente se pregunta si ella o algún ser querido debería ir al médico.

Pero tu médico no conoce la información que leíste en la parte 1 de este libro. Las facultades de medicina no enseñan acerca de la biología de las sustancias químicas cerebrales de la felicidad en los mamíferos. Enseñan que la infelicidad es una enfermedad que los medicamentos pueden curar. Esto lo aprenden de un currículo diseñado por las empresas farmacéuticas, basado en estudios conducidos por empresas farmacéuticas. A los médicos simplemente les enseñan a recetar y a ajustar la medicación en basándose a los síntomas reportados por los pacientes.

El modelo de enfermedad de la salud mental fue vendido al *establishment* médico y al público con considerables esfuerzos de divulgación. Además de la publicidad y los *lobbies*, las empresas farmacéuticas crearon ejércitos de representantes comerciales para convencer a los médicos de la visión medicalizada de la felicidad. Crearon enormes programas de recompensa para los médicos para que promovieran los medicamentos entre sus colegas médicos. Y recompensaron a los reguladores que aprobaban medicamentos basados en pruebas endebles. La industria farmacéutica llegó a dominar las publicaciones médicas y las asociaciones de la industria, creando así el consenso ilusorio que actualmente prevalece en la investigación médica, la educación, la regulación y las prácticas clínicas. Esto ha sido documentado durante años en libros como: *Let Them Eat Prozac, Pharmageddon, Anatomy of an Epidemic, The Myth of the Chemical Cure* y *Psychiatry Under the Influence.*

El enfoque médico de las emociones puede funcionar para algunas personas, pero los defectos del modelo son ampliamente ignorados. Éstos son algunos de los riesgos importantes asociados con la medicación conductual que son pasados por alto:

- Las consecuencias de su consumo a largo plazo son desconocidas, ya que las aprobaciones se basan en estudios a corto plazo.
- La habituación tiende a requerir dosis cada vez más altas.
- La *polifarmacia:* el potencial de interacciones dañinas cuando superponen múltiples medicamentos para los efectos secundarios.
- Los riesgos de *dejar de tomar* los medicamentos: los efectos dañinos de hacerlo.
- Los niños pequeños y los bebés están siendo medicados sin que se sepa el impacto de ello en su desarrollo a largo plazo.

Hay poca financiación para la investigación fuera de los canales controlados por la industria farmacéutica, así que simplemente no se produce evidencia que no refuerce el modelo de enfermedad. Los investigadores tienen pocas perspectivas profesionales fuera del modelo de enfermedad, de modo que no es sorprendente que La Ciencia apoye la visión de que la infelicidad es una enfermedad que se cura con medicamentos.

¿Los beneficios de un medicamento superan estos riesgos? Puedes preguntarle a tu médico, pero él o ella sólo te dirá lo que dice la ciencia aprobada por la industria farmacéutica. En lugar de eso, pregúntale a tu médico por el NNT (el número necesario para tratar) de un medicamento propuesto. Un NNT de diez, por ejemplo, significa que diez personas deben ser tratadas con ese medicamento para que una persona sea beneficiada por él. Nueve de diez pacientes no reciben absolutamente ningún beneficio, pero corren el riesgo de sufrir los efectos secundarios. La tarea de tu médico es darte la oportunidad de ser esa persona afortunada, pero tu tarea consiste en decidir si vale la pena.

El modelo de enfermedad rara vez es cuestionado, de manera que es importante saber que los profesionales que lo cuestionan han sido desacreditados en campañas de desprestigio organizadas por la industria farmacéutica. En ocasiones, son acusados de tener un «discurso de odio» por grupos de «defensa» del paciente que están financiados por las farmacéuticas. El médico también se arriesga a ser demandado por negligencia si no «diagnostica» y receta. Hay pacientes que han presentado demandas legales, financiados por esta industria. Es fácil ver por qué los profesionales de la salud no desean poner en riesgo las credenciales que han obtenido con tanto esfuerzo por cuestionar el modelo de enfermedad.

En los últimos años, el mundo de la medicina ha prestado más atención a la genética y a factores del estilo de vida como la dieta, el ejercicio, el *mindfulness* y los vínculos sociales. Pero ahí también, los grupos de interés han dado forma a la investigación y los planes de estudios. Una vez más, la tarea natural de las sustancias químicas de la felicidad es ignorada. Los nuevos enfoques no han desafiado a la práctica central de definir la salud mental de una forma que permite que prácticamente todas las personas tengan un trastorno. En lugar de eso, las nuevas visiones se basan en la antigua suposición de que «nuestra sociedad» es la causa del problema.

¿QUÉ HAY EN UN MODELO?

El modelo de enfermedad dice que la infelicidad es causada por un «desequilibrio químico», lo cual da por sentado que las personas «normales» obtienen esas sustancias químicas automáticamente. El modelo de enfermedad ofrece medicamentos para corregir el supuesto desequilibrio, y variaciones o aumentos de dosis para lidiar con el hábito. Si se presentan efectos secundarios, se añaden más medicamentos.

Un alumno mío se sorprendió al enterarse de que el «desequilibrio químico» no es algo que se pueda medir con un análisis clínico. Dicho análisis no existe, y no estoy diciendo que debería haber uno, porque tendrían que analizar tu fluido cerebroespinal, ya que las sustancias químicas del cerebro no atraviesan la barrera sangre-cerebro. Se trata de un procedimiento sumamente invasivo, y no hay ningún motivo para realizarlo porque no se ha demostrado que haya una conexión entre la salud mental y cantidades específicas de ninguna sustancia química. Los diagnósticos de salud mental se basan simplemente en lo que le dices a tu médico, a pesar de que lo que le dices está influenciado por años de exposición a los mensajes que dicen que la infelicidad es un trastorno que los medicamentos pueden curar.

Nunca se ha demostrado que la depresión sea causada por un desequilibrio químico o que la medicación alivie dicho desequilibrio. Quizás te cueste creer que una teoría tan ampliamente aceptada pueda carecer de pruebas sólidas. Los libros mencionados arriba muestran cómo son manipulados los «estudios» para crear la apariencia de que un medicamento es seguro y efectivo. Se presta muchísima atención a estudios realizados con muestras pequeñas o no aleatorias cuando apoyan el mensaje de la industria farmacéutica, mientras que otros estudios son ignorados. Resultados que apenas están por encima del placebo son aclamados como descubrimientos. En algunos estudios, no hay ningún placebo y, sin embargo, el medicamento es aclamado como si fuera un éxito.

En la escuela aprendemos que correlación no implica causalidad, pero los estudios que muestran pequeñas correlaciones reciben grandes titulares cuando encajan con el modelo de enfermedad. Las reglas de «conflicto de interés» existen, pero no se aplican bien. Las compañías compensan a los médicos amigables de formas creativas que se mantienen un paso más allá de la ley. Compensan a los académicos y medios de comunicación amigables de maneras que exploraremos en los próximos capítulos.

Quizás te estés preguntando cómo puede pasar esto en una industria que está regulada. Un buen libro sobre los fallos reguladores y el acaparamiento de la industria es *Bottle of Lies.*

Consideremos el defecto conceptual del modelo de enfermedad en lugar de únicamente los defectos en la investigación. Imagina que tu automóvil va lento y lo llevas al mecánico. Ahora imagina que tu automóvil va lento porque vas pisando el freno continuamente, sin darte cuenta. El mecánico podría encontrar maneras de acelerar tu motor, pero si continúas conduciendo con el pie sobre el freno, es coche simplemente se desgastará. Te convendría más aprender a no pisar el freno. Pero tú no eres consciente de tus hábitos de conducción, y tampoco lo es tu mecánico. Si te lo preguntara, quizás incluso te enfadarías con él. Lo mismo ocurre con tus sustancias químicas de la felicidad. Si estás pisando el freno, puedes pedirle a tu médico que acelere, pero te convendría más quitar el pie del freno.

Ahora imagina que eres una persona que, en lugar de eso, conduce pisando el acelerador. Incluso cuando pisas el freno, estás acelerando, de manera que a tu coche le cuesta bajar la velocidad así que vas al mecánico. Éste lo «repara» ajustando los frenos, pero no puede hacer mucho si mantienes el pie sobre el acelerador.

El modelo de enfermedad es como un mecánico que ha sido entrenado para reparar los síntomas. No es culpa del mecánico, porque tú eres responsable de tu conducción y es posible que recibas de buena gana la información que te brinde. Si el sindicato de mecánicos hiciera una investigación sobre el valor de sus arreglos y publicitara esos «estudios» fuertemente, quizás aceptarías la idea de que ellos pueden reparar el problema, sin importar cómo conduzcas.

Tu médico se encuentra en una posición difícil. Si no cumple con el «estándar de atención» del organismo que otorga las licencias, puede perder su licencia o ser demandado por mala praxis. Y puede ser despedido si no se adhiere a las directrices administrativas de su profesión. Por lo tanto, el médico tiene buenos motivos para aceptar el modelo que le enseñaron en la facultad de medicina. Un médico no ve la forma en que la industria farmacéutica ha influenciado al organismo que otorga las licencias, a sus administradores y a su formación.

La formación médica sólo menciona a la dopamina, la serotonina y la oxitocina en el contexto de las patologías, pero no explica la función normal saludable de esas sustancias químicas. Simplemente se da por sentado que las sustancias químicas de la felicidad están ahí de la misma manera en que lo están la saliva y los glóbulos rojos. Esto encaja con el paradigma rousseauniano, así que parece ser cierto.

En los años recientes, el apoyo a la teoría del «desequilibrio químico» ha decaído, pero las prescripciones continúan aumentando. El nuevo mensaje es: «no sabemos por qué funcionan las pastillas, pero estamos seguros de que funcionan».

LA POLÍTICA DETRÁS DE LA BIOLOGÍA

Se supone que la ciencia es la búsqueda de la verdad a través de la discusión de la evidencia. Si la discusión es silenciada, no es ciencia.

Pero los humanos tendemos a rechazar la información que no encaja con nuestros preconceptos. El cerebro humano necesita una programación antigua para filtrar la avalancha de detalles que nos rodea. Por lo tanto, los científicos siempre han sido moldeados por el sistema de creencias de su época. En el mundo seglar actual, el sistema de creencias es el paradigma rousseauniano. La gente cree que la naturaleza es buena y «nuestra sociedad» es mala con la misma convicción que han tenido los creyentes religiosos a lo largo de la historia.

Los investigadores no son conscientes de su propio sistema de creencias. Si lo fueran, perderían su estatus, porque el estatus de La Ciencia descansa sobre su objetividad declarada. Pero un historiador científico llamado Thomas Kuhn mostró que los científicos siempre han estado cegados por el paradigma en el que se formaron. El término *cambio de paradigma* proviene de su libro, *The Structure of Scientific Revolutions*. Khun decía que los científicos son buenos encontrando pruebas que encajan con sus modelos e ignorando las pruebas que no encajan. Incluso cuando se acumula una gran cantidad de «datos discrepantes», el modelo se mantiene.Los científicos odian tener que invalidad el modelo que ha definido el trabajo de toda su vida, de modo que encuentran maneras de desacreditar la evidencia contraria. No es hasta que mueren, dijo el optimista Profesor Kuhn, cuando un nuevo modelo se difunde entre la nueva generación que creció con la discrepancia. **Entonces el ciclo vuelve a empezar con una nueva ortodoxia que es defendida vehementemente basándose a la evidencia en conflicto.**

Khun escribió esto en 1962, mucho antes de los dramas que hay en los titulares de la actualidad. Él nos recordó que Galileo fue encarcelado por haber violado el paradigma de su época y tuvo suerte de no ser quemado en la hoguera. Copérnico sólo se atrevió a publicar cuando estaba en su lecho de muerte. La marca actual de conformidad forzada es leve en comparación. Y, sin embargo, es suficiente para ocultar al público una información importante. Uno no sospecha esto porque la ortodoxia científica se repite con tanta frecuencia que pareciera que fuera verdad.

Me preguntaba cómo comenzó la ortodoxia actual de la salud mental y encontré la respuesta en el libro *The Empire of Pain: The Secret History of the Sackler Dynasty.* El libro muestra cómo una persona, Arthur Sackler, decidió medicar la infelicidad y vendérselo al mundo. Hace casi un siglo, Sackler empezó a publicitarse en las revistas médicas y luego a influir en los editores de esas publicaciones fiables. Creó una gran fuerza de ventas que cortejaba directamente a los médicos, repetida y estratégicamente. Entrenó a sus vendedores para que dijeran a los médicos lo que La Ciencia dice y para que avergonzaran a aquellos que no se sometieran. Y contrató a grupos de presión para que le dijeran al Gobierno lo que decía La Ciencia. Actualmente, los Sacklers son conocidos por su medicamento más reciente, la oxicodona, pero su éxito se debió a los métodos de *marketing* que el tío Arthur desarrolló para los primeros medicamentos. (Hay documentales populares que cuentan esta historia desde la perspectiva *millennial,* así que los medicamentos anteriores son ignorados).

Arthur Sackler empezó teniendo buenas intenciones, pero vio que su empresa podía fracasar cuando las patentes de medicamentos exitosos expiraran. Para enfrentarse al desafío de los genéricos baratos que estaban entrando en el mercado, Sackler empezó a utilizar el enfoque de la cadena de montaje, haciendo que los nuevos medicamentos estuvieran listos para escalar cuando las viejas patentes expiraran. Pero es necesario hacer una gran inversión para sacar un nuevo medicamento al mercado, de manera que todo el sistema depende de un *marketing* agresivo.

Los médicos dicen que no se dejan influir por la publicidad, pero en el *marketing* de la industria farmacéutica hay mucho más que publicidad. Los fabricantes de medicamentos han aprendido a entrar profundamente en las vidas de los médicos. Por ejemplo:

- Las compañías dan forma a las directrices que los médicos deben seguir, creando relaciones con los administradores de la sanidad. Estas relaciones se basan en grandes regalos a los establecimientos médicos, acuerdos lucrativos de empleo futuro y fiestas elegantes.

- Se exige a los médicos que reciban clases todos los años y los fabricantes de medicamentos financian cursos en bellos complejos turísticos con buena comida y cocteles exóticos. Es una forma atractiva de hacer que los médicos cumplan con el requisito de educación continua.
- Las empresas farmacéuticas expanden el mercado para los medicamentos definiendo las patologías de una forma muy amplia y haciendo proyecciones alarmistas de los desenlaces que podrían darse si las personas no siguen su «tratamiento». Financian y promueven estudios que apoyan su punto de vista, y si un médico no se somete es condenado públicamente por violar La Ciencia.

En años recientes, la investigación sobre genética y fMRI han estado bien financiados, de manera que el modelo de enfermedad ha sido incrustado en ese trabajo. Por ejemplo, un escáner cerebral es visto como evidencia de un trastorno sin reconocer el aspecto aprendido de la actividad cerebral. Un escáner cerebral parece tan fáctico que la persona que recibe un «diagnóstico» no pregunta si el escaneo se vería diferente si pensaran de una manera distinta. Cada nueva tecnología que emerge es utilizada para reforzar el viejo paradigma.

ENTONCES, ¿CUÁLES SON LAS IMPLICACIONES DE ESTO?

Probablemente has visto anuncios publicitarios de medicamentos para la ansiedad o la depresión. Quizás recuerdes una figura de palitos de aspecto triste que súbitamente se siente feliz al final del anuncio. ¿Quién no querría eso?

Si no has visto esos anuncios publicitarios es porque han sido reemplazados por una herramienta de *marketing* más efectiva: los *influencers* de las redes sociales. Las empresas farmacéuticas están reclutando a «pacientes reales» para que cuenten sus «historias de éxito» en las redes. El público percibe esos mensajes como más auténticos que la publicidad. Los famosos que son pacientes son considerados especialmente motivadores. El *marketing* con *influencers* ha crecido rápidamente y bordea una zona gris en la regulación de las reclamaciones médicas. Todo el mundo debería saber que los fabricantes de medicamentos están dando un guion y compensando económicamente a los «pacientes reales» que aparecen en las redes sociales.

Quizás te estés preguntando por qué los medicamentos son publicitados directamente a los consumidores, dado que se supone que los médicos saben más. Las empresas farmacéuticas saben que la satisfacción del consumidor es la clave para medicina moderna. La supervivencia de tu médico depende de que marques la casilla de «completamente satisfecho». Las compañías farmacéuticas te entrenan para que equipares un excelente servicio con una prescripción de su producto porque saben que los médicos están presionados para complacer.

El modelo de enfermedad de la salud mental tiene fuerza de ley en Estados Unidos de una forma adicional. Todo plan de salud debe «tratar» las enfermedades mentales en «paridad» con otras enfermedades. Un médico está actuando de conformidad con la ley cuando interpreta tu angustia como una enfermedad que requiere una medicación. Si decide no darte un diagnóstico y una prescripción, se arriesga a ser acusado de negligencia en cualquier momento en el futuro. (Ha habido familias de víctimas de suicidio y de la delincuencia que han presentado ese tipo de cargos, por ejemplo). Si un médico te animara a desarrollar habilidades de regulación de las emociones en lugar de prescribir un medicamento, podría ser acusado de «avergonzar» al paciente. Una o dos quejas podrían arruinar su carrera. Los médicos corren menos riesgos si prescriben que si no lo hacen. (Hay nuevas reglas que han cambiado esto en el caso de los analgésicos, pero no para otros tipos de medicamentos).

No culpes a tu doctor por «etiquetarte». Recuerda que su día está lleno de pacientes que están buscando una etiqueta. Una etiqueta trae consigo un reembolso por parte del seguro y otros derechos. Un sistema de salud necesita reglas para la asignación de recursos y las etiquetas le ayudan a hacerlo.

Resulta tentador culpar a las empresas farmacéuticas y al «sistema» de la desnaturalización de las emociones, pero vamos a profundizar un poco más en esto. Nuestro cerebro está altamente motivado a escapar de los sentimientos negativos. Así es como los sentimientos negativos hacen su trabajo: motivando a la acción para escapar de ellos. Si sabemos cómo creamos esos sentimientos negativos, podemos manejarlos en lugar de interpretarlos como amenazas reales. Pero si no tenemos la información, nos sentimos tentados por las formas fáciles de escapar de ellos. Podemos culpar a los que nos proporcionan los escapes fáciles, pero eso nos impide conocer nuestros procesos internos.

Las prácticas poco éticas deben ser detenidas, pero emergerán nuevas prácticas poco éticas porque nuestro impulso de escapar de los sentimientos negativos es muy fuerte. Tu cortisol te grita «¡haz algo!», y consultar a tu médico hace que sientas que estás haciendo algo. La tenacidad de la urgencia de «hacer algo» me impactó cuando vi los cráneos en un museo en Lima, Perú. El cráneo de un inca había sido perforado y tenía un agujero. Los antiguos griegos también realizaban la práctica de perforar cráneos. Las personas permitían que les perforaran los cráneos porque estaban ansiosos por sentir un alivio. Lamentablemente, eso no quiere decir que las perforaciones hayan funcionado.

En el pasado, la gente compraba aceite de serpiente en su afán de curar lo que la aquejaba, y de ahí viene la expresión «vendedor de aceite de serpiente». La Coca-Cola empezó siendo un jarabe de cocaína que uno mezclaba con agua con gas. La gente siempre ha anhelado encontrar una manera rápida y fácil de sentirse bien.

Toda solución tiene costos y beneficios, los cuales tienes que sopesar. La política hace que nos resulte difícil tener una visión clara de los costos y los beneficios. La política reduce los gastos de bolsillo y oculta información sobre los riesgos. **Pero el mayor costo es la pérdida de autoeficacia.** Cuando ves tus emociones como una enfermedad, pierdes de vista tu poder sobre ellas. Cuando entras en el consultorio de un médico, es posible que le digas «me siento deprimido», pero cuando sales de ahí con una prescripción dices *«tengo depresión»*. Es posible que entres diciendo «siento ansiedad» y que salgas diciendo *«tengo* ansiedad».

Convertir las emociones en enfermedades hace que el sistema de salud sea responsable de tu felicidad. Esto crea expectativas poco realistas y la inevitable decepción. Cuando eso hace que tu cortisol se dispare, aprendes a culpar a la sociedad. Esto sirve a la agenda rousseauniana, pero no te sirve a ti.

Es tentador pensar que tu médico
puede hacerte feliz,
pero deberías conocer el origen
de esa creencia antes de encargarle
la tarea de gestionar tus emociones.

7
LA POLÍTICA DE LA PSICOLOGÍA ACADÉMICA

Las universidades crean la mayor parte de la información que recibimos sobre las emociones humanas, de modo que la forma de pensar de las universidades tiene un gran impacto en la manera en que interpretas tus sentimientos.

La psicología académica se enorgullece de ser una ciencia, pero resulta que la información que produce siempre encaja con la creencia rousseauniana de que «el problema es nuestra sociedad». La mayoría de las universidades ha adoptado formalmente el activismo social como su objetivo general, de modo que cuando los psicólogos te hablan de La Ciencia, estás recibiendo una información que ha sido moldeada para promover una agenda política.

Quizás te resulte difícil creer que profesores tan valorados de universidades prestigiosas estén filtrando la información a través de la lente de un sistema de creencias, así que sería bueno que sepas lo fácil que es hacerlo. Cuando oyes una estadística de salud mental, es posible que te parezca que es una medida objetiva, pero si miras detrás de las cortinas descubrirás una ciénaga de pequeñas elecciones subjetivas. Un investigador puede crear cualquier resultado ajustando los parámetros hasta que aparece la «evidencia» deseada y luego justificar retroactivamente esas elecciones. Nadie investiga esto si los resultados encajan con el modelo de que «el problema es la sociedad». Por el contrario, cuando los resultados no logran apoyar las creencias compartidas, son escrutados exhaustivamente y a menudo son desacreditados por «razones metodológicas». Los investigadores se protegen del escrutinio ajustándose a las creencias compartidas.

Los «estudios» que son canonizados como La Ciencia rara vez son replicados, de manera que un solo «estudio» puede ser la base de una conclusión que generaciones de estudiantes han memorizado. Si apoya la agenda «prosocial» parece ser cierto, así que no hagas demasiadas preguntas.

Los académicos saben que, si su trabajo entra en conflicto con la agenda «prosocial», probablemente será criticado. Uno aprende esto rápidamente cuando se gradúa de la universidad, si es que no se dio cuenta antes. Cualquier estudiante de posgrado puede descifrar la estructura de recompensa del mundo académico. Alinearse con el modelo de culpar a la sociedad trae consigo los fondos y el reconocimiento necesarios para permanecer en el juego. Si no te alineas, eres ignorado, y si persistes, eres atacado. No tiene sentido realizar una investigación que va a ser desestimada; te convendría más encontrar otra profesión. Entonces, no es de extrañar que acabemos teniendo tanta «evidencia» de que «nuestra sociedad» es la causa de todo el sufrimiento.

He pasado tres décadas dentro del mundo académico y al principio me lo creía todo. Creía que la felicidad llega automáticamente a los animales, los niños y los cazadores-recolectores, y que la infelicidad proviene de nuestra «sociedad enferma». Pero ocasionalmente me topaba con alguna evidencia que no encajaba con esas creencias. Entonces me di cuenta de la rapidez con la que mis colegas desestimaban esas herejías y lo duramente que criticaban a las personas que las generaban. Pero yo había crecido en una familia infeliz, así que estaba más motivada a encontrar la verdad acerca de las emociones humanas que a conseguir la aprobación de mis colegas. De modo que seguí los datos hasta donde me llevaron, en lugar de inclinarme ante la estructura de recompensa académica. Así fue como me di cuenta de que en realidad los animales, los niños y los cazadores-recolectores no encajan en la visión «prosocial» que se enseña en la academia.

Los animales jóvenes pelean mucho. Los psicólogos lo llaman «juego» e ignoran el paralelismo entre esos enfrentamientos y los conflictos incesantes entre los adultos. Cuando los machos adultos chocan sus cráneos para ganarse la oportunidad de aparearse, las ciencias sociales lo llaman «exhibición». Los biólogos saben que esa exhibición acaba en enfrentamientos de fuerza bruta y que los cráneos de los animales son gruesos en los puntos exactos de impacto. Los biólogos saben que las armas de los animales evolucionaron para pelear con los de su propia especie más que para luchar contra los depredadores. Y, sin embargo, las ciencias sociales continúan describiendo a los grupos de animales como armoniosos, comunitarios y «prosociales». Recuerdo una visita a una granja en la que dijeron que un animal agresivo estaba «un poco juguetón» ese día. No fueron capaces de reconocer que eso ocurre cada día.

Los niños también tienen muchos conflictos. Eso no encaja en el presupuesto rousseauniano de paz y amor, de modo que los psicólogos siempre afirman que «el problema es la sociedad». Cuando un niño se esfuerza por superar a sus padres y maestros, siempre se puede deducir un fracaso social. Los psicólogos no mienten cuando dicen que no hay ninguna evidencia de un impulso natural de superar a los demás en los niños, porque nadie reúne o publica ese tipo de evidencia. Yo no cuestioné la infalibilidad de la psicología académica hasta que tuve hijos y alumnos propios. También tuve la oportunidad de observar a los hijos de los profesores universitarios. Incluso entonces, es posible que hubiera continuado culpando a la sociedad por el comportamiento antisocial de los jóvenes, si no hubiese visto el mismo *modus operandi* en los animales.

Las sociedades tribales son descritas habitualmente como «prosociales» en la investigación académica. Los «estudios» siempre encuentran que los miembros de las tribus tienen una mejor salud física y mental que nosotros. Los cazadores-recolectores siempre parecen vivir sus vidas precisamente de la forma en que los académicos piensan que «nuestra sociedad» debería hacerlo. Cuando era joven, estaba tan ansiosa por vivir en esa tierra prometida que me fui a trabajar a África. Ahí me sorprendió encontrar problemas que nunca eran mencionados en la antropología. Sabía que se suponía que debía culpar al contacto con «nuestra sociedad» por esos problemas. Pero busqué fuera de los textos de las ciencias sociales y descubría los relatos de las culturas tribales escritos siglos atrás. También leí la investigación de antropólogos que se atrevieron a ser políticamente incorrectos, a pesar del riesgo de excomunión. (Un sitio estupendo para aprender acerca de esto es en la autobiografía de Napoleon Chagnon, *Noble Savages: My Life Among Two Dangerous Tribes – the Yanomamo and the Anthropologists*). Me enteré de que los miembros de las tribus tienen los mismos impulsos duros que otros mamíferos.

Estos sesgos tienen sentido cuando entiendes la política académica. Los profesores son evaluados continuamente por sus alumnos y sus colegas. Para sobrevivir, un profesor debe encontrar la forma de hacerse popular entre los estudiantes y sus colegas. Puedes ganar popularidad entre los estudiantes defendiendo la opinión de que no somos responsables de nuestras elecciones. Puedes hacerte popular entre tus colegas afirmando que nacemos buenos y nuestra sociedad hace que todo se vuelva malo. Estas opiniones son motivadas por el interés personal, pero un profesor no puede reconocer el interés personal en sus opiniones prosociales. Cuando tu supervivencia depende de que te ajustes a un sistema de creencias, lo más fácil es realmente creer en lo que estás diciendo, para no decir accidentalmente algo que pueda arruinar tu carrera. (Éste es el tema de mi libro *How I Escaped Political Correctness, And You Can Too*).

Veamos cómo la investigación académica sobre la dopamina, la serotonina y la oxitocina ha sido moldeada para encajar con las creencias rousseaunianas.

LA DOPAMINA

La dopamina hace que te sientas bien cuando satisfaces una necesidad, pero eso parece egoísta en la visión «prosocial» del mundo. Los académicos quieren crear una sociedad comunalista, de modo que simplemente ignoran el hecho de que nuestro sistema límbico evolucionó para concentrarse en sus propias necesidades.

La dopamina crea la necesidad de más, y eso a los académicos les parece codicioso. Ellos creen que «nuestra sociedad» crea el deseo de más e ignoran la evidencia de lo contrario.

Dado que la verdad está restringida, los académicos necesitan una explicación alternativa para la dopamina, y por ello crearon la teoría de que la dopamina hace que «queramos cosas, pero que no nos gusten». Esto se basa en un estudio con ratas que mostraba ostensiblemente que las ratas «quieren» cocaína, pero no les «gusta». Esta distinción puede parecer trivial, pero es esencial para la visión académica de las adicciones. Los académicos culpan a la sociedad de las adicciones y se enojan ante cualquier sugerencia de que un adicto está haciendo una elección. Ellos saben que la dopamina está ligada a las adicciones, pero les perturba la imagen histórica de la dopamina como la «sustancia química del placer». Los académicos odian cualquier sugerencia de que los adictos están buscando placer porque eso interfiere con la visión de que la adicción es una enfermedad. El estudio con ratas ofrecía una manera de «demostrar» que las ratas no obtienen placer de la cocaína. La «quieren» sin que les «guste». Esto refuerza la visión popular de que somos víctimas impotentes de la dopamina.

Para entender el querer versus el gustar, veamos cómo funciona en mi nieto pequeño. Cuando lo visito, me ruega que le abra el armario donde su madre esconde los juguetes. Al principio cedí a su súplica porque me resultó muy tierno oírlo comunicar su urgente «deseo» en su vocabulario de bebé. Pero en cuanto le di los juguetes prohibidos, perdió interés en ellos. Los «quería», pero no le «gustaban». Al poco rato, me suplicó que le abriera la puerta del frigorífico, de donde quería un determinado alimento, sin que le gustara. Estaba claro que lo que le gusta es que la gente ceda ante sus deseos, como le ocurre a los demás humanos. El dominio social es una recompensa social muy motivadora cuando tienes suficiente comida y juguetes.

La dopamina nos recompensa con una sensación agradable cuando encontramos la manera de satisfacer una necesidad social. «Queremos» tener poder sobre los demás y nos «gusta». Pero eso no suena «prosocial», de modo que los académicos no lo reconocen. Incluso se niegan a llamar a la dopamina una «sustancia química de recompensa» porque eso suena demasiado a placer. Si la llamas así, puedes ser cancelado, porque se considera que es un lenguaje de odio contra los adictos. Lo sé porque me ocurrió.

Los académicos descartan el impulso natural de satisfacer nuestras necesidades porque dan por sentado que existe un estado natural que satisface nuestras necesidades sin esfuerzo. En su utopía, no hay ninguna necesidad del poder motivador de la dopamina. El camino a la felicidad en la psicología académica es restaurar la supuesta utopía en lugar de desarrollar habilidades para la regulación de las emociones.

Otra teoría académica que oculta nuestra verdadera naturaleza es la idea de que las recompensas extrínsecas son malas y las intrínsecas son buenas. El estudio central para esta idea mostró que los niños pasaban menos tiempo pintando si se les premiaba previamente por hacerlo. Éste es un ejemplo de generalización de un estudio cuando encaja con el paradigma rousseauniano. El estudio consagra la pintura como una recompensa intrínseca, lo cual ignora cualquier recompensa extrínseca por pintar que pueda haber experimentado un niño en el pasado. Si el acto de pintar aporta elogios, o libertad, o distracción de sentimientos negativos, el niño se siente motivado a pintar. Los académicos ignoran esas recompensas extrínsecas porque un estudio no puede medirlas. Y su definición de las recompensas intrínsecas está sesgada en favor de las actividades que ellos aprueban, como pintar.

El aprendizaje de las recompensas es una herramienta valiosa, como veremos en el capítulo 10. Entonces, los académicos te privan de esta herramienta valiosa cuando condenan las recompensas extrínsecas. Te limitan a las recompensas que ellos consideran intrínsecas, como participar en el activismo político. Te entrenan para que busques la felicidad en actividades que ellos perciben como «prosociales» en lugar de enseñarte a incorporar tu propia elección de actividades saludables. Aprenderás esto en la tercera parte de este libro.

LA OXITOCINA

El enfoque académico de la oxitocina tiene el mismo problema fundamental: resalta los datos que encajan con la visión utópica de la naturaleza e ignora el resto de la historia. Por ejemplo, cuando una gacela busca a su manada, los académicos lo llaman «conducta prosocial» e ignoran los motivos egoístas que explicamos en la primera parte.

Los académicos promueven su creencia en el altruismo animal sacando de contexto las anécdotas y creando experimentos de laboratorio que consiguen los resultados deseados.

Un ejemplo sorprendente de una anécdota tergiversada es la historia del chimpancé al que Jane Goodall llamó «Flint». Se dice que murió de tristeza porque se acurrucó hecho un ovillo en el lugar en el que su madre había fallecido y expiró tres semanas más tarde. Esto es tomado como una prueba de la empatía animal. Esa conclusión me pareció ilógica porque la vida en la Tierra no existiría si la empatía fuese mortal. Entonces busqué una mejor explicación y la encontré en la página 41 del libro de Goodall titulado *Fifty Years at Gombe*, y en su página web. (Visita www.janegoodall.org.au y busca «*the F Family*»). Flint fue el primer chimpancé que Jane observó desde su nacimiento. Los chimpancés normalmente huyen de los humanos, así que los esfuerzos de Jane para observarlos fracasaron durante un año. Entonces ella comenzó a abastecerlos con plátanos. Pocas personas se dan cuenta de que los plátanos requieren ser cultivados por los humanos y no crecen de forma silvestre en la selva. Los chimpancés se sintieron tan entusiasmados con esta recompensa dulce y feculenta que toleraron al humano que los observaba.

Flint fue el primer chimpancé nacido en el mundo feliz de las grandes recompensas sin ningún esfuerzo. Él no pudo imitar la habilidad de sus mayores para buscar alimento como lo habían hecho los chimpancés desde el principio de los tiempos. Y, dado que tenía muchísimos plátanos, no sentía el hambre que siempre los ha motivado a hacerlo.

En lugar de eso, Flint desarrolló un comportamiento extraño: obligaba violentamente a su madre a amamantarlo cuando ella intentaba destetarlo. Eso no es natural. Biólogos evolutivos como Robert Trives han explicado extensamente el proceso natural del destete. Al parecer, Flint se había vuelto demasiado grande debido a la alimentación altamente calórica, de modo que era suficientemente fuerte como para superar a su madre y satisfacer sus necesidades nutricionales sin tener que aprender habilidades de supervivencia. Flint no murió de tristeza. Murió de hambre porque no aprendió a salir y satisfacer sus propias necesidades.

No estoy criticando a Goodall, en absoluto. Ella dejó de proveer alimentos a los animales cuando entendió las consecuencias de hacerlo y contó la verdad sobre este incidente antes de que fuera tergiversado. Se esforzó por encontrar la verdad acerca de la naturaleza. Esta anécdota es simplemente un ejemplo de la forma en que los hechos son moldeados para encajar en las creencias rousseaunianas.

Los estudios de laboratorio también son moldeados para respaldar la agenda política. Un «estudio» popular afirma demostrar que un mono se enoja si obtiene *más* recompensas que otros monos. Los animales son representados como unos guerreros de la justicia social que no son capaces de tolerar la desigualdad, incluso cuando se benefician de ella. Este estudio contradice un siglo de investigación sobre los primates, pero los profesores y los medios de comunicación lo citan con frecuencia sin cuestionarlo.

Los académicos dan forma a las creencias sobre los impulsos naturales a través de lo que no dicen, así como a través de lo que dicen. Informan de ejemplos de aves macho alimentando a las crías y no informan de ejemplos de aves hembra que picotean a la cría de un vecino hasta la muerte. Glorifican el cuidado de las crías de aves y pasan por alto el hecho de que las empujan para que abandonen el nido. El tema no es que el conflicto es bueno. El tema es que el conflicto es natural, de modo que el autocontrol debe ser aprendido. Cuando nos dicen que el amor es natural y que el conflicto es culpa de la sociedad, no nos están enseñando autocontrol.

La visión «prosocial» de la naturaleza te entrena a esperar el altruismo y entonces te decepcionas. Crea falsas expectativas de que «nuestra sociedad» luego no cumplirá y, por lo tanto, nos decepcionará. Esto no te beneficia, pero beneficia a cualquiera que esté reclutando personas para un «ejército de descontento», como lo llamó Karl Marx.

Los académicos no son capaces de ver la verdadera tarea de la oxitocina porque creen que el apoyo social debería llegar sin esfuerzo. Piensan que «nuestra sociedad» debería apoyarte, de manera que ellos no ven la necesidad de que haya una sustancia química que te motive a realizar el duro trabajo de mantener lazos sociales. La visión académica te entrena para que esperes recibir apoyo incondicional sin tener que hacer nada para obtenerlo. Esta creencia no produce ningún bien mayor. No puedes obtener amor de la «sociedad». Tienes que obtenerlo de las personas, y ellas esperarán algo a cambio porque son mamíferos. La soledad es el resultado de expectativas poco realistas acerca de nuestra naturaleza social.

LA SEROTONINA

La serotonina también se interpreta erróneamente en el mundo académico. Los académicos ven el estatus social como un mal de la sociedad y por ese motivo no son capaces de verlo como un impulso natural. No pueden admitir que todo el mundo anhela sentirse superior a los demás y crea sus propios sentimientos de inferioridad. En lugar de ayudarte a controlar el impulso de dominio social, sugieren que si eliminamos «nuestra sociedad», eliminaremos esos sentimientos de inferioridad.

Los académicos apoyan la visión rousseauniana al afirmar que los chimpancés eligen a sus líderes de una forma democrática. Según ellos, los chimpancés siguen al miembro más popular del grupo y no al más fuerte. Esto es sólo un juego de vocabulario. Los chimpancés siguen a quienquiera que los ayude a conseguir alimentos y escapar de las amenazas. Podrías llamarlo democracia, ya que hay un elemento de elección, pero eso oculta la fuerza brutal que los chimpancés dominantes infligen en los miembros del grupo que no se someten. Quizás los catedráticos imaginan a los chimpancés calificando gentilmente al macho alfa de la misma manera en que los estudiantes califican a sus profesores.

El «narcisismo» se ha convertido en el término académico preferido para referirse al comportamiento del que busca dominar. Esto nos entrena para que veamos ese anhelo como un trastorno y no como un impulso natural. Cuando alguien que no te cae bien busca dominar, lo llamas narcisista. Cuando alguien que te cae bien busca dominar, dices que se está protegiendo de los narcisistas.

La psicología académica crea tipos de personalidad en lugar de ver la universalidad de un impulso. La ansiedad por el estatus ha sido explicada por una gran cantidad de teorías de la personalidad a lo largo de la historia de la psicología. El «complejo de inferioridad» de Alfred Adler era popular cuando yo era joven. Aprendías a señalar los complejos de inferioridad de la misma manera en que actualmente señalas el narcisismo.

Nietzsche fue una excepción, porque él veía la «voluntad de poder» en todas las personas. Pero Nietzsche no era psicólogo y era considerado un enfermo mental.

Yo llevaba décadas estudiando la Psicología cuando me topé por primera vez con la investigación sobre la serotonina en los monos en un viejo libro de texto de Psicología Evolutiva. Me pregunté por qué no había oído hablar de él antes, ya que es claramente muy importante. Investigué un poco y descubrí que el estudio inicial había sido financiado por el Instituto Nacional de Salud Mental de EE. UU. y el *The New York Times* informó sobre él. (Mas detalles en mi página sobre la serotonina: innermammalinstitute.org/serotonin). Claramente, en algún momento había sido un tema aceptable. Entonces, ¿qué fue lo que ocurrió?

Unos activistas de los derechos de los animales atacaron violentamente los laboratorios en los que se realizaban los estudios con monos. Incluso atacaron las viviendas privadas de algunos investigadores. Las universidades se protegieron cediendo a las exigencias de los terroristas. Además de detener la investigación, aceptaron retirar los hallazgos basados en ella. De manera que hoy en día no se mencionan los antiguos estudios con monos y la investigación con primates sólo se realiza en unas pocas instalaciones de alta seguridad. Uno no oye hablar de esto porque las personas que se someten a los terroristas nunca lo admiten públicamente.

Los académicos pueden hacer que un estudio desaparezca, pero no pueden hacer que desaparezca el impulso natural de dominio social. La intensa competitividad que existe en el mundo académico es un ejemplo irónico. La mayoría de los catedráticos tuvieron buenas notas en la escuela, lo cual les proporcionó una posición superior en sus años de mielina. Pero en la vida adulta, las buenas notas no siempre te llevan a una posición superior. Con frecuencia, los académicos se horrorizan cuando ven que el reconocimiento social va a personas que ellos consideran menos inteligentes. No pueden admitir que ellos tienen la misma ansia de tener un estatus que otros mamíferos, así que interpretan sus sentimientos de inferioridad como compasión por otras personas. Este razonamiento «prosocial» los recompensa con un agradable sentimiento de superioridad, hasta la siguiente ocasión en la que ven a una persona con menor educación recibir un reconocimiento social. Entonces, tienen que producir más serotonina con más pensamientos sobre su superioridad moral.

La psicología académica creó un vacío al ignorar la serotonina, y los terapeutas de masaje comenzaron a llenarlo. La investigación sobre el masaje llegó a la conclusión nada sorprendente de que el masaje activa la serotonina. Esto ha difundido la idea de que la función de la serotonina es ayudarte a relajarte. Esto apoya la visión metafísica de que un paseo por el bosque activa la serotonina. Eso no es ciencia. Los animales no sobreviven relajándose en los bosques. Nos convendría más conocer la verdadera función de la serotonina, en lugar de idealizarla.

Los nutricionistas están estudiando la serotonina en nuestro sistema digestivo. Han popularizado la idea de que los suplementos probióticos son el camino hacia la serotonina. Esta creencia se extendió rápidamente porque estos suplementos tienen enormes márgenes de beneficio, los cuales han financiado grandes campañas publicitarias. Pero la molécula de la serotonina no atraviesa la barrera sangre-cerebro, de manera que la serotonina que se encuentra en tu intestino no llega a tu cerebro. Esta investigación es una distracción más de la verdad incómoda sobre nuestro impulso de dominio social. Es peor que una distracción, porque refuerza la creencia de que «te sientes enfermo porque la sociedad está enferma». Este punto de vista es tan popular en las universidades que prácticamente se equipara con ser una persona «instruida».

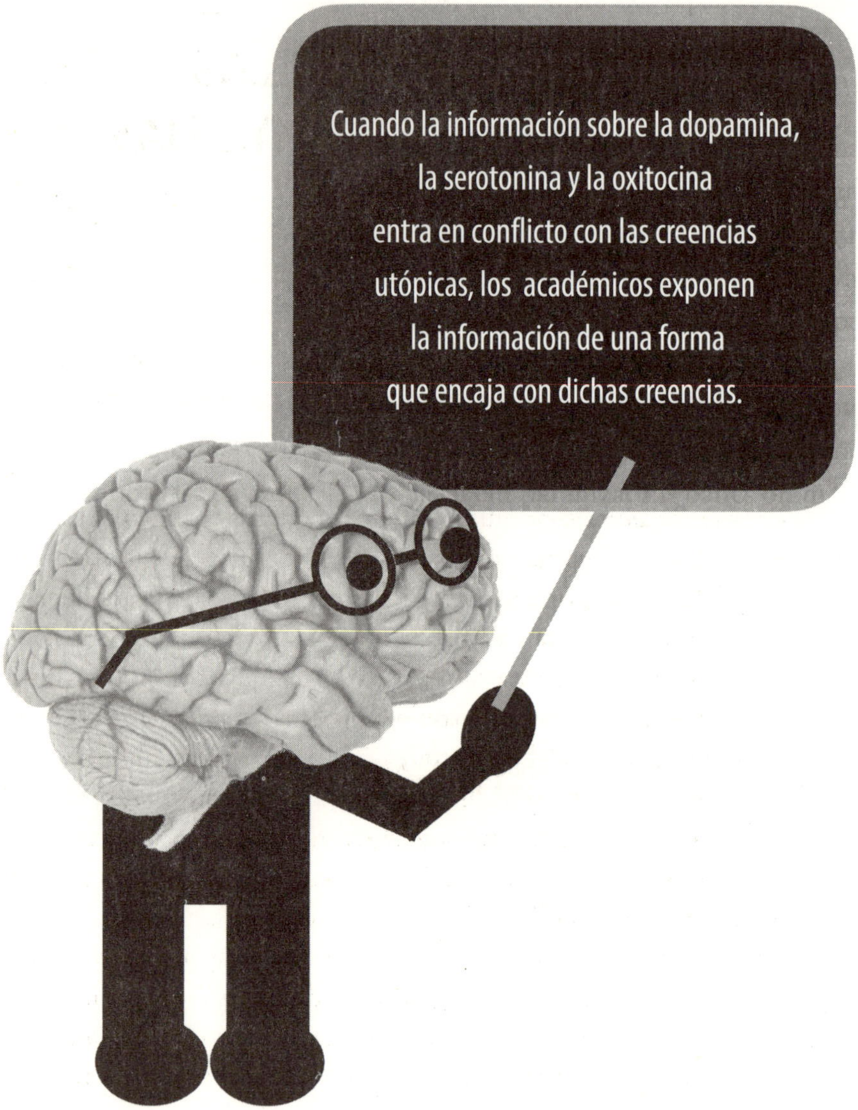
Cuando la información sobre la dopamina,
la serotonina y la oxitocina
entra en conflicto con las creencias
utópicas, los académicos exponen
la información de una forma
que encaja con dichas creencias.

8
LA POLÍTICA DE LAS PROFESIONES DE «AYUDA»

Si eres infeliz, te recomiendan que «busques ayuda». Puedes obtener los «servicios» de una amplia gama de terapeutas, *coaches,* consejeros, trabajadores sociales, enfermeros y personas que trabajan con el cuerpo. Y tú esperas que alguno de ellos pueda ayudarte.

Los profesionales responsables quieren que tengas autoagencia, en lugar de limitarte a esperar una solución. Pero saben que te sentirás tentado a dejar la terapia cuando ésta se torne incómoda, y si abandonas, ellos no podrán «ayudarte». Por lo tanto, su primera prioridad es crear una relación de «confianza» mediante la validación de tus sentimientos. Te colocan en una posición superior y te dicen lo que quieres oír. Es sumamente agradable cuando un profesional está de acuerdo con tu versión de la historia. Una vez que ha conseguido crear un vínculo sólido, el terapeuta intentará ayudarte a tener expectativas más realistas. Pero siempre puedes abandonar la terapia, así que continuará validándote. Ésta es la política de las profesiones de «ayuda».

Entonces, a pesar de las buenas intenciones, la terapia suele reforzar la visión de que tú tienes la razón y todos los demás están equivocados. Utiliza una terminología un tanto científica para fortalecer tu lado de la historia. Esto es especialmente notorio en los jóvenes que han ido a terapia. Los escucho utilizar un vocabulario sofisticado para hablar de sus sentimientos sin respetar necesariamente los sentimientos de los demás.

Este capítulo no pretende criticar las terapias, sino mejorar las probabilidades de que la «ayuda» realmente ayude.

Los terapeutas realmente quieren ayudar. Ayudar hace que uno se sienta bien. Puede ser tan satisfactorio que continuamos «ayudando» de formas que en realidad no ayudan.

Ayudar a alguien es más difícil de lo que uno cree. Las personas se ponen a la defensiva si les sugieres cualquier cosa que se aleje de los caminos que en el pasado hicieron que se sintieran seguras. Recuerdo haber reaccionado mal cuando los terapeutas me decían que yo estaba creando mi propia infelicidad. Me ofendía cuando me decían que estaba siguiendo patrones antiguos. Con el tiempo, aprendí a ver eso como una oportunidad, en lugar de verlo como un ataque, pero me llevó mucho tiempo.

El problema es que uno busca la terapia para sentirse bien, entonces, cuando hace que nos sintamos mal, el impulso es evitarla.

Este problema se ve exacerbado por los anuncios publicitarios de terapia que promocionan la «alegría». Las imágenes «alegres» de esos anuncios hacen que nos resulte más difícil aceptar los sentimientos desagradables que la terapia puede activar. Es posible que decidas que no está funcionando. Entonces oyes hablar de otra terapia, así que empiezas a buscar. El mundo está lleno de personas que te dirán que recibiste «el tratamiento equivocado» y que ellas te darán «el tratamiento adecuado». Parece como si finalmente consiguieras la dosis de «alegría» que te mereces. Cada decepción fortalece la creencia de que has sido defraudado genética o socialmente.

Sería más beneficioso para ti que alguien te dijera que nuestro cerebro no está diseñado para producir una alegría infinita sin ningún esfuerzo.

En lugar de eso, te dicen que el «estigma» es la causa de tus problemas. Nos dicen que la gente no recibe la «ayuda» que necesita porque «nuestra sociedad» la estigmatiza. Las compañías farmacéuticas crearon y financiaron la campaña del estigma. Reclutaron a «pacientes reales» que te dicen que la «ayuda» cambió sus vidas a pesar del miedo al «estigma». Este mensaje está profundamente arraigado en los medios de comunicación y en el sistema de salud, de manera que nos parece que es un hecho. Se supone que tenemos que creer que la felicidad universal llegará cuando la batalla contra el estigma nos libere a todos para que seamos diagnosticados y tratados.

Esto ignora otros obstáculos hacia la felicidad, incluyendo los que ha creado la propia terapia. Muchos paradigmas terapéuticos populares opacan tu poder sobre tus sustancias químicas de la felicidad en lugar de fortalecerlo. Éstas son algunas maneras en las que los paradigmas terapéuticos hacen más daño que bien:

1. Hacen que tu mamífero interior sea el malo de la película

A menudo, las terapias sugieren que tu cerebro racional debería conquistar a tu cerebro emocional. Esto te hace daño de dos maneras. Tu mamífero interior se siente atacado y se pone a la defensiva, mientras que tu cerebro «ejecutivo» acepta sus propias invenciones de una forma nada crítica. Piensas que tu cerebro verbal es racional cuando en realidad sólo está racionalizando. Tratar a un cerebro como el bueno y al otro como el malo no ayuda. Necesitamos al cerebro emocional todo el tiempo porque conecta al cerebro superior con el resto de tu cuerpo. Las teorías que enfatizan la «función ejecutiva» crean la impresión de que las emociones no son más que debilidades que podemos superar. En lugar de enseñar a tus dos cerebros a trabajar juntos como un caballo y un jinete, estas teorías son como un jinete que cree que puede ignorar a su caballo, o reprenderlo, o matarlo. Tus dos cerebros no trabajan juntos cuando han sido entrenados a verse mutuamente como el enemigo.

2. Refuerzan los sentimientos de inferioridad

Los terapeutas quieren «empatizar» contigo, de modo que, si tú te ves como una víctima, ellos empatizan con eso. Si les hablas continuamente de lo mál que te trata el mundo, tu vía de inferioridad se refuerza continuamente. A los terapeutas les cuesta hacer que las personas asuman su responsabilidad, porque cuando lo hacen se los acusa de «culpar a la víctima». Sus colegas y mentores los acusan, así como sus clientes. Entonces, tu terapeuta valida tu historia de víctima para protegerse de esa acusación.

3. Ignoran tu programación individual

Cada uno de nosotros ha sido programado por las experiencias únicas que ha tenido en el pasado, pero en las profesiones de «ayuda», uno tiene que generalizar acerca de los «traumas» para tener credenciales.

Por lo tanto, los terapeutas tienden a sugerir que tienes sentimientos negativos que en realidad no tienes, y es posible que acabes creyendo que los tienes. Los terapeutas son buenos encontrando evidencia de las teorías asumidas por las personas que los formaron, pero tu felicidad depende de que enfrentes tu propia programación en lugar de encajar con una teoría.

4. Promueven ideas metafísicas sobre nuestra química

Las terapias que promueven la «alegría» no te proporcionan una visión realista de las sustancias químicas de la felicidad. Te dan imágenes de árboles, estrellas y personas sonrientes sentadas en colchonetas de yoga, así que tú esperas que tu felicidad provenga de eso. La visión metafísica sugiere que las sustancias químicas de la felicidad fluyen sin esfuerzo cuando accedes a esa reserva. Y cuando eso no ocurre, es posible que llegues a la conclusión de que necesitas ser medicado para llenar esa reserva, porque no has oído ninguna otra explicación.

5. Descartan el aprendizaje de las recompensas

Los modelos terapéuticos suelen invocar los «valores más elevados» y descalificar las recompensas. Pero es posible que la opinión de tu terapeuta sobre los valores más elevados no te motive a actuar de la forma en que necesitas actuar. La concentración en los «valores más elevados» ignora la forma en que tu cerebro aprende de la estructura de recompensas que hay a su alrededor. Los «valores más elevados» de tu terapeuta fueron creados por las recompensas de su propio pasado. En lugar de ayudarte a diseñar una mejor estructura de recompensas para ti, es posible que te entrenen para que busques lo que sus valores definen como recompensas intrínsecas. Si esto no consigue motivarte, te ayudarán a culpar a la sociedad en lugar de admitir que el cerebro aprende de las recompensas.

6. Desdeñan el interés personal

En el mundo terapéutico actual, el ego está mal visto. La pegatina que pone «Mata a tu ego» que está en el estudio de yoga al que voy refleja esta filosofía. La terapia te entrena para que ocultes tu interés personal con un lenguaje prosocial. Aprendes a sentirte superior acerca de tu falta de ego. Pero percibes el interés personal en los demás y eso hace que te enojes cuando a ellos se les permite tener su ego y a ti no. Te beneficiaría más sacar a tu ego a tomar el Sol en lugar de ocultarlo.

LA CIENCIA

Los terapeutas se presentan a menudo como profesionales que se «basan en la evidencia» y nos ponen en guardia contra las terapias que no se «basan en la evidencia». Esto implica que las terapias basadas en la religión no son científicamente válidas. Pero las terapias que se basan en el budismo son aceptadas como válidas sin siquiera un reconocimiento de las creencias budistas de aquellos que definen la validez científica. Las terapias basadas en la creencia cuasi religiosa de que «el problema es la sociedad» son aceptadas como terapias «basadas en la evidencia». Incluso las terapias basadas en creencias metafísicas acerca del «universo» pueden ser incluidas en La Ciencia mediante el uso del término «física cuántica». Por lo tanto, son las religiones occidentales tradicionales las que son descalificadas en la terapia por no estar «basadas en la evidencia».

Para obtener una licencia, el terapeuta debe abrazar la «evidencia» que su organismo de acreditación abraza. Si dicho organismo define La Ciencia de una forma que está en conflicto con la biología básica, el terapeuta debe aceptarlo, pues, de lo contrario, pondría en peligro su carrera. A continuación, mostraré algunos ejemplos de conceptos terapéuticos populares que entran en conflicto con la biología básica.

Automedicarse

La teoría de que los adictos se están automedicando está ampliamente aceptada. Esto implica que deberían estar medicados por un profesional y no estar automedicándose. Se da por sentado que la medicación psicoactiva previene o cura la adicción. Si una persona que toma psicofármacos continúa siendo adicta, se da por sentado que es porque no tomó sus medicamentos o no recibió la medicación «correcta».

Actualmente, el tratamiento de las adicciones gira en torno a los medicamentos. Se receta un conjunto de medicamentos durante la desintoxicación, otro después de la evaluación clínica, otro para los efectos secundarios y otro para el largo plazo. De manera que la vida del adicto continúa girando en torno a las drogas, sólo que ahora esas drogas están bendecidas por La Ciencia. Las empresas farmacéuticas están sumamente implicadas en la creación de estos programas de recuperación para adictos, además de en las leyes y los sistemas de cobro que los financian. En los medios de comunicación que tienen vínculos con estas empresas, los programas para adictos que no medican son despreciados por ser «prohibicionistas».

El protocolo de «tratamiento asistido con medicación» se basa en la creencia rousseauniana de que las decisiones saludables son naturales, de modo que las decisiones no saludables son una enfermedad que la medicación puede curar. El modelo de enfermedad no aborda el aspecto aprendido de nuestra programación y lo que es necesario para cambiar esa programación. Se da a entender que un adicto tomará decisiones saludables cuando reciba las sustancias químicas que van a reparar su «desequilibrio».

Se dice que el «tratamiento asistido con medicación» (MAT) se «basa en la evidencia» porque llega por canales médicos, pero la evidencia para ello es muy débil. Es difícil obtener información de seguimiento de los pacientes que salen de un programa de tratamiento de las adicciones para saber si las personas que están medicadas tienen mejores resultados que las que no lo están. Y nadie informa de si los pacientes que entran en estos programas han tenido algún tratamiento anterior con psicofármacos. Lo que sí sabemos es que los pacientes admitidos para tratamiento de adicciones a menudo dicen haber recibido varias rondas de «tratamientos» previos. Sabemos que la investigación de resultados está fuertemente financiada por los fabricantes de fármacos. Las personas que cuestionan el «tratamiento asistido con medicación» son atacadas duramente con un lenguaje que no está basado en la evidencia. Por todos estos motivos, la presunción de que la adicción es causada por la falta de acceso a psicofármacos no debería considerarse demostrada.

¿Y qué ocurre con las personas que nunca llegaron a ser adictas porque fueron «tratadas» con medicación conductual? Una vez más, es difícil obtener datos fiables, pero sabemos que los jóvenes que reciben «tratamiento» para sus trastornos tienden a tener cada vez más diagnósticos que requieren cada vez más medicación. Y si una persona se vuelve adicta después de recibir un «tratamiento», se da por sentado que la adicción hubiese sido peor si no lo hubiera recibido.

El MAT puede estimular las sustancias químicas de la felicidad de la forma usual. Estimula la dopamina si crea expectativas positivas acerca de tu futuro. Estimula la oxitocina si te sientes protegido por el personal sanitario y por otras personas que sufren de tu «trastorno». Activa la producción de serotonina cuando el tratamiento hace que te sientas especial y te asegura que las malas decisiones que tomaste no fueron tu culpa. Pero el «tratamiento» no te enseña cómo estimular esas sustancias químicas de una forma natural.

Mindfulness

El *mindfulness* siempre es presentado como algo basado en la evidencia. Según La Ciencia sobre la «conciencia del momento presente», se supone que lavar los platos con conciencia plena te hace feliz. Si lo has probado y no te sentiste feliz, los defensores del *mindfulness* te dirán que no lo estás haciendo correctamente y que necesitas un mayor entrenamiento espiritual. De esta manera, el entrenamiento espiritual se vende como una terapia basada en la evidencia. Sus defensores insisten en que una «práctica espiritual» no es religión. Sin embargo, una práctica espiritual no es ciencia. La corrupción de la ciencia por parte de las creencias espirituales es pasada por alto cuando los árbitros de la ciencia comparten una creencia.

Los defensores del *mindfulness* han generado muchos «estudios». Han monitoreado los cerebros de prestigiosos monjes budistas para identificar los poderes que se desarrollan con la meditación. Esta investigación expresa tanta reverencia por los monjes que su objetividad me parece dudosa.

Pero el problema con el *mindfulness* es más específico. Es estupendo para detener los pensamientos negativos, pero no activa los pensamientos positivos. Te ayuda a evitar una vía antigua, pero no te ayuda a construir una nueva. De hecho, socava ese objetivo con su afirmación de que pensar y hacer es malo. Esto no es realista desde el punto de vista biológico. Nuestro cerebro está diseñado para estar activo. Insiste en los viejos pensamientos hasta que creamos nuevos canales para nuevos pensamientos. Tienes que repetir muchas veces un pensamiento nuevo o una nueva acción para crear un nuevo canal. Si tu profesor o profesora de meditación te dice que no pienses o no hagas, no crearás nuevos canales.

El *mindfulness* es un buen entrenamiento para crear un estado neutral. Te ayuda a abandonar un viejo hábito de alivio sin correr a uno nuevo. Eso te deja en un estado neutral, en el cual puedes elegir «conscientemente» el siguiente paso que vas a dar, en lugar de hacerlo de una forma automática. Éstas son habilidades valiosas, pero quedarte estancado en lo neutro no te hace feliz. La cultura del *mindfulness* valora lo neutral y no valora la acción para satisfacer las necesidades. Si te entrenas para mantenerte neutral, te privas de las sustancias químicas de la felicidad, y no te das cuenta de que lo has hecho. Es posible que llegues a la conclusión de que tienes un trastorno.

Nuestro cerebro está diseñado para buscar recompensas, pero la cultura del *mindfulness* te aconseja que dejes de buscar. Tienes derecho a tener tus creencias espirituales, pero esto es mala ciencia. Nuestras sustancias químicas de la felicidad han evolucionado para premiar la acción, de modo que una forma de pensar que rechaza la acción no es una ruta realista hacia las sustancias químicas de la felicidad.

Ciertamente, el *mindfulness* estimula las sustancias químicas de la felicidad de la forma habitual. Cuando creas lazos con la «comunidad consciente» contra el enemigo común de la gente «no consciente», se libera oxitocina. Cuando te sientes superior a las personas que son menos conscientes, produces serotonina. Y cuando crees que estás avanzando hacia un estado superior, liberas dopamina. Pero esas sustancias de la felicidad acaban cayendo porque sigues siendo un mamífero. Si no entiendes cómo funcionan tus sustancias químicas, probablemente llegarás a la conclusión de que necesitas más meditación o más medicación.

Si estás preocupado por los problemas que tienes en casa o en el trabajo, la meditación, ciertamente, puede interrumpir esos pensamientos. Si te preocupa que ocurra un apocalipsis, lavar los platos puede distraerte. Pero no es un distractor muy eficiente porque nuestro cerebro está diseñado para ahorrar su ancho de banda y no desperdiciar su capacidad de procesamiento en tareas rutinarias. El *mindfulness* ignora esta biología básica. Si tu mente divaga cuando lavas los platos, eso es normal. Puedes detener tus pensamientos apocalípticos de una forma más eficaz concentrándote en algo gratificante en lugar de en algo rutinario.

Los que se dedican al *mindfulness* te dicen que sientas cómo tus pies tocan el suelo mientras caminas, pero tu cerebro no está diseñado para hacer eso. Está diseñado para concentrase en el camino que tiene delante. Los practicantes espirituales hacen que sientas que algo en ti no está funcionando bien cuando tus pensamientos fluyen hacia el camino que tienes delante. Tu impulso natural de hacer cosas es considerado tóxico y le echan la culpa a «nuestra sociedad». Esta creencia te desconecta de tus impulsos naturales. Estamos vivos hoy porque nuestros antepasados hicieron cosas. Hemos heredado un cerebro que nos recompensa con sustancias químicas de la felicidad cuando hacemos las cosas que tenemos que hacer. Concentrarte en cómo tu pie toca el suelo puede interrumpir un pensamiento negativo, pero no va a activar a las sustancias químicas positivas.

Justicia social

Muchos terapeutas son formados en escuelas que tienen una misión de justicia social declarada. Culpan de todo el sufrimiento a la injusticia sistémica y proponen aliviarlo «cambiando el sistema». Este «activismo» estimula la oxitocina cuando luchas contra un enemigo común, y la serotonina cuando tu alianza te ayuda a sentirte fuerte. Estimula la dopamina con la creencia de que te estás acercando a algo mejor. Y alivia el cortisol distrayéndote del estrés natural de ganarte la vida y mantener relaciones con otras personas.

Pero pagas un precio muy alto por esas recompensas a corto plazo. La mentalidad de justicia social te llena de cortisol de muchas maneras. Te alarma acerca de tus enemigos e insiste en que te están ninguneando intencionalmente. Socava tu impulso natural de satisfacer tus propias necesidades insistiendo en que «nuestra sociedad» debería satisfacerlas. Y amenaza con excomulgarte si estás en desacuerdo con cualquiera de sus pronunciamientos. Para aliviar todo ese cortisol, es posible que te sientas atraído hacia una adicción, y la mentalidad de justicia social apoya eso culpando a la sociedad de tu adicción.

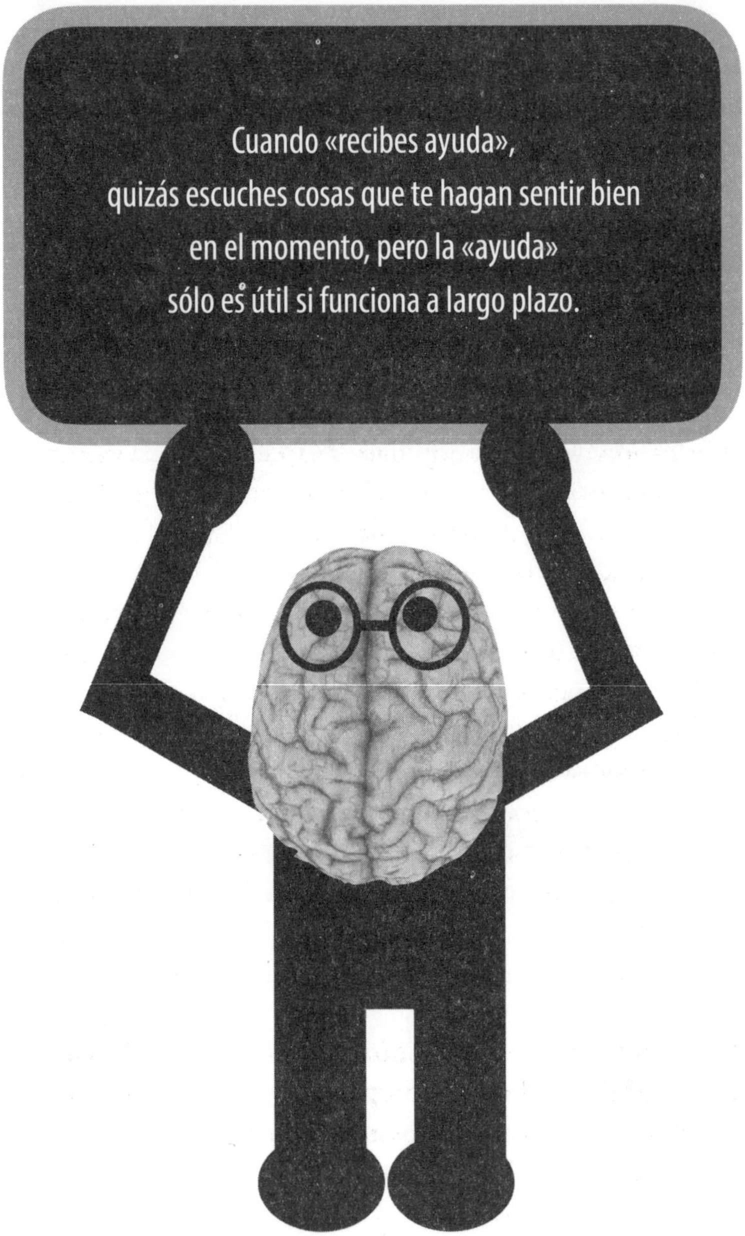
Cuando «recibes ayuda»,
quizás escuches cosas que te hagan sentir bien
en el momento, pero la «ayuda»
sólo es útil si funciona a largo plazo.

9

LA POLÍTICA DE LOS MEDIOS DE COMUNICACIÓN

La información que recibimos sobre la salud mental proviene, en gran parte, de los medios de comunicación. Aprendemos acerca de nuestra biología a través de plataformas como los medios de noticias, las búsquedas en la web y las aplicaciones de redes sociales. Entonces, tus creencias acerca de tus emociones son fuertemente afectadas por la decisión de los medios de comunicación de amplificar un «estudio» e ignorar otro. Incluso si sólo lees revistas médicas, alguien ha mediado entre los crudos detalles de la biología y la información que llega a tu cerebro. Por eso los llaman «medios».

Es posible que te enorgullezcas de tu elección de medios y desdeñes otras opciones. Pero no importa de dónde obtengas la información, ésta ha sido moldeada por manos humanas. Te beneficiaría más fijarte en cómo manipulan o distorsionan los hechos para satisfacer sus propias necesidades de supervivencia. Éstos son algunos grandes ejemplos:

1. Los beneficios de los medios de comunicación dependen de la publicidad de las empresas farmacéuticas.

Hoy en día, una gran parte de los medios de comunicación son gratuitos, de modo que, con frecuencia, unos pocos grandes anunciantes son la claves para su supervivencia. Las empresas farmacéuticas están entre los principales anunciantes y pueden conseguir apoyo de un editor cuando un reportaje proyecta una mala imagen de ellas. Por lo tanto, no es de extrañar que haya tan pocas historias sobre los inconvenientes de los medicamentos y tantas historias sobre medicamentos milagrosos no probados.

Incluso si un medio de comunicación no pone anuncios de medicación conductual, siente la presión si pone anuncios de otro medicamento de la misma empresa matriz. Los fabricantes de medicamentos son conocidos por amenazar con poner una demanda cuando la cobertura mediática los hace quedar mal, así que puede ser arriesgado emitir cualquier historia que proyecte una imagen negativa de un medicamento. Lo más probable es que no recibas la historia completa sobre los pros y los contras de la medicación conductual.

2. El alarmismo ayuda a que los medios compitan por la atención.

Nuestro cerebro da prioridad a las señales de amenaza, así que los titulares negativos obtienen más clics. Es fácil darse cuenta de por qué las noticias se centran en las amenazas. Cuanto más amenazado te sientes, más motivado estarás a ver los medios de comunicación. Si fueran buenas noticias, quizás dejarías de verlas y planearías un pícnic. Por lo tanto, no te dan buenas noticias.

Tu consumo de medios es una gran fuente de lo que llega a tu cerebro, de modo que ha contribuido enormemente a las vías neuronales que tienes actualmente.

Ves el mundo a través de una lente moldeada, en gran medida, por lo que has consumido en los medios de comunicación. Por lo tanto, no es de extrañar que veas un mundo lleno de crisis. La supuesta «crisis de salud mental» es sólo una en un largo desfile de apocalipsis que te han ofrecido.

Cuando te sientes amenazado, la información sobre las amenazas te ayuda a sentirte seguro. Los medios de comunicación alimentan nuestra necesidad natural de predecir amenazas proporcionándonos un flujo constante de mensajes relevantes sobre ellas.

Nuestra oxitocina se dispara con las conversaciones acerca de la última amenaza. Quieres conocer las últimas noticias para poder participar en esas interacciones gratificantes. Tu serotonina se dispara mediante la sensación de estar mejor informado que los demás, y también a través de los ataques de los medios a una persona poderosa. Tu dopamina es estimulada cuando Las Noticias te ayudan a predecir lo que va a suceder.

Las Noticias te proporcionan el consuelo de una manada grande y fuerte sin la molestia de tener que lidiar con personas reales. Permite que los perros pequeños les ladren a los perros grandes sin las consecuencias naturales. Por desgracia, las sustancias químicas de la felicidad son metabolizadas rápidamente, así que tienes que volver a ver las noticias.

El mundo mediatizado fluye fácilmente hacia ti porque encaja con tus circuitos existentes. Las otras personas adictas a las noticias como tú también están concentradas en las últimas crisis, de modo que te parece normal mantenerte concentrado en ellas. ¿Qué ocurriría si decidieras ignorar las noticias y simplemente disfrutar de la vida? Quizás no estarías preparado cuando llegara el apocalipsis. Y en estos momentos, la gente podría decirte que no tienes compasión por el sufrimiento de otras personas. Y quizás no encuentres otra manera de activar tu serotonina y tu dopamina. Este riesgo real hace que continúes regresando a las noticias.

Si quieres ver lo bueno que hay en la vida, no puedes esperar que los medios de comunicación lo encuentren para ti. Tienes que encontrarlo tú. (Ése es el tema de mi libro *The Power of Positivity*[1]).

3. El paradigma rousseauniano está incorporado en los medios de comunicación.

Los medios de comunicación deben encajar en el sistema de creencias de las masas para poder llegar a un público masivo. En la actualidad, los mensajes de los medios están moldeados para encajar en la creencia prevaleciente de que la naturaleza es feliz y nuestra sociedad es infeliz. No nos damos cuenta de esto, de la misma manera en que un pez no se da cuenta de que está en el agua.

El cerebro siempre está buscando nueva información que sea relevante para satisfacer nuestras necesidades. No quiere perder tiempo en lo que ya sabe. Sin embargo, la información que es demasiado nueva

1. Publicado en español como *La ciencia del pensamiento positivo*. Ediciones Obelisco, Barcelona, 2019.

es difícil de procesar. Hay un punto ideal en el que la información es suficientemente familiar como para ser descifrada con facilidad, pero suficientemente distinta como para parecer gratificante. Y eso es lo que obtienes de los medios de comunicación: infinitas variaciones de temas que te resultan familiares. Ellos siempre están encontrando nuevas maneras de lamentarse de los males de «nuestra sociedad» y celebrar la utopía que llegará cuando cambiemos «el sistema».

Este patrón mental hace que nos resulte fácil creer que hay una «epidemia de salud mental», pero que todo irá bien si seguimos los consejos de los «expertos» de los medios.

Ahora examinaremos en mayor detalle algunos de los famosos memes de los medios de comunicación acerca de la felicidad para ver de qué manera están fabricados para encajar en el molde rousseauniano.

NOTICIAS SOBRE PAÍSES MÁS FELICES

A menudo oímos hablar de lugares que son más felices, lo cual refuerza la creencia de que nuestra infelicidad es causada por el lugar en el que vivimos. Los informes sobre países más felices siempre se cuantifican de alguna manera para que parezca que es verdad. Si no eres un estadístico, probablemente no te preguntas cómo se obtuvieron esos números, pero si lo hicieras descubrirías que hay una gran subjetividad.

Piensa en los famosos *rankings* de las Naciones Unidas sobre la felicidad. Los países escandinavos llevan décadas en los primeros lugares. Un comité de las Naciones Unidas creó esos números con una fórmula que ellos mismos diseñaron. Decidieron que la igualdad de ingresos y la medicina socializada son clave para esas mediciones. En cambio, si el suicidio y el alcoholismo hubiesen tenido más peso, esos países hubieran aparecido en un lugar muchos más bajo en el *ranking*.

Otro sesgo en los datos sobre la infelicidad es el autoinforme. Cuando se pide a las personas que califiquen su nivel de felicidad, la cultura a la que pertenecen afecta a lo que le dicen al desconocido que está realizando la encuesta. Las culturas escandinavas entrenan a su gente para «obtener lo mejor de las cosas», así que es más probable que informen de una visión positiva de sus vidas. Actualmente, en EE. UU., la nueva norma es «empatizar» con el sufrimiento de los demás, de manera que informar de que eres feliz no te hacer quedar bien. Puede hacer que parezcas insensible. Por lo tanto, es posible que hables de un nivel de felicidad inferior sin comprender los factores que han dado forma a esa opción.

Una persona está más inclinada a hablar de su infelicidad en una cultura que considera que «no es tu culpa». Ahí donde la infelicidad es vista como un trastorno genético, no hay vergüenza e incluso eso hace que te sientas especial. Pero ahí donde la felicidad es vista como una habilidad, más te vale marcar la casilla que pone «feliz», en lugar de admitir que no has logrado aprender esa habilidad. Cada cerebro interpreta su infelicidad natural con los conceptos que ha aprendido de la cultura que lo rodea.

En los últimos años, una nueva medida de bienestar ha capturado los titulares: el porcentaje de personas que llegan a los cien años. El término «zonas azules» se utiliza actualmente para referirse a los lugares que tienen muchos centenarios. Los investigadores han analizado con mucho interés estos lugares y, como era de esperar, han llegado a conclusiones rousseaunianas. Se nos dice que las verduras, el ejercicio y la comunidad son clave para la longevidad, y no lo cuestionamos porque eso encaja con nuestra imagen de la utopía de la naturaleza. El gran fallo en esta investigación es ampliamente ignorado. Hace un siglo, esas «zonas azules» tenían un sistema de registro público deficiente, de manera que sus datos sobre los nacimientos en esos años no son fiables. Las personas en esos países podían falsificar fácilmente su año de nacimiento para recibir una pensión. Los académicos no han cuestionado el milagroso número de centenarios que aparecen en los libros en lugares en los que los libros son imprecisos. Cuando los hallazgos encajan con las expectativas rousseaunianas, pareciera que son verdad. Esta investigación se inició en Harvard, lo cual refuerza la sensación de que se trata de La Ciencia. El concepto de zona azul se ha convertido en un gran negocio que inunda los medios de comunicación con imágenes de ancianos felices reunidos en torno a platos de verduras.

NOTICIAS SOBRE ANIMALES

Las historias conmovedoras sobre el altruismo de los animales son un elemento básico en los medios de comunicación. Un ejemplo de ello es la historia de un enorme hipopótamo que creó un vínculo afectivo con un pajarito. Lo que no te dicen es que el hipopótamo vive en una reserva en la que no hay otros seres vivos, y que los hipopótamos son herbívoros.

Se nos informa ampliamente de historias sobre animales que cooperan entre sí, y cualquier conflicto que haya ocurrido antes o después de que se tomara esa conmovedora fotografía es editado y no es mencionado. Si observaras a un grupo de animales durante un día entero en la vida real, verías momentos de una violencia espantosa seguidos de momentos de apoyo mutuo. Pero podrías pasarte el día entero viendo la cobertura de los medios de comunicación sobre los animales y sólo verías paz y amor.

Las fotografías de animales sonriendo unos a otros son otro elemento básico de los medios, pero los animales simplemente no tienen los músculos faciales para comunicarse de esa manera. Con frecuencia, lo que los humanos perciben como una sonrisa es una exhibición de dientes, que eso lo que los monos y los simios hacen cuando quieren intimidar a un potencial agresor.

Cuando una pelea entre animales aparece en los medios de comunicación, nos dicen que «sólo es un juego». Pero si buscas un vídeo sobre la competencia de apareamiento entre canguros, elefantes, jirafas y caballos macho, verás la tremenda fuerza con la que se golpean unos a otros. Sus cráneos se rompen y la carne se desgarra, pero ellos continúan porque el ganador consigue aparearse y el perdedor no. No es sólo exhibicionismo.

Un biólogo puede obtener la atención de los medios de comunicación informando de ejemplos de compasión animal, pero un biólogo que informara sobre la agresividad de los animales sería ignorado. Con ese sesgo, las audiencias no pueden evitar concluir que los animales son amables y amorosos, de manera que la agresividad debe ser causada por «nuestra sociedad».

NOTICIAS SOBRE TRATAMIENTOS MÉDICOS

La cobertura de los tratamientos médicos por parte de los medios de comunicación suele describirse como una «batalla» o una «lucha». Por lo general, se enmarca en términos de unos chicos buenos que rescatan a los enfermos de unos chicos malos que se interponen en el camino del progreso. En este contexto, cualquiera que cuestione el aparente rescate parece ser el enemigo.

La cobertura de los tratamientos para las adicciones por parte de los medios de comunicación es un buen ejemplo de esto. Los medios informan sobre los héroes que lideran la «lucha» por un tratamiento asistido con medicación. Cualquiera que cuestione si todos los adictos deberían recibir psicofármacos es presentado como un obstáculo al progreso o es ignorado. Uno cree que está recibiendo información de La Ciencia, porque uno no ve la forma en que los datos son manipulados para que encajen en una narrativa.

Cuando un medicamento está por expirar, ocurre lo contrario. Las empresas farmacéuticas inundan los medios de comunicación con informes sobre los defectos del medicamento, instándonos a ignorar los genéricos baratos y a elegir su nueva alternativa patentada, que apenas difiere de la otra.

Los medios de comunicación suelen informar de las «señales de alerta» para ayudarte a ganar la batalla contra la enfermedad. Nuevas enfermedades son creadas y grabadas en tu mente por un flujo constante de advertencias de los medios de comunicación. Ejemplos recientes son la prediabetes, el precáncer, la predemencia y la preosteoporosis. Asimismo, las viejas enfermedades son redefinidas de una forma que amplía dramáticamente el mercado para los medicamentos. Ves los reportajes en las noticias sobre las señales de alerta como un consejo útil, en lugar de verlos como *marketing* para productos farmacéuticos. Le dan a tu mamífero interior la sensación de que puedes «hacer algo» acerca del triste hecho de que eres mortal.

Las señales de alarma de la ansiedad y la depresión son reportadas con tanta frecuencia que tus bajones naturales pueden empezar a parecerte amenazas peligrosas. Las sombrías advertencias sobre el déficit de atención, la bipolaridad y las adicciones también han expandido enormemente los estados naturales que pueden ser interpretados como trastornos. Se nos advierte que debemos buscar en nuestros hijos esas señales de alerta, de modo que los niños crecen con el hábito de ver los sentimientos naturales de angustia como si fueran trastornos.

LOS NUEVOS MEDIOS DE COMUNICACIÓN

Nos dicen que los nuevos medios de comunicación lo han cambiado todo y nosotros lo creemos porque sólo podemos ver el mundo a través de la lente de nuestro propio momento en la historia. Pero si vivieras en cualquier otra época, habrían aparecido nuevos medios y habrían hecho que las formas de comunicación evolucionen. Hace quinientos años, Martín Lutero escribió un artículo de opinión sobre la política de su época y lo clavó en la puerta de una iglesia. Esto se hizo viral porque la imprenta acababa de ser inventada. La imprenta estaba siendo utilizada para imprimir Biblias traducidas a las lenguas locales, en lugar de existir sólo en griego y en latín. Esto fue mucho más revolucionario de lo que podemos imaginar. Le dio a la gente común la creencia de que podía acceder a la palabra de Dios directamente, en lugar de recibirla de sus guardianes. Súbitamente, las personas empezaron a querer aprender a leer, una habilidad poco común en la época. Y el aumento de la alfabetización produjo una explosión del mercado mediático.

Me sorprendí al enterarme de que Sócrates, Jesús y Confucio no sabían escribir. Todo lo que sabemos sobre ellos fue escrito por otras personas. Sócrates se burlaba abiertamente de la nueva moda de la escritura. Decía que arruinaría la memoria de los jóvenes. Cada ser humano ve el mundo a través de una lente construida a partir de su propia experiencia. Las nuevas experiencias producen nuevos medios, y eso significa que los viejos guardianes pierden su público y surgen nuevos guardianes.

La competencia por la atención del público es intensa, así que decirle a la gente lo que quiere oír es esencial para que un medio de comunicación sobreviva. Queremos oír que estamos en una posición superior (serotonina), que tenemos protección (oxitocina) y que la felicidad está a la vuelta de la esquina sin tener que hacer ningún esfuerzo (dopamina). Nos gusta oír hablar de las personas que prometen aliviar nuestra infelicidad. Examina tus medios favoritos y podrás observar estos temas.

Estás eligiendo continuamente qué tiene acceso a tu cerebro. Puedes ser consciente de esas decisiones en lugar de culpar a los demás de controlar tu mente. Puedes aprender a concéntrate en la información que contribuye a tu bienestar. Quizás sientas que es peligroso soltar a los medios de comunicación en los que has confiado para estar informado sobre las «señales de alerta» y para tener vínculos sociales. Pero cuando sabes cómo funciona tu biología, puedes tomar nuevas decisiones acerca de lo realmente satisface tus necesidades.

Parte 3

Un camino realista hacia la felicidad

10
LA FELICIDAD ES UNA HABILIDAD QUE SE APRENDE

Los sentimientos positivos no están diseñados para estar activos todo el tiempo, pero puedes aprender a activarlos con más frecuencia. Sin embargo, no aprenderás a hacerlo si estás esperando que la felicidad llegue de una fuente externa. Ahora que ya entiendes cómo funciona tu biología, estás preparado para hacer frente a este reto.

Este capítulo explica tu poder para crear nuevas vías para las sustancias químicas de la felicidad y el siguiente capítulo te ayuda a diseñar una nueva vía específica para cada una de esas ellas. Aprenderás a enfocarte en una nueva forma sana de sentirte bien y a repetirla hasta que se vuelva automática. No te concentrarás en la dieta y el ejercicio, sino en los patrones de pensamiento y comportamiento más profundos que le dan a tu mamífero interior la agradable sensación de que una necesidad ha sido satisfecha. El siguiente capítulo se centra en un patrón específico para cada sustancia química de la felicidad, mientras que este capítulo aborda el desafío de programarte para hacer nuevas elecciones.

Esto no es fácil, porque es posible que la nueva elección no le resulte atractiva a tus viejas vías, pero resolveremos ese problema con el método que usan los entrenadores de animales para enseñarles nuevos trucos: cada vez que el animal da un paso, le dan un pequeño premio, una y otra vez. Aprenderás la habilidad de dividir tu nueva elección en pequeños pasos y a motivarte para repetirla con recompensas saludables y accesibles.

Es posible que no quieras hacerlo. Quizás pienses que la felicidad debería llegar por sí sola, sin toda esta metodología. Quizás pienses que los demás consiguen ser felices sin todo esto, y tú también desees eso. Quizás creas que la felicidad proviene de la virtud, y que deberías concentrarte en eso.

Quizás pienses que un «experto» puede reprogramarte para que no tengas que hacer todo esto.

Quizás culpes a otras personas de tu infelicidad y, por lo tanto, piensas que ellas deberían estar haciendo el trabajo.

Quizás pienses que eres demasiado viejo para esto, o demasiado joven, o demasiado pobre, o demasiado rico, o demasiado sofisticado, o que estás demasiado dañado.

Pero el tiempo pasa. Cuanto más tiempo esperes, menos tiempo tendrás para ser feliz.

Tal vez quieras reprogramarte, pero no logras «motivarte». Piensas que otras personas «tienen» la motivación necesaria y te preguntas por qué tú no. Piensas que no puedes hacer nada hasta sentirte motivado.

La motivación es simplemente un poco de dopamina que es liberada, y ésa es la paradoja: las expectativas positivas activan tu dopamina, pero ¿cómo puedes tener expectativas positivas si no las tienes?

Los adiestradores de animales dividen el nuevo comportamiento deseado en varios pasos lo suficientemente pequeños como para que el animal logre obtener su recompensa. Luego esperan pacientemente a que el animal dé ese paso y le dan rápidamente un premio comestible. Eso motiva al animal a repetir ese comportamiento con la expectativa de recibir otro premio. Con unas pocas repeticiones, se crea una vía y el comportamiento fluye con o sin el premio. Después de eso, el adiestrador espera a que el animal de un paso más hacia el objetivo y, cuando lo hace, lo recompensa inmediatamente. En poco tiempo, el animal habrá aprendido una serie de pasos y disfrutará haciéndolo.

Puedes reprogramar a tu mamífero interior de la misma manera. Divide tu conducta o patrón de pensamiento deseados en pequeños pasos y prepara pequeñas recompensas que te gusten. Quizás no te guste la idea de entrenarte como un perro, así que vamos a examinar en mayor detalle por qué esto funciona.

ENTRENAR A TU MAMÍFERO INTERIOR

No puedes hacer que un perro haga una pirueta prometiéndole un filete, porque él no sabe lo que es una pirueta. Las grandes recompensas no funcionan cuando no sabes cómo actuar. Por eso los adiestradores le dan una tajada muy pequeña de filete al perro cuando hace un pequeño movimiento en dirección a una pirueta como, por ejemplo, volver la cabeza hacia un lado. El adiestrador «premia» ese comportamiento unas cuantas veces y luego retiene las recompensas hasta que el perro avanza un poco más en la dirección correcta. Este método hace que el perro haga una pirueta en un tiempo sorprendentemente corto. Compruébalo tú mismo en los vídeos que hay en Internet.

Si piensas que esto no va a funcionar con tu mamífero interior, considera esta increíble historia de éxito: los alumnos de una clase de Psicología en una universidad decidieron entrenar a su profesor para que se colocase cerca de la ventana. Recompensaban al profesor inclinándose hacia adelante y prestando atención cada vez que éste se movía en dirección a la ventana de la clase. Cuando se movía en la otra dirección, o incluso si se inclinaba hacia ahí, la clase se mostraba distraída. Al poco rato, el profesor estaba colocándose junto a la ventana sin siquiera darse cuenta de que había sido adiestrado.

El cerebro animal aprende de las recompensas. Cuando premias un paso, el sentimiento positivo que eso produce queda asociado a ese paso. Así es como un animal aprende a hacer cosas que no sabe que es capaz de hacer y así es como tu mamífero interior crea expectativas positivas sobre determinadas conductas.

Al cerebro mamífero le encanta tener un camino confiable hacia las recompensas. Si observas una sesión de adiestramiento de un animal, verás que ellos incluso «ofrecen» una variedad de comportamientos, en el lenguaje de los adiestradores, porque están ansiosos por averiguar qué es lo que van a tener que hacer para que el adiestrador busque en su bolsillo y extraiga un premio comestible.

Esto sólo funciona si la recompensa es realmente gratificante. Lo cual quiere decir que no puedes darte un premio si no has dado el paso. A veces es difícil resistirse. Un perro puede olfatear tu bolsillo incansablemente en lugar de realizar la acción deseada. Si cedes, el perro te rogará que les des más, porque consiguió la recompensa. El adiestramiento funciona si guardas las recompensas para la conducta deseada y nunca recompensas un comportamiento no deseado.

Es posible que tengas la costumbre de recompensarte por comportamientos no deseados. Quizás te comas una tarrina de helado cuando has tenido un mal día. Eso le enseña a tu mamífero interior a encontrar evidencia de que tu día ha sido malo para poder justificar que comas más helado (o el capricho de tu preferencia). Te vuelves muy hábil viendo lo malo en tu vida. Imagina lo que ocurriría si, en lugar de eso, guardaras esos premios para cuando tienes un buen día. Te sorprendería la rapidez con la que empezarías a ver tu vida de otra manera.

Una vez que un hábito disfuncional ha sido creado, los adiestradores de perros saben cómo reprogramarlo. Imagina a un perro que no deja de olfatear tu bolsillo en busca de un premio. Un adiestrador profesional observa detenidamente esperando el instante en que el perro se aparte un poco y entonces le da el premio. Pronto, el perro empieza a apartarse más a menudo porque sabe que así puede conseguir lo que desea. Entonces el adiestrador retiene el premio hasta que el perro se mantiene unos segundos más a una distancia. Con la repetición, el perro aprende a alejarse unos centímetros y esperar tranquilamente durante un minuto, porque sabe que va a obtener una recompensa.

No es necesaria ninguna intención consciente porque la dopamina allana un camino que espera que un comportamiento te haga sentir bien. Quieres repetir esa conducta porque esperas ese sentimiento agradable. Así es como uno se motiva a sí mismo. Puedes aprender a hacer algo que te puede parecer tan difícil como una voltereta y sentirte bien mientras lo haces. Puedes abrir un nuevo camino hacia tus sustancias químicas de la felicidad con estos sencillos pasos:

1. Elige el nuevo comportamiento o patrón de pensamiento que deseas. (El próximo capítulo describe unas buenas opciones).
2. Divídelo en pequeños pasos que realmente puedes dar.
3. Recompénsate de una forma sana por cada paso que des.

He aquí un ejemplo muy simple. Imagina a un fumador que desea dejar de fumar. Esta persona busca un comportamiento alternativo que pueda realizar cuando sienta deseos de fumar, y decide comer palitos de zanahoria. Cada vez que quiere un cigarrillo, saca las zanahorias y espera un minuto antes de fumar, luego dos y luego tres. Planifica recompensas especiales para hitos específicos, como esperar diez minutos antes de encender un cigarrillo, luego media hora y luego medio día. Las recompensas entrenan a su cerebro para que abstenerse le haga sentirse bien.

Ahora te pondré un ejemplo más profundo. Imagina que te enfadas cuando interactúas con una determinada persona en tu vida. Te preguntas qué te gustaría sentir respecto a esa interacción en lugar de lo que sueles sentir. Busca algo auténtico y realista, en lugar de tener ilusiones de virtud. Encuentra formas en las que esa obligación social puede ayudarte a satisfacer una necesidad (dopamina), protegerte (oxitocina) y colocarte en una posición superior (serotonina). Piensa en esas recompensas cada vez que interactúes con esa persona y luego date un gusto. Con el tiempo, te sentirás extrañamente bien respecto a esa relación.

El camino hacia las sustancias químicas de la felicidad es concentrarte en lo que quieres, en lugar de hacerlo en lo que no quieres. Eso es difícil porque nuestro cerebro se fija más en las amenazas para poder evitarlas, pero tú puedes desarrollar la habilidad de llevar tu concentración de las amenazas a las recompensas. Puedes reprogramar los bucles de pensamientos que activan tu sensación de amenaza y desarrollar expectativas positivas con respecto a tu siguiente paso.

Cuando buscas nuevas vías hacia tus sustancias químicas de la felicidad, es posible que pienses en metas de dieta y ejercicio, ya que la gente les presta mucha atención. Pero probablemente has arengado mucho a tu mamífero interior acerca de la dieta y el ejercicio, así que toma esta oportunidad para apuntar a patrones más profundos.

Probablemente te estarás preguntando qué tipo de recompensas puedes usar. Es fácil pensar en recompensas poco saludables, pero lo que no quieres hacer es sustituir un problema con otro. Te dicen que utilices el ejercicio como recompensa, pero probablemente eso no te motiva. Vamos a experimentar con una nueva visión de las recompensas.

RECOMPENSAS CREATIVAS

Recompensarte es un arte. Quizás lo primero que se te viene a la mente es una bolsa de patatas fritas, una botella de vino, o ir de compras, pero eso tendría consecuencias obvias. Por otro lado, es posible que premiarte comiendo apio o haciendo lagartijas no consiga crear el nuevo patrón deseado. Te daré algunas estrategias para conseguir la máxima motivación con el mínimo daño. Utilízalas para desarrollar una lista de recompensas que te encanten, para que siempre tengas una manera de motivarte a dar el siguiente paso.

Tener tiempo para realizar tu actividad favorita es la mejor recompensa. Quizás haya un *hobby* que te encante pero que nunca tienes tiempo para realizar. Recompénsate con un número determinado de minutos para realizar esa actividad cuando des un nuevo paso. Organiza la actividad de manera que sea accesible en períodos cortos de tiempo.

Si te encanta pintar, coloca tu material de arte de una forma conveniente. Si te encantan las películas o las novelas, pon un temporizador para que suene a los diez minutos, y te sorprenderá ver lo motivado que estás a hacer lo que sea necesario para obtener otros diez minutos. Si te encanta viajar, podrías recompensarte buscando destinos de ensueño. Siempre utiliza un temporizador para honrar tu compromiso contigo mismo.

Para que esto funcione, realmente te tiene que gustar la recompensa. Esto puede sonar obvio, pero las actividades «recomendadas» pueden no ser agradables para ti. El yoga no es una recompensa para ti si no te gusta, aunque se recomiende tomarse un descanso para hacer yoga como un camino hacia la felicidad. Un paseo por el parque no es gratificante si pasas ese rato preocupándote en tu mente. Tocar la guitarra no es una recompensa si te frustras por la forma en que tocas. Un videojuego no es una recompensa si hace que te pongas tenso. Un tratamiento facial puede entusiasmar a tus amigas, pero no tiene ningún valor como recompensa si no te gusta. Observa si realmente disfrutas de una actividad. Continúa buscando actividades que disfrutes y encuentra maneras de organizarlas para tener un acceso rápido a ellas.

Quizás digas que no tienes tiempo para esto, pero piensa en cuánto tiempo estás perdiendo con tu viejo camino. Reprogramarte libera más tiempo del que toma. Diez minutos son suficientes para ser sumamente gratificantes.

No pases por alto el valor de recompensa de tus actividades existentes. Si ya realizas una de tus actividades preferidas, comprométete a dar ese paso difícil antes de empezar. Rellena una solicitud de empleo antes de irte a pescar o a una discoteca. Tu cerebro asociará el placer de la actividad divertida con el paso difícil que quieres aprender.

Las recompensas en forma de comida son altamente motivadoras, así que te conviene encontrar maneras saludables de utilizarlas.

Por ejemplo, si te encantan los brownies, podrías recompensarte con tiempo para explorar nuevas recetas de brownies. Luego recompénsate preparando brownies con ingredientes saludables. Córtalos en trozos pequeños y congélalos, de manera que tengas fácil acceso a un trozo cuando logres una nueva meta. Sólo comerás uno porque sabes que puedes ganarte más dando otro paso. No te engañarás porque honrar tus compromisos contigo mismo es una recompensa en sí misma.

Después de haber logrado algo específico, podrías recompensarte yendo a una panadería o a un restaurante.

La variedad aumenta el valor de la comida como recompensa. Explora nuevas variedades de aliños para las ensaladas y de frutas exóticas, para que tus recompensas en forma de comida sean más excitantes, sin dejar de ser saludables.

Y no pases por alto el valor como recompensa de la comida que ya está en tu menú. Antes de disfrutar de tu café de la mañana o de tu dulce de la tarde, haz esa tarea frustrante que has estado posponiendo. Te sorprenderá lo motivado que te sientes.

Quizás, cuando oyes la palabra «recompensa», pienses en algo grande, como un automóvil o unas vacaciones en un lugar tropical. Es posible que te lamentes por no poder permitirte nada de eso, de modo que es importante que sepas que las grandes recompensas son menos motivadoras de lo que crees. Normalmente, una gran recompensa que está en la distancia no te motive a dar ningún paso en ese momento. Pero una recompensa inmediata es mucho más motivadora para el cerebro mamífero. Si tuvieras mucho dinero para gastar en grandes recompensas, te acostumbrarías rápidamente a ellas y perderían su poder motivador. Entonces, no permitas que tu presupuesto para premiarte sea una excusa para la inacción.

Si estás verdaderamente motivado por una gran recompensa, encuentra la forma de dividirla en pequeñas partes para que puedas vincularlas a pequeños pasos. Por ejemplo, puedes realizar depósitos regulares en una cuenta bancaria especial y dedicar tiempo a obtener información sobre la gran recompensa por la que estás trabajando.

Es esencial que elijas recompensas sobre las que tengas control. No puedes controlar si tu jefe te concede un aumento de sueldo o si tu amiga contesta el teléfono cuando la llamas. Si utilizas recompensas controladas por otras personas, te desilusionarás y eso programará tu cerebro para esperar una desilusión. La vida nos resulta más bonita cuando nos concentramos en recompensas que podemos controlar.

No caigas en la tentación de premiarte cuando no has realizado ninguna acción. No pidas una *pizza,* o escuches un pódcast, a menos que hayas dado un nuevo paso. Los adiestradores de animales sólo dan premios durante las sesiones de entrenamiento para mantener el poder de recompensa del premio. Reserva tus premios para cuando des nuevos pasos, y esos pasos te harán sentir sorprendentemente bien.

Cada cerebro responde a las recompensas basándose en su propia experiencia en el pasado. Algunas personas nunca sienten que han hecho lo suficiente para ganarse un premio, mientras que otras se premian sin haber hecho gran cosa. A algunas personas les cuesta dejar de trabajar y disfrutar de la recompensa de un descanso, mientras que a otras les cuesta poner fin a la recompensa de un descanso y volver al trabajo. Fíjate en tu patrón y continúa experimentando hasta que encuentres una estructura de recompensas que funcione para ti. Pon por escrito el acuerdo que has hecho contigo mismo para que no lo olvides. Y si te sientes tentado a ignorar tu temporizador, crea un tono de alarma muy molesto. Nuestro cerebro está diseñado para aprender de las recompensas, pero define las recompensas con las viejas vías neuronales.

Ahora vamos a hablar de las recompensas poco saludables.

Si una botella de *whisky* y una noche de apuestas es tu recompensa favorita, crearás mucho estrés. Puedes aliviar el estrés invirtiendo tiempo en generar una lista de recompensas saludables que realmente te gusten. Hacer esa lista es una habilidad que puedes desarrollar en pequeños pasos, como cualquier otra habilidad. Ayudarás a tu mamífero interior a entusiasmarse respecto a las nuevas recompensas en lugar de lamentarte por la pérdida de las viejas.

Por ejemplo, imagina a una persona que tenga el hábito de tomar pastillas o de gastar dinero. Busca maneras alternativas de recompensarse, pero nada le resulta tan atractivo como tomar esa pastilla o ir de compras. Entonces, hace un plan para probar alternativas y promete no caer en los viejos hábitos hasta haber pasado diez minutos probando una nueva actividad. Prueba la jardinería, el piano, las lecciones de baile y asumir un rol de liderazgo en un grupo de afinidad en línea. Gradualmente, va aumentando el tiempo que pasa en las alternativas, para ser más capaz de recompensarse sin el mal hábito.

Puedes probar nuevas actividades sin un gran compromiso de tiempo y dinero. Podrías hacer un voluntariado en un jardín comunitario o poner plantas en macetas cerca de tus ventanas. Puedes comprar un teclado electrónico barato o tomar clases introductorias gratuitas en un estudio de danza. La repetición creará una vía que espera que esas actividades te hagan sentir bien. Puedes entrenarte para disfrutar de las recompensas saludables en lugar de depender de las que no lo son.

Cuando hayas hecho tu lista de recompensas saludables, estarás listo para diseñar los pasos a dar para llegar a esos premios.

DISEÑA PASOS REALISTAS PARA LLEGAR A METAS REALISTAS

Es difícil ser realista, porque las grandes metas capturan nuestra imaginación. Soñamos con grandes logros y luego no logramos realizarlos. Eso activa el cortisol de la decepción, lo cual te programa para liberar más cortisol cada vez que piensas en ponerte metas.

Pero es difícil cambiar el hábito de ponerse grandes metas y no hacer nada al respecto. Cuando piensas en un gran objetivo, liberas sustancias químicas de la felicidad. La dopamina del gran premio te programa para continuar soñando con grandes logros, pero si no ves progresos dejas de liberar dopamina, y cuando sientes que eres un fracasado dejas de liberar serotonina. A la larga, te sentirás mejor si vas liberando pequeñas dosis de las sustancias químicas de la felicidad que sabes cómo estimular a menudo.

Para empeorar las cosas, los padres, los profesores, los terapeutas y los medios de comunicación nos alientan a tener grandes sueños. Por desgracia, el sistema educativo valora mucho el «soñar en grande». Los estudiantes son recompensados con promociones tanto si alcanzan los estándares como si no lo hacen, y las escuelas justifican esto diciendo que el alumno aprenderá «cuando encuentre su pasión». Esto entrena al cerebro joven a esperar recompensas sin haber hecho nada. Trágicamente, una persona joven puede llegar al fin de sus años de mielina sin haber aprendido la habilidad de abordar una meta dando pequeños pasos. La teoría de «encontrar tu pasión» ha entrenado a muchos cerebros para que esperen que las recompensas lleguen sin haber hecho nada.

Cuando te han entrenado para soñar en grande, las metas realistas no te parecen excitantes, pero mediante la repetición puedes reprogramarte para anticipar la alegría de haber alcanzado una meta dando pequeños pasos. Y cada vez que logras una pequeña meta, añades otra. Así, continuarás liberando dopamina de la forma natural y saludable, y desarrollarás expectativas positivas acerca del poder de tus propios pasos.

Las experiencias de la adolescencia tienen un impacto enorme en nuestras expectativas sobre las recompensas. Los adolescentes suelen diseñar metas para impresionar a sus compañeros. Temen pasar vergüenza, así que evitar el fracaso puede ser más motivador que tratar de ganar una recompensa. Todos somos programados en nuestros años de mielina, de manera que todos tenemos el desafío de dirigir nuestra programación adolescente hacia recompensas saludables.

Cada cerebro joven desarrolla expectativas acerca de las recompensas de acuerdo con las experiencias que ha vivido. En el pasado, los jóvenes soñaban a menudo con ser militares porque veían las recompensas que esas labores podían darles. Actualmente suelen soñar con ser *influencers* en las redes sociales o magnates de la tecnología. Cuando una persona joven ve que alguien está disfrutando del éxito, no ve los pasos que ha tenido que dar para llegar hasta ahí. Esto hace que resulte seguir el camino de soñar y luego decepcionarse. Por eso debemos crear conscientemente una vía que tenga la expectativa de que las recompensas llegarán cuando demos pequeños pasos.

Imagina, por ejemplo, que una persona joven suspende un examen de Matemáticas. Se dice a sí misma que no tiene importancia, porque va a ser una estrella de *rock*. Cada vez que se siente infeliz en la escuela, sueña con lo bien que se sentirá cuando sea una estrella de *rock*. No hace los deberes de Matemáticas porque no espera ninguna recompensa al hacerlos. Sin la orientación de un adulto, esa mentalidad suele conducir a las personas a la infelicidad. Incluso si logra tener éxito, es probable que sea infeliz, porque su falta de habilidades matemáticas hará que la gente la engañe fácilmente. Con la orientación de los adultos, un joven puede aprender a dividir los desafíos matemáticos en pasos suficientemente pequeños como para que sean factibles y vincular a cada paso una recompensa que produzca un sentimiento positivo. Cualquier cerebro puede aprender a esperar recompensas del aprendizaje y no de la ensoñación.

Esperar a que la «pasión» llegue por sí sola es una mala apuesta. Premiar a una persona joven que no actúa es una mala apuesta. Descomponer las metas en pequeños pasos que consiguen recompensas es una buena apuesta. Cada persona puede adquirir la habilidad de desarrollar una lista de recompensas saludables y guardar esas recompensas para los pasos que dé hacia su objetivo. Si no da ningún paso, no hay ninguna recompensa.

Tienes que diseñar pasos que estén dentro de tu control para crear esa vía de la dopamina. No puedes controlar si tus fans te aplauden. No puedes controlar si el teléfono suena con una oferta de Hollywood o de Silicon Valley. No puedes controlar si tu idea brillante salvará al mundo, pero puedes diseñar pasos realistas y recompensas para cada paso.

Las recompensas extrínsecas han adquirido una mala reputación. Pero si las recompensas supuestamente intrínsecas no te motivan, te darás por vencido, a menos que sepas cómo utilizar las recompensas extrínsecas. Las recompensas intrínsecas no son más éticas. Simplemente son senderos que se han creado a partir de accidentes de experiencias pasadas. No pudiste controlar tus experiencias de la infancia, pero ahora puedes controlar tu estructura de recompensas personales. No permitas que el «estigma» de las recompensas extrínsecas te detenga.

La imitación también puede utilizarse de una forma sana. Es más probable que un perro haga una pirueta si ve a otros perros haciéndola. Las neuronas espejo te dicen que algo es posible. Pero, sin duda, esa estrategia tiene sus límites. Un perro que observa una pirueta no ve todo el esfuerzo que fue necesario para aprenderla, ni tampoco siente el dolor de los fracasos que ocurrieron en el camino. Y las neuronas espejo te limitan a lo que los demás ya están haciendo. Pero la imitación suele ser la forma en que los mamíferos empiezan.

Puedes crear expectativas realistas eligiendo cuidadosamente a quién imitas. Puedes exponerte a una amplia gama de logros humanos en lugar de imitar solamente a la superestrella de la semana. Yo lo hago escuchando biografías, porque me muestran lo difícil que es avanzar en la vida real. Me he ahorrado muchas frustraciones mediante la asimilación de información acerca de lo difícil que es lograr cualquier cosa.

Si piensas que las recompensas les llegan fácilmente a los demás, la vida real te va a decepcionar. Te parecerá que otras personas tienen más suerte, más talento y más ventajas que tú, así que no pasarás a la acción. Si supieras la cantidad interminable de pequeños pasos que son necesarios para lograr cualquier éxito, empezarías a darlos y a disfrutarlos.

Las expectativas poco realistas son alimentadas también por las ideas populares sobre el «apoyo». Te dicen que no puedes hacer nada sin «apoyo», de manera que pones todo tu esfuerzo en buscarlo. Y si no lo consigues, culpas de tu inacción al hecho de que los demás no te han apoyado. La verdad es que la acción viene antes que el apoyo. Lee biografías de otras personas y verás que las que han logrado cosas, rara vez han tenido apoyo mientras las hacían. Si hubieran esperado a ser aplaudidas, no habrían hecho nada. Los demás están ocupados abriendo sus propios caminos y tú puedes abrir el tuyo. Puedes encontrar maneras de trabajar con otras personas realizando tareas mutuamente gratificantes. Puedes recibir pequeños apoyos a través de intereses comunes a lo largo del camino. Pero si quieres un camino específico, tienes que abrirlo tú mismo.

Cuando pasas a la acción, es posible que recibas críticas en lugar del aliento que esperabas. Si ves a los críticos como tus enemigos, te llenarás de cortisol. En lugar de eso, puedes ver esto como una oportunidad para aprender de la perspectiva de los demás. Quizás tengan ideas útiles. O quizás simplemente sean mamíferos que tienen miedo de ser inferiores y de decepcionarse. Si no necesitas su aplauso, tu siguiente paso será más fácil.

Cuando te resulte difícil dar el siguiente paso, recuerda que las expectativas negativas son verdaderos senderos físicos creados a partir de experiencias reales. Quizás estés reflejando a uno de tus padres que se sintió decepcionado de sus propios logros. Quizás te sentiste inferior al compararte con un hermano o una hermana. Quizás te recompensaron cuando fracasaste, así que estás programado para fracasar. Estas vías pueden ser redirigidas hacia las sustancias químicas de la felicidad con pequeños pasos repetidos. Esa autopista de cortisol seguirá estando ahí, pero construirás una rampa de salida y una nueva autopista.

REPITE, REPITE, REPITE

Hacen falta muchas repeticiones para crear una nueva vía, y esto nos lleva al problema del huevo y la gallina: ¿cómo consigues hacer las repeticiones antes de tener la vía?

Las recompensas ayudan, pero entender tus viejas vías también. Reprogramarte es como aprender una lengua extranjera en la adultez: todo el mundo sabe que es posible, pero la mayoría de la gente no lo hace porque es necesaria mucha repetición. Cuando no puedes recordar una palabra en un idioma extranjero, es porque estás tratando de activar una nueva vía que es muy frágil. En tu lengua materna, la palabra equivalente es una gran vía mielinizada porque la creaste en tu niñez. Lo mismo ocurre con las emociones. Las que mielinizaste en tu juventud llegan fácilmente, pero es difícil activar una respuesta nueva. Eso no quiere decir que tu antigua respuesta sea más correcta, de la misma manera que la palabra en tu lengua materna no es más correcta. Sólo parece serlo porque el suave fluir de la electricidad nos da la sensación de que sabemos lo que está ocurriendo.

Fluirás fácilmente hacia la nueva vía si la repites muchas veces, pero ¿cómo logras hacerlo?

CELEBRA A TU ENCAMINADOR INTERIOR

La gacela está constantemente encaminando su atención. Siempre está escogiendo entre el pasto que está bajo sus pies y el potencial de un pasto mejor en otra parte. Decide cuándo huir de un león y cuándo un león está simplemente pasando por ahí de camino a una charca. Si una gacela puede dirigir su atención, tú también puedes hacerlo.

La creencia de que no tienes poder sobre tu propia atención no te beneficia. Y, sin embargo, vivimos en una época en la que la atención es vista como algo que uno «tiene» o no tiene. Si crees que no la tienes, te animan a que la consigas tomando una pastilla. Pocas personas te dicen que la atención es una habilidad que se aprende, y si no la aprendiste ayer, puedes aprenderla hoy.

Siempre estás decidiendo hacia dónde diriges la electricidad en tu cerebro. Ésta es una manera sencilla de desarrollar tu poder sobre tu encaminador interior: cada vez que realices una acción, haz una pausa de un segundo y observa tu elección. Por ejemplo, si estás leyendo en tu teléfono, di en voz alta: «He decidido empezar a leer en mi teléfono». Si empiezas a beber una cerveza, di en voz alta: «He decidido beber una cerveza». Al principio, no te acordarás de hacerlo hasta que estés en medio de la acción, pero gradualmente empezarás a hacerlo cada vez más pronto. En lugar de simplemente fluir hacia viejas vías, desarrollarás el poder de hacer una pausa en neutro y decidir cuál es el mejor paso que dar a continuación. Si no crees que este valioso poder existe, lo perderás. Si lo reconoces, se expandirá.

Algunas personas tienen la preocupación opuesta: en lugar de actuar por impulsos, analizan tanto las cosas que no actúan. Ésa también es una vía mielinizada construida a partir de experiencias pasadas. Quizás en el pasado te recompensaron por no actuar. La dopamina te recompensa por predecir los desastres que se pueden derivar de cualquier acción posible. La serotonina recompensa con un sentimiento de superioridad moral por tener autocontrol. La oxitocina te recompensa cuando la parálisis del análisis te mantiene dentro de la manada. Incluso puedes aliviar el cortisol analizando en exceso porque crees que estás evitando el sufrimiento. Puedes redireccionar estas vías una vez que eres consciente de ellas. Puedes desarrollar expectativas positivas acerca de actuar dándole a tu cerebro un nuevo pensamiento repetidamente.

Tu encaminador interior está decidiendo continuamente hacia dónde dirigir tu electricidad. Puedes elegir entre un fluir sin esfuerzo hacia tu camino de menor resistencia e invertir la energía necesaria para detenerte y encontrar una alternativa. Tomas esta decisión tan rápidamente que no te das cuenta. Pero puedes aprender a observar y hacer una nueva elección.

Primero debemos recordar que la vieja elección tiene valor. Conserva tu energía para prioridades más elevadas, y a menudo es una elección realista porque se basa en tu experiencia real. Pero hay ocasiones en las que tu antigua elección es errónea. Entonces, simplemente continúas con ella porque no encuentras el poder para redirigir tu fluir. Este problema llamó mi atención cuando una lectora me dijo: «Me comí medio pastel antes de darme cuenta de que lo estaba haciendo».

Es más fácil darte cuenta de cuál es tu ruta interior con un ejemplo que no tenga una carga emocional. Imagina que ves un error tipográfico cuando estás leyendo. Ahora tienes que elegir entre volver a leer la oración o simplemente continuar fluyendo hacia delante. Normalmente continúas porque el significado te parece evidente. Cuando haces eso, estás literalmente subordinando la realidad en la página a tu significado generado internamente. Pero eso normalmente funciona.

El cerebro está generando constantemente expectativas respecto a lo que vendrá a continuación. Luego deja entrar señales del mundo que te rodea para ver si confirman tus expectativas. Si hay una discrepancia, decides si vale la pena detenerte y buscar algo que encaje mejor, o simplemente aceptar el significado que fluye automáticamente. Detenerte para volver a evaluar es una habilidad valiosa, pero si lo hicieras siempre no lograrías hacer muchas cosas. Por lo tanto, tu encaminador interior siempre está tomando las decisiones.

Siempre estás utilizando tu encaminador interior.

Cuando conduces un automóvil, estás decidiendo continuamente si vas a seguir en la dirección en la que estás yendo o si vas a elegir otra ruta.

Cuando estás manteniendo una conversación, estás decidiendo continuamente si vas a decir lo que estás pensando o si vas a reconsiderarlo.

Cuando comes, estás eligiendo constantemente entre dar otro mordisco o detenerte para hacer otra cosa.

Tu encaminador interior siempre está decidiendo si continúa fluyendo hacia la vía muy desarrollada o si se detiene y busca una alternativa. Cuanto más observas tu encaminador interior, más puedes desarrollar alternativas. Si siempre estás activando una alternativa, empieza a fluir con mayor facilidad.

Pero es necesario el 100 % de tu atención para detenerte y redirigir tu fluir. Tu cerebro preferiría hacer las cosas de una forma automática y ahorrar su atención para las prioridades más importantes. Sin embargo, tú tienes el poder de decidir cuándo es el momento de poner toda tu atención en un nuevo camino. Si lo haces todos los días durante 45 días seguidos, el nuevo camino se desarrollará y ya no requerirá toda tu atención.

No nos gusta desviarnos de los caminos principales en nuestro cerebro porque las carreteras secundarias nos dan miedo y son agotadoras. Dan miedo porque no están conectadas a los conocimientos de supervivencia que has acumulado a lo largo de tu vida. Son agotadoras de la misma manera en que abrir un nuevo camino en la selva es más difícil que conducir por una carretera pavimentada. Si supieras que el miedo y el agotamiento son normales, dejarías de verlos como algo que no funciona bien. Podrías verlos como inversiones valiosas en nuevos caminos. Pero nadie nos enseña cómo reprogramarnos. Por el contrario, nos dicen que no tenemos la libertad de elegir. Si crees eso, no te reprogramarás. Si crees en tu poder de redirigir tu piloto automático, puedes hacer las actualizaciones que desees.

LA DICHA DE LA AGENCIA PERSONAL

Quizás desearías que un experto pudiera reprogramarte mientras tú permaneces sentado en una silla. Quizás desearías que alguien más fuerte que tú pudiera crear la vía para ti. Pero si tuvieras a alguien en el puesto de mando de tu cerebro, posiblemente no te gustaría. Querrías estar al mando. La agencia personal hace que uno se sienta bien, aunque es una tarea difícil.

Éste es un experimento sobre los pensamientos, para que veas a qué me refiero. Imagina que eres una estrella de cine y tienes a un agente muy poderoso que trabaja para ti. Cuando tienes un problema, le dices que lo resuelva. Pero ese agente te decepciona continuamente. Está centrado en sus propios intereses y no en los tuyos. Por lo tanto, a pesar de que es una gran agencia con grandes abogados, te das cuenta de que tienes que hacerte cargo de tus propios problemas. (Los economistas llaman a esto el «problema de agencia»).

Tú eres tu mejor agente. Tú controlas tus sustancias químicas y tu acción de supervivencia. Si no te gustan tus sustancias químicas o tus actos, puedes cambiarlos porque estás en el centro de control. Quizás no sientas que es así porque las viejas vías son muy poderosas, pero puedes actuar para construir una nueva vía.

Es difícil de creer en la agencia personal y en el piloto automático mamífero al mismo tiempo. Una solución sencilla es pensar en ti como si fueras el adiestrador de tu propio mamífero interior. Un análisis más detallado de los adiestradores de animales puede ayudarte a reflejar su poder.

En 1941, B. F. Skinner le enseñó a una paloma a jugar a los bolos. Lo hizo dándole a la paloma pequeñas recompensas por cada pequeño paso que daba repetidamente. Claro que la paloma sólo estaba realizando los movimientos, pero la gente se quedó asombrada al ver que hacía los movimientos correctos. En 1951, Skinner alardeó que era capaz de enseñar a cualquier perro a bailar en veinte minutos. Un periodista se presentó con unos perros y unas cámaras para ver si cumplía con lo ofrecido. Así pues, tenemos evidencia fotográfica de lo rápido que el cerebro animal puede aprender un comportamiento nuevo, sin necesidad de palabras. Los perros aprendieron porque Skinner les daba una golosina después de cada paso que daban en la dirección correcta, una y otra vez. (En aquella época no existían los videos, así que lamentablemente no podemos verlo en ese medio).

En 1961, Karen Pryor utilizó el método de Skinner para entrenar a unos delfines para el espectáculo acuático de su familia. Pero los delfines están saltando en el aire cuando realizan el comportamiento deseado, y si les das una recompensa cuando descienden, eso sólo los entrena para que desciendan. De manera que Pryor empezó a hacer sonar un silbato cada vez que un delfín realizaba un comportamiento deseado estando en el aire. Antes de eso, los había adiestrado vinculando el sonido del silbato con la recompensa de un pescado. ¡Y funcionó! Los delfines repetían de buena gana los comportamientos deseados. Entonces Pryor empezó a usar un clicer en lugar de un silbato para adiestrar perros, y el método se llamó «adiestramiento con clicer».

Tú tienes el clicer en tu propia vida. Tú decides qué pasos vas a recompensar y cómo. Lo has estado haciendo toda tu vida, pero puedes aprender a fijarte en cómo lo estás haciendo. Luego puedes entrenarte para sentirte bien cuando hagas cosas que son buenas para ti.

Recuerdo el momento en el que me di cuenta de la importancia de la agencia personal. Estaba recibiendo un curso en el cual, cuando teníamos reuniones, ponían bandejas con galletas en las mesas. Un día, la persona que estaba sentada junto a mí no dejaba de llevarse galletas a la boca mientras estábamos charlando. Me dijo algo acerca de «esta comida que come nuestra sociedad». Me quedé pasmada ante su falta de agencia personal. Hablaba como si la sociedad le estuviera metiendo galletas en la boca contra su voluntad.

Yo tenía la costumbre de llevar mis propios tentempiés para esas reuniones. Siempre tenía algo saludable para comer, en lugar de sentirme privada.

El mundo siempre va a poner galletas delante de ti. La agencia personal es tu poder para diseñar tu propia estructura de recompensas en lugar de depender de las recompensas que otros te ofrezcan.

Controlar tu impulso de búsqueda de recompensas es una habilidad que puedes desarrollar. Si ignoras la existencia de este impulso, comerás las galletas sin saber por qué lo estás haciendo. Creerás que los trastornos y la sociedad te controlan porque no reconoces el momento en que tu cerebro hace una elección.

Muchas personas dicen que no tienen elección. Las teorías que nos restan poder son populares porque hacen que te sientas bien a corto plazo. Nos gustan los «expertos» que nos dicen «no es tu culpa». Es posible que incluso odies a las personas que desafían tus creencias de «no es culpa mía». Yo no me atreví a desafiar al hombre que comía galletas en mi reunión. Temía que me vería como alguien que menosprecia a los demás, aunque en realidad él mismo se estaba menospreciando al creer que no tenía ningún poder sobre sus impulsos.

EL CUIDADO PERSONAL BÁSICO

Te han dicho que el ejercicio, la dieta y el sueño son las claves de la felicidad. El problema es que son necesarios, pero no son suficiente. Una vez que tus necesidades básicas están satisfechas, dormir más, nutrirte más y hacer más ejercicio no van a darte más felicidad.

El sueño es fundamental porque el cuerpo produce las sustancias químicas de la felicidad mientras uno duerme. Sin el descanso adecuado, no tenemos sentimientos positivos que liberar, incluso cuando nos ocurren cosas buenas. Pero cuando nuestros tanques de sustancias químicas de la felicidad están llenos, tenemos que satisfacer necesidades para que sean liberadas.

Lo mismo ocurre con la alimentación y el ejercicio. Más verduras y más flexiones no van a hacerte más feliz una vez que la necesidad básica ha sido satisfecha.

Esto nos resulta confuso, porque las dietas restrictivas y los regímenes de ejercicio pueden producir sentimientos positivos a corto plazo. Las metas cuantificadas de dieta y ejercicio estimulan la dopamina, el orgullo por estar en mejor forma que los demás estimula la serotonina y crear vínculos con otros entusiastas de un determinado régimen dietético o de ejercicio estimula la oxitocina. Incluso puedes tener un subidón de endorfina si haces ejercicio o pasas hambre hasta el punto de sentir dolor. Y el cortisol baja cuando te distraes de los pensamientos negativos concentrándote en un régimen restrictivo. Si no entiendes tu biología, pensarás que la dieta o el ejercicio son la causa de tus sentimientos positivos. Entonces, cuando esos sentimientos positivos decaen, piensas que la única forma de que vuelvan a aumentar es con más restricciones de ejercicio y dieta. Eso te quita energía y luego no te queda nada para los centenares de otras maneras de estimular la dopamina, la serotonina y la oxitocina que existen.

Ciertamente, algunas personas invierten muy poco en el cuidado personal básico. Comen comida basura, no hacen ejercicio o tienen malos hábitos del sueño. Y culpan a la sociedad por la falta de cuidado personal, de manera que no son capaces de encontrar su poder de elegir.

Las vías mielinizadas dan forma a nuestros hábitos de cuidado personal, más de lo que creemos. Por ejemplo, un niño que se niega a dormir podría estar siendo recompensado con atención y poder. Eso crea una vía que interfiere con el sueño en la edad adulta. Un niño que se niega a comer obtiene una posición de superioridad y, sin pretenderlo conscientemente, se queda programado para equiparar comer con la pérdida de dominio social.

Cuando tienes un comportamiento no deseado, puedes descubrir las vías que lo causaron y diseñar una alternativa. Es posible que odies admitir que unas viejas vías dan forma a tus respuestas, así que te ayudará recordar que todos estamos en el mismo barco. Descubrir la vieja vía es el primer paso para redirigirlo.

CÓMO HACER ALGO DIFÍCIL

Es difícil crear nuevas vías si en el cerebro después de la pubertad, porque tienes menos mielina, que es el material para su construcción. Se necesitan más repeticiones, pero incluso así, sólo consigues crear un sendero en lugar de una autopista.

El miedo puede tomarte por sorpresa mientras abres una nueva vía. Como un caballo que regresa al establo para ser alimentado, no aprecias ser dirigido hacia un nuevo camino. Incluso cuando tu cerebro consciente sabe que esa nueva vía es mejor, es posible que tu mamífero interior te bombardee con cortisol. Necesita experimentar la nueva vía unas cuantas veces antes de poder relajarse, pero el cortisol dificulta eso. Puedes controlar el cortisol con estos tres sencillos pasos:

1. El cortisol tiene una media de vida de veinte minutos, así que, si haces algo divertido durante entre veinte y cuarenta minutos, la mayor parte será metabolizada. No te apresures por resolver proble-

mas hasta entonces, porque mientras estés liberando cortisol sólo verás los aspectos negativos de cada solución.
2. Encuentra el patrón de tu pasado que encaja con el miedo que sientes en la actualidad. Recuérdate que ves evidencia de amenazas porque tienes una gran autopista antigua que la invita. Te parece que las amenazas son reales porque el sufrimiento del pasado creó un canal físico real que conduce a tu alarma del dolor.
3. Diseña una alternativa positiva (como la que describiremos en el próximo capítulo) y recompénsate por redirigirte hacia ella.

El cortisol siempre será parte de la vida, pero no tiene por qué impedir que te sientas bien. Puedes redirigir tu atención cada vez que te invadan los sentimientos negativos. Debes estar preparado con actividades relajantes para esos primeros veinte minutos. Toca el piano si eso te calma, pero si tu forma de tocar hace que disgustes, ésa no es la actividad adecuada para cuando tienes el cortisol elevado. Si te gusta la comedia, escucha alguna, pero evita la comedia del enfado o la comedia que les gusta a tus amigos pero que a ti no te hacer reír. Experimenta hasta que encuentres actividades que realmente te distraigan de los pensamientos negativos. Ponte una alarma para que suene a los veinte o cuarenta minutos. Después de eso, empieza a crear una alternativa positiva.

El límite de tiempo es esencial para que no crees el hábito de recompensarte por sentirte mal. Simplemente estás construyendo una rampa de salida de la autopista de la infelicidad para entrar en la autopista de la felicidad que estás construyendo.

Las respuestas no deseadas existen porque en tu infancia te ayudaron a sobrevivir. Por eso sientes que tu supervivencia está amenazada cuando tratas de salir de esas viejas vías. Tu cerebro verbal es bueno encontrando evidencias para justificar sus viejas elecciones. Por eso repites las respuestas no deseadas, hasta que te das cuenta de que sólo son senderos que puedes redirigir.

Tus amigos y familiares también tienen problemas con su antigua programación. Tú no puedes controlar eso, pero puedes dejar de recompensar sus respuestas no deseadas. Éstos son algunos ejemplos:

- Cedes ante tus amigos y tu familia cuando se enfadan, y de esa manera estás entrenando sus cerebros para que se enfaden. Nadie hace esto a propósito, pero el resultado en mucho enojo.
- Recompensas a tus hijos cuando exhiben emociones negativas, y de esa manera los estás programando para que tengan más emociones negativas. En lugar de eso, puedes aprender a reservar tu reconocimiento para las conductas positivas.
- Asumes la culpa por las malas decisiones de otras personas. Esto socava su conciencia de su propio poder.

Es posible que tus amigos y familiares recompensen tus conductas no deseadas de la misma manera en que tú recompensas las de ellos. Pero ahora que has aprendido de los adiestradores de animales, puedes fijarte en qué comportamientos están siendo recompensados. Puedes recompensar sistemáticamente los comportamientos que deseas y nunca recompensar los que no deseas.

Es más fácil hacer una nueva elección cuando la relacionas con satisfacer una necesidad. Tu mamífero interior guarda las sustancias químicas de la felicidad para los momentos en que satisfaces una necesidad. Una gacela siempre vive en un mundo lleno de depredadores, pero disfruta de las sustancias químicas de la felicidad cuando satisface una necesidad. Un león fracasa un 95 % de las ocasiones en las que persigue a una presa, pero disfruta de las sustancias químicas de la felicidad cuando satisface sus necesidades. Un mono pierde comida y oportunidades de aparearse ante los miembros del grupo que son más grandes que él, pero se siente bien cuando satisface sus necesidades. Puedes crear una comprensión realista de tus necesidades para que tu mamífero interior te recompense con dopamina, serotonina y oxitocina. El próximo capítulo te mostrará cómo hacerlo.

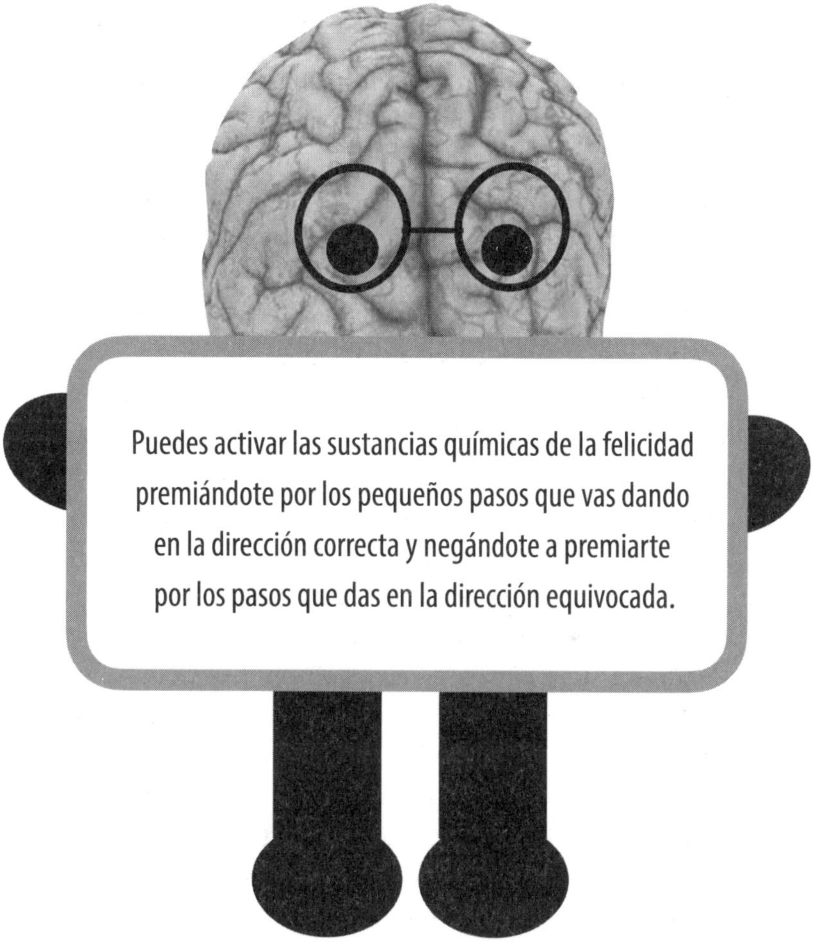
Puedes activar las sustancias químicas de la felicidad
premiándote por los pequeños pasos que vas dando
en la dirección correcta y negándote a premiarte
por los pasos que das en la dirección equivocada.

11

CÓMO HACER FELIZ A TU MAMÍFERO INTERIOR

Puedes activar la dopamina, la serotonina y la oxitocina de formas saludables cuando comprendes cuál es su función natural. Este capítulo te proporcionará una estrategia para cada sustancia química de la felicidad, y te ayudará a adaptarla a tus circuitos existentes. Repite el nuevo pensamiento o comportamiento y se convertirá en la nueva normalidad para ti.

Pero primero vamos a repasar las expectativas realistas para estas sustancias químicas:

- No están hechas para estar activas todo el tiempo.
- Cualquier sustancia química de la felicidad que actives se metabolizará rápidamente y desaparecerá.
- Tu mamífero interior querrá tener esos sentimientos agradables todo el tiempo, pero no los tendrá todo el tiempo. Eso es lo que hace que sean motivadores.

DOPAMINA: SIEMPRE TEN UN PROYECTO

¿Te has fijado que siempre que tienes un proyecto te sientes bien? Eso se debe a que cuando tienes un proyecto hay unos pasos que debes dar hacia un objetivo, y ésa es la fuente natural de la dopamina.

Para ver esto claramente, imaginemos un proyecto que está muy alejado de nuestras preocupaciones diarias. Imagina a tu antepasado cazador-recolector tejiendo una canasta. Es un trabajo tedioso con miles de pasos, pero nuestros antepasados se sentían motivados a hacerlo porque anticipaban la recompensa de poder cargar más alimentos con menos esfuerzo. Quizás esperaban que la comida hiciera más fuertes a sus hijos. Quizás su destreza impresionara a alguna persona especial. La dopamina continuaba siendo liberada mientras ellos trabajaban en la canasta porque se veían a sí mismos acercándose a la recompensa. Cuando terminaban, la dopamina cesaba, pero ellos no veían eso como un trastorno. Lo que hacían era buscar otro proyecto.

Quizás pienses que ya tienes demasiados proyectos. Pero es posible que tengas demasiados compromisos sin tener un proyecto real. Por ejemplo, cuando estoy en un comité, no disfruto de la dopamina porque no espero llegar a un objetivo. Espero una palabrería que me va a hacer perder el tiempo y que no lleva a ninguna parte. Quizás tú tengas expectativas positivas sobre tu trabajo en un comité, de manera que ése puede ser un buen proyecto para ti. Lo que lo convierte en un proyecto es que esperas que tus esfuerzos produzcan una recompensa.

Si mi dopamina cae, no puedo culpar de ello al comité del que formo parte. Es tarea mía encontrar una recompensa y unos pasos en los que crea. Cada uno de nosotros hace eso con los caminos que tiene. Te privas de la dopamina si le echas la culpa a un proyecto que no te gusta, en lugar de encontrar otro que sí te guste.

Dedicar diez minutos al día a un proyecto que te gusta es suficiente para activar tu dopamina. Por lo tanto, incluso si estás ocupado u ocupada con compromisos que no te entusiasman, puedes encontrar diez minutos para dedicarlos a un proyecto en el que crees. Eso es todo lo que se necesita para activar el placer de la dopamina de avanzar mediante tus propios actos.

Un «propósito» no es lo mismo que un proyecto. Por lo general, se considera que un «propósito superior» es el camino hacia la felicidad, y eso puede funcionar a corto plazo. Cuando tu «propósito» obtiene apoyo social se activa la oxitocina y cuando recibe reconocimiento se activa la serotonina. Cuando tu propósito te proporciona los pasos para satisfacer esas necesidades sociales, liberas dopamina. Sin embargo, es probable que sientas frustración a largo plazo si tu propósito es demasiado abstracto como para avanzar realmente. Si tu propósito es «transformar el mundo» o complacer a otras personas, es posible que descubras que el mundo se niega a cambiar y que las personas no quieren ser complacidas. Si crees que tus pasos no conducen a ninguna parte, no producirás dopamina. Serías más feliz si tuvieras un proyecto que pudieras desarrollar con tus propias acciones. Quizás eso te parezca egoísta, pero así funciona nuestro cerebro.

Un proyecto es un objetivo que satisface tus necesidades, con pasos que están dentro de tu control. Lo que activa tu dopamina es el hecho de prever una recompensa.

La fundadora de Tribe Sober me enseñó el valor de un proyecto. Cuando dejó de beber cayó en una depresión, la cual cesó tres meses antes de que creara Tribe Sober. Este proyecto le proporcionó unos pasos hacia un objetivo que satisfacía sus necesidades sociales, de modo que activó las tres sustancias químicas de la felicidad. Pero ella no se dio cuenta de esto y dio por sentado que lo que había provocado esos sentimientos positivos había sido ese período de tres meses. Por lo tanto, decía a los adictos en recuperación que esperaran pasar por tres meses de depresión, hasta que hablamos de la dopamina en un pódcast. Ahora les dice que encuentren un proyecto.

Cuando buscas un proyecto, es probable que pienses en proyectos que son populares entre la gente de tu círculo. Pero es importante que recuerdes que, para que el proyecto active la dopamina, debe conectar con tus necesidades.

«Ponerse en forma» es un proyecto muy popular. Es posible que pienses que debes «ponerte en forma» antes de empezar a pensar en otro proyecto. Pero si eliges un proyecto que no te entusiasma, es posible que acabes no haciendo nada. Entonces, vamos a separar la necesidad de dopamina de la necesidad de tener una salud metabólica. Tu dopamina depende de que encuentres un proyecto que te entusiasme. Privarte de dopamina no va a mejorar tu salud. Quizás te pongas en forma cuando hayas satisfecho algunas necesidades más profundas.

Pero cualquier dopamina que actives no va a durar. Si tu proyecto consiste en aprender a bailar el tango, ser un bailarín o una bailarina de tango no te proporcionará una dicha continua. El entusiasmo se disipará y necesitarás un nuevo objetivo. No importa si construyes sobre logros anteriores o si vas en una nueva dirección, siempre y cuando el objetivo sea importante para ti. Simplemente tienes que aceptar que ningún objetivo te hará feliz para siempre.

El Instituto del Mamífero Interior recomienda tener tres objetivos: un objetivo a corto plazo, un objetivo a largo plazo y un objetivo a medio plazo. Entonces, cuando te parezca que un camino está bloqueado, podrás concentrarte en otro y siempre tendrás una manera de continuar avanzando.

Cuando no sientes entusiasmo en tu vida, es tentador culpar a la sociedad, o a las personas que te rodean, o a un trastorno. Pero eso hará que sientas que no estás avanzando y no sabrás por qué. Serás más feliz si entiendes cuál es la tarea que la dopamina ha evolucionado para realizar. Durante la mayor parte de la historia de la humanidad, el control de la natalidad no existía, de manera que empezábamos a satisfacer las necesidades de nuestros hijos desde la adolescencia. Los depredadores podían comerse a tu bebé si no mantenías una fogata encendida durante toda la noche, así que tenías que darte prisa para reunir suficiente leña. Una canasta podía resultar muy útil. Cada paso activaba tu dopamina porque, claramente, estaba vinculado a la supervivencia de tus genes.

En la actualidad es menos probable que te veas obligado a cumplir con un proyecto, así que tienes que realizar uno tú mismo para disfrutar de la dopamina. Para sentirte bien tienes que traducir tus necesidades a pasos factibles.

No tienes que cuantificar tu proyecto para disfrutar de la dopamina. Los *coaches* insisten en cuantificar las metas, pero puedes decidir eso por ti mismo. Si te motiva saber cuántos kilos de comida has distribuido o cuantos kilos de desorden has despejado, entonces la cuantificación es para ti. Pero si disfrutas de los pasos que vas dando sin medirlos, entonces no dejes que la presión de cuantificar interfiera. Cuantificar tiene sus inconvenientes. Puede tentarnos a ignorar factores que no son cuantificables y a pensar demasiado en fuerzas que están fuera de nuestro control. Los *coaches* que imponen la cuantificación suelen estar intentando satisfacer su propia necesidad de tener pruebas de su «impacto».

Ciertamente, tienes que ser realista en lo que respecta al dinero. Si no puedes pagar tus facturas, ése es tu proyecto. Tienes que satisfacer tus necesidades económicas de la misma manera en que nuestros ancestros tenían que encontrar suficiente comida para llenar sus panzas antes de fabricar sus bonitas canastas. Tus ansias de sentir entusiasmo no te dan derecho a hacer que otras personas paguen tus cuentas. Todos tenemos el desafío de activar nuestra dopamina mientras satisfacemos nuestras necesidades realistas.

Afortunadamente, basta con dar unos pequeños pasos hacia la satisfacción de tus necesidades para activar la dopamina. Lo único que tienes que hacer es ver que tu objetivo está cada vez más cerca. Una vez que tus necesidades físicas han sido satisfechas, las necesidades sociales son bastante motivadoras, como veremos en la siguiente sección. Pero primero examinemos algunos de los obstáculos que podemos encontrar en nuestro camino hacia la dopamina.

1. El proyecto es demasiado grande.

Quizás te sientas tentado por un gran proyecto debido al gran entusiasmo que sientes cuando piensas en él. Pero si no te ves acercándote a la línea de meta, dejas de liberar dopamina. Tu glorioso plan de salvar al mundo te privará de la dopamina, a menos que lo descompongas en unos pasos que te acercarán a tu meta.

Es posible que odies los pasos pequeños. Es posible que los descartes por considerar que son triviales y que están por debajo de tu gran visión. Es posible que quieras la emoción de la dopamina sin la pesadez de la acción práctica. El miedo al fracaso suele estar detrás de esto. Cada fracaso en tu pasado creó una vía que activa tu cortisol cada vez que ves algo similar en el presente. Nos esforzamos por evitar cualquier cosa que esté vinculada a un fracaso del pasado, así que puedes acabar evitando muchas cosas. Es tentador ignorar esos engorrosos pasos prácticos y simplemente enfocarte en el sueño. Pero tu dopamina cesa cuando dejas de ver que la meta se acerca.

Descomponer los grandes sueños en pasos de acción es una habilidad que puedes aprender. Escribe un objetivo y los pasos principales que crees que tendrás que dar. Continúa descomponiendo cada paso en pasitos más pequeños hasta que tengas unos pasos suficientemente pequeños como para que puedas lograr algo todos los días. Escribe esos pasos en tu calendario e incluye la recompensa que los va a acompañar. La dopamina hará que te sientas bien y la repetición creará una vía. ¡Vas a empezar a esperar sentirte bien!

Esta habilidad es especialmente valiosa para los jóvenes, quienes sueñan con la gloria cósmica de una forma natural. Ellos pueden aprender a mantener la emoción dividiéndola en partes. Una sesión de estudio de media hora es agradable cuando la vinculas con unos sueños distantes.

Ver cómo funciona esto en los monos resulta muy útil. Romper una nuez para abrirla es un gran objetivo para un mono, porque la proteína escasea en la dieta de la selva. Romper nueces es tan difícil que algunos monos nunca logran hacerlo en toda su vida. Si fracasan, nadie va a hacerlo por ellos, de manera que esa habilidad es esencial para desarrollar los músculos que favorecen sus genes. El mono continúa intentándolo después de haber fracasado porque anticipar una recompensa libera mucha dopamina. Pero se libera más dopamina al observar e imitar a los monos que tienen éxito rompiendo nueces. En ocasiones, hay señales visibles de progreso, como, por ejemplo, pequeñas grietas en la nuez. Pero la mayor parte del tiempo no hay ningún progreso visible, de modo que el mono debe anticipar la recompensa interiormente para seguir intentándolo. Ve a otros monos teniendo éxito, pero tiene que mantenerse concentrado en sus propios actos para conseguir la recompensa. Si le dieras a ese mono una bolsa llena de nueces con cáscara, su dopamina aumentaría. Pero la sensación agradable cesaría tan pronto como la necesidad de ingerir proteína fuera satisfecha.

2. El proyecto no es realmente tuyo.

En ocasiones, te apuntas al proyecto de otra persona y no te entusiasma. Haces lo que hay que hacer, pero tu dopamina no fluye. Culpar a otros por tu falta de entusiasmo no hace que liberes más dopamina. Encontrar un camino para satisfacer tus necesidades sí la activará.

Puedes hacer eso dentro de un proyecto que no es tuyo si eres capaz de vincularlo con la satisfacción de tus necesidades y de creer que tus pasos te acercarán más. Si no puedes creer en el proyecto, encuentra la fuente de tu creencia antes de tirar la toalla. Quizás encaja con un patrón desagradable de tu juventud. Reprogramar ese patrón te ayudaría a largo plazo, y cuando piensas en el proyecto de esa forma, ¡satisface una necesidad! Puedes encontrar algo que te beneficie en un proyecto que no sea de tu elección.

Si no puedes, encuentra diez minutos cada día para invertirlos en un proyecto propio. Incluso si tienes muchos compromisos, puedes encontrar diez minutos disponibles para tu camino hacia las recompensas. Probablemente pasas diez minutos al día quejándote de ese proyecto que no te gusta, ¡así que puedes invertir ese tiempo!

Tu encaminador siempre está buscando el mejor lugar para invertir tu energía. Puede parecer que sólo tienes malas opciones, pero tu mamífero interior puede buscar la mejor entre las opciones deficientes. Tu gran corteza podría imaginar opciones perfectas en un mundo perfecto, pero no disfrutarás de la dopamina a menos que pases a la acción.

Una vez que hayas establecido tu propio objetivo, verás que el progreso es difícil. Mucha gente prefiere no enfrentarse a esa frustración, así que se apunta al proyecto de otras personas y luego las culpan cuando el progreso es decepcionante. Si piensas así, te privarás de la dopamina.

Resulta tentador hacer que otra persona sea tu proyecto. Tienes tantas ganas de cambiarla que eso se convierte en tu objetivo general. Pero no puedes controlar a otra persona, así que ese proyecto no es realmente tuyo. Simplemente hace que te sientas frustrado. Encuentra un proyecto sobre el que tengas más control y disfrutarás de la dopamina.

Sin duda, nuestro control siempre es limitado. Uno no puede controlar si los bancos le dan dinero al proyecto de tus sueños y si los clientes se lo cuentan a todos sus amigos. Pero puedes diseñar un próximo paso realista y puedes darlo. Ése es tu billete hacia la dopamina.

3. Nada te entusiasma.

Quizás piensas que todo es aburrido y que no vale la pena hacer nada.

Quizás idealizas los proyectos de otras personas y te lamentas de tu falta de oportunidades.

Quizás no eres capaz de imaginar que los pasos que des te den resultados y no soportas la idea de desperdiciar tus esfuerzos.

Es difícil tener expectativas positivas respecto a un proyecto. Si miras el interior de los proyectos de otras personas, te sorprenderá encontrar un circuito de dopamina de la infancia en lugar de cálculos racionales. Éste es un ejemplo gracioso que aprendí de una payasa. Estaba en una fiesta de cumpleaños en la que había una payasa haciendo esculturas de animales con globos. Las hacía tan hábilmente que quise saber cómo lo había aprendido. Ella me dijo que alguien le había regalado un libro sobre esculturas con globos cuando tenía diez años. Lo intentó porque pasaba largas horas sin tener nada que hacer en el puesto de su madre en un mercado de agricultores. La gente que pasaba le ofrecía monedas por las esculturas que estaba haciendo y ganó un dólar durante la primera hora, sin siquiera proponérselo. Eso era una fortuna para ella, así que continuó haciéndolas y no ha parado desde entonces. Sus expectativas positivas no llegaron por una planificación consciente o por una oportunidad de riqueza o por filosofar sobre el arte. Llegaron por un premio gordo de dopamina a una edad muy temprana.

Si no hay nada que te entusiasme, practica observar tus expectativas en cuanto a la satisfacción de tus necesidades. Excava como un arqueólogo en busca del origen de tus expectativas positivas y negativas. Adoptar la perspectiva de un niño es de gran ayuda. Quizás creciste con una persona crítica que ridiculizaba cualquier expectativa positiva. Quizás te enseñaron que nada funciona, así que no deberías esforzarte en vano. Quizás te recompensaban por no hacer nada, disfrazándolo de «tener cuidado» o «mantenerse unidos». Cuando sabes cómo se programó tu cerebro en la niñez, sabes por qué sientes que una parte de la realidad es verdad. Ahora exploraremos las otras partes.

En ocasiones, el problema son las expectativas positivas de tu juventud y no las negativas. Los premios gordos de tus primeros años pueden desviarte de un proceder realista. Algunos ejemplos conocidos son las drogas, la pornografía y la comida basura. Te excitan tanto que la vida real te parece aburrida en comparación. Otros ejemplos conocidos son ser un niño o niña estrella, ser el centro de atención en tu familia y ganar en las apuestas. Resulta difícil tener expectativas realistas cuando has sido programado para esperar el premio gordo. Tu proyecto es concéntrate en una recompensa que puedas conseguir mediante pequeños pasos. Puedes programarte para tener expectativas realistas en lugar de esperar siempre el premio gordo.

Empieza por imaginar a tus ancestros plantando un árbol frutal. Éste no producirá fruta hasta que lo hayas cuidado durante cinco años. Lo hacen porque anticipan la fruta deliciosa y no tienen una mejor manera de conseguirla. Si hubiesen creído en un camino rápido y fácil para conseguir la fruta, no lo hubieran hecho. A veces hay un camino más rápido y fácil, y a veces no lo hay. Tienes que saber que plantar un árbol es posible para poder tomar buenas decisiones.

Las neuronas espejo pueden ayudar. Cuando ves que otras personas obtienen recompensas de un proyecto, desarrollar expectativas positivas te ayuda. Los libros y películas populares normalmente giran en torno a un proyecto, y nos encantan porque activan nuestra dopamina. Ciertamente, las obras de ficción pueden ser poco realistas, así que es necesaria la cautela. Pero éstas son algunas películas acerca de un proyecto que pueden excitar a tus neuronas espejo: *Julie & Julia*, *Las correcciones* y *El viaje a París de la señora Harris*. Los fanáticos de la ciencia ficción pueden elaborar una larga lista de misiones activadoras de dopamina. Si te das cuenta de que estás del lado del delincuente en una película sobre la planeación de un crimen, es porque acercarse a un objetivo es la forma natural de sentirse bien.

SEROTONINA: VER LA VIDA COMO UN CIRCUITO DE OBSTÁCULOS, NO COMO UNA CARRERA

Imagina que un automóvil te pasa mientras estás conduciendo. Te sientes enojado por un instante, pero luego te das cuenta de que no estás en una carrera. El otro conductor no controla tu capacidad de llegar al lugar al que te diriges. Si te sentiste inferior cuando te pasó, ese sentimiento fue creado dentro de ti. Puedes sentirte superior concentrándote en tu propio camino, en lugar de concentrarte en el de la otra persona.

Tu cerebro hará comparaciones sociales, tanto si quieres hacerlo como si no. Notará tu debilidad relativa, a menos que te centres en tu fortaleza. Puedes encontrar formas sanas de sentirte fuerte, en lugar de tomar atajos que a la larga te debilitan.

El atajo conocido es soñar con un premio gordo de serotonina como, por ejemplo, ser un héroe o «llegar a la cima». El intento de hacer algo «grande» siempre tendrá contratiempos, y eso crea la sensación de que te estás «quedando atrás». En lugar de perseguir el premio gordo de serotonina, puedes aprender a activar pequeñas dosis de serotonina con pequeños pasos continuos. En lugar de hacer carreras con los demás en su camino, puedes entrenarte para concentrarte en tu propio camino. Tu mamífero interior nunca dejará de comprobar si ha aparecido un mono más fuerte, pero puedes llevar continuamente la concentración a tu propio progreso. Sólo obtienes una pequeña cantidad de serotonina, pero puedes conseguir un poco más de la misma manera.

Los premios gordos de serotonina siempre estarán ahí para atraerte. Los esquemas de «hazte rico rápidamente» son un ejemplo. Cortejar a una persona poderosa es otro. Tratar de humillar a las personas que consideras que están por encima de ti también es un premio gordo popular para sentirte superior. Esas estrategias suelen acabar en decepción, porque se centran en algo que no puedes controlar. En lugar de eso, puedes concentrarte en algo que esté más dentro de tu control.

Tu felicidad depende de que sepas que tus comparaciones sociales provienen de tu interior. Es difícil verte así, de modo que es esencial que recuerdes que esto es universal. Si un niño y un perro están en la misma habitación, el niño querrá el juguete que tiene el perro y el perro querrá el juguete que tiene el niño. Así funciona el cerebro de los mamíferos. Tus sentimientos fuertes acerca de las comparaciones sociales provienen de las vías neuronales creadas por tus primeras experiencias de comparaciones sociales. Sentirás que estás en una carrera hasta que modifiques esas vías.

Puede ser doloroso explorar las vías de serotonina que creaste durante la pubertad. El ansia adolescente por ser «popular» permanece con nosotros durante más tiempo de lo que creemos. El terror adolescente de no ser «popular» sigue estando en tu programación. Cualquier cosa relevante para la reproducción crea grandes vías porque nuestro cerebro evolucionó para centrarse en la reproducción. Cualquier cosa que te haya ayudado a ser respetado por una persona especial para ti en tu adolescencia desencadenó un gran brote de serotonina que allanó una vía enorme. Las primeras decepciones con una persona especial para ti crearon grandes vías de cortisol que todavía están contigo en la actualidad. Puedes encontrar esas vías y reprogramarlas.

El *Inner Mammal Institute* recomienda valorarte sin menospreciar a los demás repetidamente. Éste es un plan de seis semanas para hacerlo.

Semana 1

Cada día durante esta semana dedica un minuto cada mañana y cada noche a buscar tus sentimientos de serotonina. ¿Qué comparaciones hiciste hoy? ¿Cómo te hicieron sentir? Practica ser sincero sobre tu ansia natural por obtener reconocimiento. Admite el placer que sentiste en un momento en el que te sentiste por encima de los demás y el dolor que sentiste cuando tu deseo de obtener reconocimiento te decepcionó. Es fácil ver esto en los demás, pero encontrarlo en ti te beneficiará. Programa un temporizador para asegurarte de hacerlo y planea una forma de recompensarte después.

Semana 2

Dedica un minuto cada mañana y cada noche a intentar recordar tus primeras experiencias de serotonina. Encuentra tus momentos de reconocimiento social y de decepción social en tu juventud. Encuentra las comparaciones sociales sobre las que las personas en tu entorno tienen sentimientos fuertes, para que sepas lo que han bebido tus neuronas espejo. Lo importante es no culpar a los demás, sino descubrir las vías de serotonina y cortisol que tú mielinizaste.

Semana 3

Dedica dos minutos al día a encontrar la superposición entre tus sentimientos actuales acerca de las comparaciones sociales y tus primeras experiencias. Cuando veas el patrón común, sabrás cómo creaste tus sentimientos de superioridad y de inferioridad. Esas grandes vías mielinizadas buscan información que encaje con ese patrón, de manera que tú crees que sólo estás viendo los datos. Busca los datos que podrías haber ignorado porque no encajaban en tu patrón. No regañes a tu mamífero interior por ver al mundo de esa forma. Sólo recuérdate a ti mismo que es natural, pero que no es la historia completa. Recompénsate adecuadamente.

Semana 5

Finalmente, es hora de activar más serotonina creando nuevos momentos en los que sientes que te has superado. Pasa dos minutos al día pensando en cualquier ocasión en la que hayas logrado superar un obstáculo. Escríbelo. Un pequeño paso hacia delante es suficiente; no tiene que ser un triunfo espectacular. Reconoce tus logros y fíjate en tu fuerza. Tu mamífero interior te recompensará con serotonina. Encuentra nuevos ejemplos cada día para que continúes sintiendo tu poder para superar los obstáculos. Se creará una nueva vía y empezarás a esperar lograrlo.

Semana 6

Haz las paces con tu mamífero interior dándote cuenta de que la serotonina no dura mucho tiempo. Tus sentimientos de fuerza se evaporarán y pueden surgir los sentimientos de inferioridad. Es difícil darse cuenta de esto mientras está ocurriendo, así que dedica dos minutos al día a buscarlo conscientemente. Observa la forma en que oscilas entre sentimientos de superioridad y de inferioridad, y recuérdate que eso es normal. Ahora, imagina un lugar en el centro de ese péndulo y llámalo «neutral». Estar en neutral es una fortaleza, porque eso permite a tu cerebro recibir información sin prejuzgarla. Puedes ver la caída de la serotonina como una oportunidad para estar en neutral en lugar de volver al antiguo sentimiento de inferioridad.

¡Felicitaciones! Te has programado para activar la serotonina sin estar en guerra con el mundo. No necesitas probar tu fortaleza a los demás para disfrutar de la serotonina. Puedes aprender a sentirte fuerte sin una validación externa.

Seamos sinceros. Es más agradable recibir el aplauso de los demás que aplaudirte a ti mismo. Pero no puedes controlar el aplauso de los demás, así que, si te concentras en eso, acabarás sintiéndote frustrado. Lo más importante es que las cosas que reciben el aplauso de los demás pueden acabar haciéndote daño.

Si bailas para impresionar a otras personas tendrás que continuar bailando. Y en cuanto consigas la aprobación de los demás, empezarás a sentir miedo de perderla. Es más beneficioso para ti saber cómo creas esos sentimientos y cómo puedes volver a crearlos. Puedes desarrollar la confianza en tu propia fortaleza en lugar de gastar tu energía esforzándote para impresionar.

Las creencias rousseaunianas se interponen en el camino de tu comprensión del deseo natural de sentirte aventajado. Crean expectativas poco realistas que hacen que te sientas inferior. Te sentirás mejor si aceptas tu propia biología. Puedes aprender a controlar tu deseo natural de dominio social, en lugar de fingir que no existe.

La programación de tu juventud también se interpone en el camino. Cuando eras joven, realmente eras el mono más débil, así que te programaste para ver el mundo a través de esa lente. Reprogramar esa lente es un desafío para todos.

Un ejemplo común son los comportamientos de oposición. Ése es un circuito que te motiva a pelearte con todo el mundo. Hace que sientas que tu supervivencia está amenazada por la fuerza de otras personas. Gastas tanta energía peleando con los demás que te queda muy poca para dar pasos realistas hacia tus metas. Luchar contra todo hace que acabes sintiéndote débil, pero no puedes detenerte porque ese circuito es muy bueno encontrando pruebas de que «ellos» son una amenaza. Puedes programarte de una nueva forma para sentirte fuerte en lugar de concentrarte en «ellos».

Otra cosa que no te ayuda en la vieja programación es el sentimiento de culpa. Eso te coloca en una posición de inferioridad y ni siquiera eres consciente de que te has hecho eso a ti mismo. Puedes apresurarte a escapar de ese sentimiento de inferioridad con pensamientos de superioridad que a la larga no te sirven. Puedes escapar de esto encontrando esa vía culpabilizadora y reprogramándola.

La superioridad moral es otro circuito habitual de comparación social. Hace que te sientas bien encontrando constantemente defectos en el carácter de los demás. Atacas a las personas que sientes que tienen ventaja sobre ti y condenas su ética para evitar sentirte inferior. Sientes que estás en una carrera contra ellas y que te están ganando, así que tratas de descalificarlas con una abstracción intangible. Pero puedes crear un nuevo modelo mental que no se basa en competir contra «ellas».

Puedes aprender a ver que los demás son mamíferos igual que tú. Ellos también utilizan su vieja programación para buscar una posición superior y evitar la posición inferior. Están buscando el siguiente subidón de serotonina, igual que tú.

Los consejos populares suelen interponerse en el camino de la serotonina saludable. Éstos son algunos ejemplos:

Malos consejos sobre el estatus

Nos dicen que no nos debería importar el estatus, así que fingimos que no nos importa. Eso hace que nos resulte difícil explicar el sentimiento negativo de una decepción relacionada con el estatus, de modo que lo interpretas como una amenaza real. Puedes escapar de esa trampa cuando reconoces tu deseo natural de tener un cierto estatus. Puedes descubrir de qué forma te menosprecias a ti mismo, en lugar de imaginar que el mundo te está menospreciando. Luego puedes concentrarte en tu propia fuerza. Con la repetición, crearás una rampa de salida de la autopista de la ansiedad por el estatus y fluir hacia una nueva carretera que haga que te sientas fuerte sin tener que bailar para otros.

Malos consejos sobre ti contra los demás

Se nos dice que la felicidad llega cuando nos centramos en los demás en lugar de hacerlo en nosotros mismos. No desafiamos esta idea porque si lo hiciéramos parecería que somos malas personas. Pero centrarte en los demás puede crear un sentimiento de inferioridad que hace que pienses que los demás importan y tú no. Centrarte en los demás puede hacer que te sientas amargado y resentido. Eso no sirve a ningún bien mayor. Puedes aportar positividad al mundo sintiéndote positivo respecto a tu propio camino. Puedes concentrarte en los demás cuando eso te ayude a satisfacer tus necesidades. Sé que eso puede sonar mal, pero nuestro cerebro ha evolucionado para concentrarse en su propia supervivencia, y guarda las sustancias químicas de la felicidad para los pasos que debemos dar para satisfacer nuestras necesidades de supervivencia.

Malos consejos sobre la necesidad de apoyo

Se nos dice que el apoyo es necesario para lograr cualquier objetivo, así que es posible que acabes cortejando a las personas que te pueden apoyar, en lugar de desarrollar tu fortaleza. Y si no consigues gente que te apoye, eso despertará tus sentimientos de inferioridad. Puedes entrenarte para sentirte orgulloso de haber superado obstáculos, en lugar de concéntrate en buscar apoyo. Disfrutarás de más serotonina y es posible que eso atraiga más apoyo a la larga. No te enfades con las personas que no te apoyan. Recuerda que el progreso humano normalmente llega de los pasos que no recibieron aplausos mientras eran dados. Lee biografías y verás cómo personas reales avanzaron sin ese apoyo que idealizamos.

Nuestro afán de tener dominio social es independiente de nuestro afán de obtener apoyo social. ¡Queremos las dos cosas! Ahora, vamos a explorar un nuevo camino hacia la oxitocina del apoyo.

OXITOCINA: EXPECTATIVAS REALISTAS SOBRE EL APOYO SOCIAL

La biología del «lobo solitario» puede ayudarnos a crear expectativas realistas acerca del apoyo social. Los lobos viven en entornos duros que requieren que salgan a cazar en grupo para poder sobrevivir. Pero pertenecer a una manada tiene un precio muy alto. El macho alfa y la hembra alfa de una manada de lobos impiden que los demás se reproduzcan. El macho alfa ataca a cualquier macho que se acerque a una hembra, y la hembra alfa ataca a cualquier hembra que se acerque a un macho. Así pues, todo el grupo trabaja para apoyar a las crías de la pareja gobernante, aunque no lo hace por elección. Un lobo subordinado sigue teniendo el impulso de reproducirse, así que vive esperando el día en que pueda llegar al puesto alfa o crear su propia manada. Si hay abundancia de alimento, un lobo más fuerte abandonará la manada y buscará a otros lobos solitarios para crear una nueva. Si lo logra, se repetirán las mismas conductas de dominio social.

Esto es muy distinto a la imagen idealizada de una manada de lobos que trabaja unida por el bien común. Nadie te dice que cada lobo está eligiendo cuál es el paso siguiente más favorable que puede dar para la supervivencia de sus genes. A veces eso significa seguir a la mandada y a veces significa morir de hambre en el páramo. El cerebro del lobo está diseñado para sopesar esa elección, y el tuyo también.

Tu oxitocina depende de tus creencias sobre la protección ante las amenazas. Te privas de oxitocina cuando crees que tu apoyo social es inadecuado. Pero si tus expectativas sobre el apoyo no son realistas, te decepcionarás, y eso te programa para ver el mundo a través de una lente de decepción. Te conviene más desarrollar expectativas realistas.

Y eso lo haces reprogramando las viejas vías que te dicen que no estás a salvo. Puedes encontrar esos sentimientos tempranos de desprotección y reemplazarlos con creencias más realistas. Por supuesto que es molesto desenterrar esos viejos miedos y decepciones, y verlos como vías neuronales en lugar de verlos como algo real. Verlo a través de los ojos de otra persona es de gran ayuda. Considera el triste caso de un niño adoptado de un orfanato. Roba comida y la esconde porque eso lo protegió de pasar hambre en el pasado. Actualmente ya no se enfrenta a la amenaza de que otros niños le quiten la comida, pero ese temor está muy dentro de él. Entonces, en lugar de disfrutar de su nueva situación de seguridad, repite unos comportamientos de autoprotección que alejan a los demás.

Quizás tú también tengas conductas de autoprotección profundamente arraigadas. Es posible que repitas un patrón de conducta o de pensamiento que te protegió de una amenaza que experimentaste en tu juventud. La vieja programación hace que veas la amenaza desde la perspectiva de un niño impotente en lugar de un adulto con recursos. Esto hace que el apoyo que tienes te parezca inadecuado.

Es difícil sentirte seguro si te concentras en Las Noticias y te unes a otras personas en torno a Las Noticias. Pero puedes elegir qué información tiene acceso a tu cerebro. Cuanto menos amenazado te sientas, más fácil te resultará sentirte satisfecho con tu protección.

La visión rousseauniana hace que te resulte difícil sentirte satisfecho con tus lazos sociales. La cultura terapéutica empeora las cosas porque te entrena para que esperes un «apoyo incondicional». Acabas sintiéndote decepcionado y no te das cuenta de que tú lo has creado con tus expectativas poco realistas.

¿Qué sería realista?

Sería realista esperar que:

- El apoyo social tenga algún tipo de costo.
- Tu cerebro sopese los costos y beneficios de una alianza social.
- Tu percepción de los costos y beneficios esté moldeada por tus viejas vías neuronales.
- Tus predicciones de los costos y beneficios a veces estén erradas.
- La decepción de tu necesidad de protección se sienta como una amenaza a tu supervivencia, incluso cuando sabes conscientemente que no lo es.
- Cualquier oxitocina de la que disfrutes se metabolice rápidamente y busques una forma de crear más.
- Las otras personas sean mamíferos como tú. Ellas también sopesarán los costos y los beneficios de una alianza social con sus viejas vías neuronales.
- Los enemigos comunes creen lazos sociales rápidamente.

No pensamos esto en palabras, de modo que es difícil percibir estos impulsos en tiempo real. La siguiente historia sobre animales clarifica la búsqueda natural de protección. Busca un vídeo sobre la migración de los ñus en África y verás a un millón de mamíferos que permanecen juntos. Normalmente le añaden una música triunfal, lo cual intensifica la sensación de gloriosa solidaridad. Pero luego la cámara suele acercarse a un ñu y puedes ver que una manada es una colección de cerebros individuales que toman decisiones individuales.

El vídeo que yo vi mostraba a un ñu solitario en un acantilado que daba a la orilla de un río. El animal tenía que cruzar el río para llegar a donde estaba la comida y evitar separarse de la manada. Pero cuando miraba hacia abajo, hacia el río, veía a los cocodrilos devorando a sus compañeros. Entonces el ñu se quedaba paralizado por el terror. Las dos opciones eran malas.

Mientras el pobre animal permanecía ahí, la manada se agrupó detrás de él y prácticamente empezó a empujarlo. Eso iba a ser peor que saltar, así que el ñu decidió pasar a la acción. Decidió cuál era el mejor paso a dar y se lanzó. El animal sobrevive si evita quedar inconsciente al ser golpeado por la aglomeración de cuernos y pezuñas, y si los cocodrilos deciden comer a otro ñu.

Cuando ves a un millón de mamíferos avanzar juntos, olvidas que cada cerebro está decidiendo constantemente qué paso dará a continuación. La visión rousseauniana de la solidaridad no te deja ver el hecho de que una manada no puede proteger a todos los individuos que la conforman. Preferimos la idea romantizada de que los animales se protegen unos a otros, pero eso crea falsas expectativas. Luego sentimos que algo ha salido mal cuando la vida real no es lo que esperábamos. Pero el ñu confía en sus propias habilidades de autoprotección, y tú también puedes hacerlo. Si esperas que los demás hagan que las amenazas desaparezcan, te privas de la oxitocina.

Es difícil ser realista, pero es posible

Un bebé recién nacido merece recibir apoyo incondicional, pero tú no eres un recién nacido. Si esperas recibir apoyo incondicional, te sentirás decepcionado. Es difícil evitar tener expectativas poco realistas, porque son sumamente populares. A menudo, la gente cumple con tus expectativas poco realistas para obtener tu apoyo. Te dicen que «mereces sentirte seguro», incluso mientras te animan a sentirte inseguro. Las personas pueden animarte a encontrar defectos en la protección que tienes para que te alíes con ellos. Esos mensajes no te benefician. Sólo benefician a la persona que está tratando de obtener tu apoyo.

Cada mamífero toma decisiones de costo/beneficio acerca de sus inversiones en alianzas sociales. El mandril toma decisiones acerca de cuándo ayudar a su compañero de manada a luchar contra un depredador. El chimpancé toma decisiones acerca de cuándo acicalar a un compañero de manada. Incluso las langostas toman decisiones sobre cuándo agruparse en un enjambre y cuándo seguir su propio camino. Tu cerebro toma decisiones acerca de cuándo invertir en crear alianzas y cuándo invertir en tu propio camino. Admitir esto abiertamente es tabú, lo cual hace que te resulte difícil encontrar tus expectativas poco realistas y modificarlas.

A menudo, nos sentimos decepcionados de nuestras alianzas sociales porque no somos jueces objetivos de los favores que damos y recibimos. Tendemos a creer que hemos invertido más en una alianza que los demás porque recordamos fácilmente nuestras propias contribuciones y olvidamos las de los demás. El resultado es una decepción perpetua y una falta de oxitocina. En lugar de eso, puedes aprender a encontrar lo bueno en lo que recibes de los demás.

Cuando era joven, con frecuencia oía a mis padres hablar de su decepción con personas de su red social. Su forma de pensar transaccional me ofendía, porque yo había absorbido la mentalidad rousseauniana. Pero con el paso de los años comprendí que todas las personas llevan la cuenta de alguna manera, así que no vale la pena enojarse por ello.

Nuestras expectativas poco realistas son alimentadas por el tiempo y el lugar en el que vivimos. En el pasado, las tribus solían guerrear con sus vecinos y su identidad cultural se basaba en los triunfos en las batallas. Actualmente, puedes unirte a una tribu «identificándote» con ella, pero esperará que batalles con los «enemigos» del grupo. Esto intensifica tu percepción de amenaza, así que nunca sentirás que tienes suficiente protección.

Puedes darte cuenta de cómo creas estos sentimientos y luego redirigirlos. Puedes sentirte seguro confiando en que tu protección es la adecuada. Seguirás siendo un mortal que se enfrentará a una amenaza insuperable algún día, pero mientras tanto puedes disfrutar de más oxitocina teniendo pensamientos positivos sobre tu red social.

The Inner Mammal Institute recomienda ofrecer apoyo a una persona cada día. Ofrecer apoyo no significa rescatar a alguien o gastar dinero. Significa ayudar de alguna forma que sea natural para ti. Construyes tu lado del puente con muchas personas sin esperar una respuesta específica. Te sorprenderás agradablemente cuando otros crucen el puente en el futuro. En lugar de tratar de controlar eso, te concentras en las pequeñas cosas que puedes hacer. Ves con agrado tus propios esfuerzos, en lugar de encontrar fallos en ellos. La repetición desarrollará expectativas positivas acerca del apoyo social.

Si esperas que otras personas te rescaten de los cobradores de deudas, o te recomienden al comité del Premio Nobel, probablemente te sentirás decepcionado. Si esperas que los demás satisfagan tus necesidades y sonrían cuando los critiques y les digas que lo podrían haber hecho mejor, probablemente te sentirás decepcionado. Pero si confías en que podrás encontrar un apoyo realista cuando surja un problema, activarás la sensación de seguridad que te proporciona la oxitocina.

Una cena cara no te va a ayudar a conseguir el apoyo que anhelas. Un vocabulario sofisticado no convencerá a los demás de que no te han «apoyado» lo suficiente. Actuar como una persona poderosa no te brindará protección. El camino hacia la oxitocina consiste en ser realista acerca de tu necesidad de protección y dar pequeños pasos para satisfacerla.

A menudo creamos nuestros propios obstáculos en el camino hacia lo oxitocina. Por ejemplo, es posible que quieras que alguien te ayude a encontrar tus llaves y luego estés resentido con él porque te ve como una persona que pierde las llaves. Quizás desearías tener «respaldo», pero cuando lo consigues, te molesta que alguien te esté vigilando. Es posible que quieras librarte de ese servicial compañero, pero si lo perdieras pronto estarías anhelando más apoyo. No es fácil ser un mamífero con un gran cerebro.

El rechazo

Las personas suelen decir que cuando eran jóvenes no «encajaban». Incluso los famosos insisten en que en su juventud sentían que no pertenecían a un grupo. ¿Cómo es posible que nadie encajara? Porque a todos los mamíferos les disgusta el alto precio a pagar de seguir a la manada, pero todo mamífero le teme al aislamiento social también. «Encajar» es el sueño de obtener la protección de la manada sin tener que pagar el precio. Ese sueño no es realista, así que rara vez se hace realidad.

Nos conviene más aceptar que el apoyo social tiene un precio. Una manada de gacelas está moviéndose constantemente porque cada individuo está dando pasos constantemente para evitar los pastos embarrados. La gacela debe continuar con este movimiento para mantenerse con vida. Nosotros hemos heredado un cerebro que monitorea constantemente la amenaza de quedarse atrás. Es posible que sientas que tu supervivencia está amenazada cuando otras personas simplemente están ocupadas satisfaciendo sus propias necesidades.

El gran cerebro humano es bueno para anticipar el futuro, de manera que solemos anticipar rechazos potenciales. Con este gran cerebro que tenemos, buscamos oportunidades para obtener apoyo sin correr el riesgo de ser rechazados. Un bolso caro de diseñador es una manera de crear esa sensación de pertenecer a un club. Otra forma de hacerlo es odiar a la persona que tiene un bolso de diseñador. El mundo moderno ofrece nuevas opciones, pero nuestro cerebro sigue teniendo las mismas necesidades de siempre.

En el pasado, solía sentirme rechazada a menudo. Una terapeuta me dijo que yo misma estaba creando esos sentimientos y me enfadé con ella. Estaba segura de que las personas me estaban rechazando ¡y tenía pruebas de ello! Pero cuando otros terapeutas me dijeron lo mismo, finalmente comprendí que mis viejas vías neuronales estaban creando ese sentimiento. Eso no quiere decir que a partir de entonces viviera feliz para siempre formando parte de una manada. Significa que aprendí a darme cuenta de cuándo estaba negándome a seguir a la manada y a ser agradecida por tener esa opción, en lugar de verlo como un rechazo.

Ciertamente, todos somos rechazados alguna vez porque deseamos tener una alianza social con alguien que no nos corresponde. El cortisol hace que sintamos que eso es una amenaza a nuestra supervivencia, pero tú puedes recordarte a ti mismo que no lo es. Puedes satisfacer tus necesidades sin esa persona. Puedes aceptar que los demás hacen cálculos de costo-beneficio igual que tú. Y puedes controlar el cortisol haciendo algo divertido durante entre veinte y cuarenta minutos, hasta que es excretado. Después puedes hacer un pequeño gesto de apoyo a otra persona para continuar construyendo tu lado del puente.

¿Lo harás?

Es difícil, pero con la repetición, acabará siendo algo automático.

Si no construyes esta nueva vía, fluirás hacia canales creados por tus rechazos del pasado. Verás evidencia de que te han dejado de lado y liberarás cortisol.

Recordar por qué los mamíferos tienen tanta prisa por crear alianzas sociales puede ser de gran ayuda. En la naturaleza, un animal joven suele morir si su madre muere, pero las alianzas sociales mejoran sus posibilidades de supervivencia. Además, las alianzas mejoran su «éxito reproductivo», como lo llaman los biólogos. Ésta es la razón por la cual las decepciones en tu búsqueda de apoyo social desencadenan un sentimiento de aniquilación. No piensas eso conscientemente, de modo que es necesaria mucha práctica para ser consciente de ese impulso. Ver vídeos de naturaleza es una buena manera de conectar con ese sentimiento. Puedes ver cómo un chimpancé macho es excluido de una oportunidad de apareamiento. Cómo una chimpancé hembra es excluida de los alimentos que son necesarios para producir una buena leche. Te sientes mal por ellos y eso te ayuda a encontrar las vías que crean tu propio sentimiento de rechazo.

Pero el chimpancé no se queda pensando en sus compañeros de manada que lo han decepcionado. Simplemente se concentra en el siguiente paso que debe dar para satisfacer sus necesidades. Tú también puedes hacerlo. Nuestro cerebro está diseñado para crear una sensación de urgencia acerca de los lazos sociales, pero tú puedes aprender a cambiar el sentimiento de amenaza por un sentimiento de entusiasmo por el próximo paso que vas a dar.

Los enemigos

A los humanos nos resulta difícil crear lazos porque nuestra programación es muy individual. A menudo pensamos que los demás están equivocados porque nuestra experiencia individual nos dice que es así. Crear lazos por tener un enemigo común es un atajo tentador. En la sociedad moderna se evita la palabra «enemigo», pero el bucle de pensamientos es el mismo.

Observa cómo los culpas a «ellos» cuando te sientes mal y encuentras pruebas de que «ellos» te robaron tu felicidad. Te sientes seguro con la gente que comparte esta frustración contigo, así que bajas la guarda con ellos. Pero esa oxitocina agradable tiene un precio muy alto: la «batalla» constante con el «enemigo».

Las noticias refuerzan esa sensación de batalla. Para «encajar» sientes que tienes que seguir acariciando tu «preocupación» por el «enemigo». Si cambias de fuentes de noticias, ves unos «enemigos» distintos, pero la misma dinámica mamífera.

El mundo moderno nos permite tener lazos sueltos con una variedad de grupos, en lugar de tener una tribu que nos llena la vida. Pero tus adhesiones poco firmes suelen querer que te unas a su lucha contra su enemigo. Si no ves las cosas de esa manera, ellos te ven como alguien que «no es uno de nosotros». En algunas ocasiones compartes su sensación de amenaza y en otras te esfuerzas por adaptarte para evitar el ostracismo. Y hay ocasiones en las que simplemente preferirías correr el riesgo de enfrentarte solo al mundo.

Si vivieras en una zona de guerra, tu supervivencia dependería literalmente de que te unieras a otras personas para luchar contra el enemigo. Si no estás en una zona de guerra, puedes elegir en qué «lucha» te quieres concentrar. Incluso podrías elegir crear alianzas sociales individuales en lugar de hacerlo con un grupo. Eso requiere trabajo y trae consigo el riesgo del rechazo, y después de todo ese esfuerzo, las personas siguen queriendo que te unas a su «batalla» contra un «enemigo».

Cuando sopesas los costos y los beneficios de las alianzas sociales, te basas en la información proveniente de las personas que forman parte de tus alianzas existentes. Por ende, la información que recibes hace que te resulte difícil marcharte, incluso cuando el precio de permanecer es bastante alto. Cuando entiendes de una forma realista el deseo natural de obtener protección, puedes tomar decisiones distintas.

¿Podemos ser realmente sinceros por un instante?

Cuando ves un rostro hermoso, te sientes motivado a crear un vínculo con esa persona. Estás más deseoso de tenerla en tu grupo, como tu jefe o jefa o, ciertamente, como pareja sentimental. Sin embargo, la diferencia entre un rostro hermoso y un rostro feo son sólo unos milímetros de carne aquí y ahí. Y un rostro hermoso no garantiza que la persona tenga buen carácter. Sin embargo, extrañamente, nos sentimos atraídos hacia lo que los expertos llaman «simetría facial». El atractivo físico moldea nuestras respuestas sociales más de lo que nos gustaría creer.

Es útil saber que los animales también se juzgan unos a otros por su apariencia. En todas las especies, ciertos rasgos son considerados atractivos, y los mamíferos se esfuerzan sobremanera por conseguir aliados con esas características. Sorprendentemente, los estudios muestran que las características atractivas son indicadores válidos de «aptitud» reproductiva. Un ejemplo famoso es el de la cola del pavo real. Cuanto más llamativa sea, mejor sistema inmunitario tiene. Los cuernos grandes también son indicadores válidos de una salud superior porque es necesaria mucha energía para que crezcan. Estas características atraen al sexo opuesto porque producen más crías capaces de sobrevivir. Cuando un mamífero ve una manera de promover sus genes libera sustancias químicas de la felicidad y ése es el motivo por el que nos importa la apariencia, a pesar de nuestras mejores intenciones. (Puedes encontrar más información sobre la atracción entre los animales en la mayoría de los libros sobre biología evolutiva y en mis libros *Status Games* y *I, Mammal*).

Los animales son sorprendentemente selectivos respecto a con quién se aparean. Si eso te hace enojar, siempre estarás enojado. En lugar de eso, puedes verlo desde este punto de vista más realista: una persona atractiva no va a desarrollar la habilidad de liberar oxitocina si siempre obtiene apoyo sin ningún esfuerzo. Tarde o temprano, su belleza desaparecerá, pero tus habilidades para liberar oxitocina permanecerán. Ésa es una llamada descarada a tu impulso de superación, pero resalta el valor de desarrollar expectativas realistas sobre el apoyo social.

Tener expectativas realistas sobre la dopamina, la serotonina y la oxitocina te ayudará a activarlas de una forma sana y dará a tu electricidad un nuevo lugar al que fluir.

12

¿PODEMOS CREAR UNA SOCIEDAD MÁS FELIZ?

Esta pregunta entra en conflicto con el mensaje central de este libro, que es que la sociedad no puede hacerte feliz. Sin embargo, me la plantean con tanta frecuencia que quiero abordar el tema.

La sociedad no puede hacerte feliz porque la acción para satisfacer tus necesidades es lo que activa las sustancias químicas cerebrales de la felicidad. La sugerencia de que la sociedad debería hacerte feliz hace que dejes de enfocarte en la acción y, por lo tanto, socava tu felicidad. De manera que la sociedad puede hacer feliz a las personas simplemente dejando de apoyar ese mensaje contraproducente.

Pero se puede hacer algo más para enseñar a las personas a gestionar su cerebro. Podríamos enseñarles los datos básicos sobre nuestra biología: que las sustancias químicas de la felicidad sólo llegan en brotes breves y las sustancias químicas de amenaza son la herramienta de autoprotección de la naturaleza. Se podría enseñar a las personas la habilidad de reprogramar a sus sustancias químicas.

Pero eso entraría en conflicto con la creencia popular de que todos somos víctimas de una sociedad mala. Las posturas poco populares pueden provocar ostracismo social, de manera que es posible que no ocurra. Probablemente seguiremos recibiendo el mensaje de que la infelicidad es una enfermedad que la sociedad debería curar.

La sociedad moldea a las personas mediante lo que elige recompensar, más que por lo que dice con palabras. Si la sociedad recompensa a las personas por verse a sí mismas como víctimas, muchas personas se programarán para verse como tales. Eso crea expectativas negativas acerca de nuestros propios pasos, lo cual desalienta a la gente a hacer cosas que puede hacerla feliz.

Recompensamos el mal comportamiento cuando no sabemos cómo funciona el cerebro. Por ejemplo, un día un perro me ladró ferozmente cuando estaba caminando cerca de mi casa. Mi vecina corrió a acariciar al perro, sin darse cuenta de que eso lo recompensaba por haber ladrado. Desde la perspectiva del perro, le estás agradeciendo por haberte protegido de la persona que pasó por ahí. Incluso con buenas intenciones, abrazar a un perro que está ladrando hace que ladre más. No se lo dije a mi vecina porque me di cuenta de que creía la teoría de que el perro necesitaba «más amor».

Cuando un niño grita, la gente suele decir que necesita un abrazo. Lamentablemente, eso hace que grite aún más. Pero la teoría de «más amor» está tan ampliamente aceptada que si cuestionas esa práctica corres el riesgo de ser considerado una mala persona. Muchos niños están aprendiendo que los estallidos son recompensados. En lugar de dejarlos atrás, los hacen crecer. Los estallidos van tomando, gradualmente, formas más sofisticadas, según lo que es recompensado. Tanto si el estallido es ruidoso como si es suave, polisilábico o lleno de palabrotas, si produce un instante de dominio social, el circuito se desarrolla. Si entendieras el cerebro, abrazarías al niño cuando no está gritando. Como un adiestrador de animales hábil, esperarías unos segundos a que dejara de gritar y entonces le ofrecerías una recompensa rápidamente. Y siendo el buen adiestrador que eres, te negarías estrictamente a recompensar las conductas no deseadas.

La felicidad de un niño o una niña depende de que aprenda a actuar para satisfacer sus propias necesidades. Puedes aprender a recompensar eso. No es necesario que interfieras si el niño es feliz atando los cordones de sus zapatos o cortando la carne de su plato, ya que la acción en sí misma es la recompensa. Pero cuando sus actos fallan y se da por vencido, puedes recompensarlo cuando da pasos en la dirección correcta.

Los niños son tentados a darse por vencidos porque el cortisol nos motiva a evitar cualquier cosa que lo active. Dejar de tener expectativas negativas y empezar a tener expectativas positivas es una habilidad que todo cerebro debe aprender. Los adultos pueden ayudar a los niños a aprenderlo creando pequeños pasos que ellos pueden dar con éxito y premiándolos. Pero es esencial no premiar la inacción.

Muchos niños se dan por vencidos en la escuela, y las escuelas han probado la teoría de «más amor». Y no ha funcionado. Los profesores tienen que ofrecer pequeños pasos que el alumno puede dar, y recompensarlo únicamente cuando los da. Cualquier estudiante puede aprender la alegría de recibir recompensas con los pequeños pasos. A veces eso significa dar lectura y matemáticas de segundo grado a alguien de dieciséis años porque ése es el paso en el que puede tener éxito. Eso desarrolla la habilidad necesaria para el material de tercer grado y crea un sentimiento positivo respecto de ir aprendiendo en el camino. No hay ningún atajo mágico, y los niños no se benefician cuando los adultos creen en la magia.

Las escuelas y los padres pueden aprender a fijarse en qué conductas están premiando y hacerse cargo de la estructura de recompensas que presentan. Esto puede provocar críticas, pero creará una sociedad más feliz. El miedo a las críticas que tienen los adultos priva a los estudiantes de un camino sano hacia las recompensas.

Cuando entiendes al mamífero interior, eres más consciente de la estructura de recompensas que creas para los demás. Es posible que estés premiando a alguien por un mal comportamiento sin darte cuenta. La atención es una recompensa muy valiosa, de manera que, si prestas atención a un mal comportamiento, le estás enseñando a esa persona que tiene que continuar actuando de esa forma si quiere continuar llamando tu atención. Podrías ayudarla más alineando tus recompensas con una acción constructiva.

Cuando estás con un grupo de personas, fíjate en la forma en que recompensan al perro que ladra. Observa cuán difícil es sugerir que hagan otra cosa. Pero puedes sugerirlo. Dile al grupo: «Busquemos un momento en que el perro esté en silencio y abracémoslo entonces». De esta manera, puedes seguir siendo «proamor» en lugar de «antiamor». Incluso es posible que el perro que ladra en tu grupo se sienta agradecido por tener un camino más tranquilo hacia las recompensas.

Puedes aplicar este método contigo también. Cuando sientas ganas de explotar, observa la forma en que tiendes a recompensarte por haber explotado. Indaga acerca de la forma en que eras premiado por haber explotado en tu infancia. Rediseña tu propia estructura de recompensa y emergerá un nuevo camino. Y si continúas repitiéndolo, empezará a parecerte normal. Todos podemos desarrollar habilidades de regulación de las emociones cuando entendemos a nuestro mamífero interior.

EDUCAR AL MAMÍFERO INTERIOR

A menudo, las personas que leen mis libros me dicen: «Todo el mundo debería tener que aprender esto cuando es joven».

Ojalá hubiera conocido la información sobre mi cerebro mamífero en mi juventud. Pero las escuelas no parecen estar interesadas en la información que está en conflicto con las creencias rousseaunianas. Entonces, si queremos que este conocimiento se divulgue, tenemos que plantar las semillas y regarlas. Éstas son tres semillas de la perspectiva del mamífero interior que puedes plantar.

1. El anhelo de ser especial es natural.

Todos tenemos sentimientos intensos acerca del reconocimiento social porque todos nacemos indefensos. El reconocimiento social es una cuestión de vida o muerte desde la perspectiva de tus redes neuronales fundamentales. Y, sin embargo, tienes que compartir el mundo con 8 000 millones de personas que tienen tantos deseos de ser especiales como tú. Esta frustración viene con el regalo de la vida. La sociedad no puede aliviarla por ti, ni tampoco tu familia o tu jefe. Pero tú puedes desarrollar la habilidad de gestionar esa frustración. Puedes entrenar tu cerebro para que se sienta seguro en los momentos en los que no eres especial. Pero esto no lo aprendes negando el anhelo de ser especial o criticando ese anhelo en los demás. Lo aprendes desarrollando la confianza en tu propia fuerza. La repetición es muy necesaria porque el miedo primario a nuestra propia debilidad está profundamente arraigado.

2. El cerebro consciente no es confiable.

Nuestro cerebro «racional» es bueno racionalizando. El cerebro verbal está diseñado para ayudar a tu mamífero interior a conseguir lo que quiere. Trata de hacer que te veas bien para ayudarte a conseguir recompensas sociales. No te dice necesariamente la verdad acerca del mundo que te rodea. Ciertamente, tu cerebro mamífero tampoco es siempre realista. Tu información es más fiable cuando logras que tus dos cerebros trabajen juntos, como un caballo y un jinete. Un caballo tiene el poder de hacerte avanzar, pero a veces se niega a ir donde tú quieres. Gritarle no funciona. Debatir con él tampoco. Tienes que entender las motivaciones del caballo para poder llegar a donde tú quieres ir. Tu mamífero interior está programado por las zanahorias y los palos de tu juventud, a pesar de que no lo dice en voz alta.

3. La felicidad es una habilidad aprendida.

Nos entrenan para que veamos la felicidad como algo natural y «normal», así que es difícil verla como una habilidad aprendida. Si aprendes a buscar la felicidad en los «tratamientos» y el «cambio social», no vas a desarrollar esta habilidad. Nos deberían enseñar que todos nacemos infelices y que nadie nace con la habilidad de gestionar sus sustancias químicas. Todo el mundo tiene que desarrollar habilidades de regulación de las emociones mediante la repetición a lo largo del tiempo. Esto es difícil para todos, porque no hay una forma fácil de obtener dopamina, serotonina y oxitocina de este cerebro que hemos heredado. Todo el mundo puede activar las sustancias químicas de la felicidad de una forma sana si entiende la tarea que ha evolucionado para hacer. Todos buscamos sentimientos agradables con las vías neuronales que se han desarrollado a partir de nuestras experiencias pasadas, pero todos podemos aprender la habilidad de crear nuevas vías.

MÁS ALLÁ DE LA CULPA

Esta sencilla biología podría ser sumamente útil, pero todavía se enseña la visión de que el cerebro está indefenso y nos dicen que ésa es La

Ciencia. Piensa en el famoso «experimento del parque de ratas». Dicho experimento pretende demostrar que las ratas toman cocaína cuando están dentro de una jaula aburrida, mientras que las ratas que están en una jaula estimulante ignoran la cocaína que los investigadores les ofrecen. Esto encaja en el marco conceptual de culpar al mundo que te rodea de tus decisiones. Y encaja con ese famoso lamento de los adolescentes: «Esta ciudad es tan aburrida». Pero el estudio del parque de ratas es sumamente defectuoso porque las ratas que escogieron tomar las drogas estaban efectivamente en un régimen de aislamiento, pero tú no lo estás. (Puedes encontrar detalles sobre este estudio en mi página sobre las adicciones: innermammalinstitute.org/addiction).

El experimento del parque de ratas te invita a culpar a tu entorno de tus malas decisiones en lugar de desarrollar habilidades de gestión del cerebro. Este paradigma ignora la función natural de la dopamina. Esa sensación de excitación se activa cuando esperas una recompensa, de manera que, si no la esperas, ahí está el origen del problema. En la naturaleza, si renuncias a las recompensas, mueres, pero los humanos modernos pueden renunciar a ellas porque otras personas satisfacen sus necesidades. Tirar la toalla puede hacer que te sientas bien a corto plazo, porque te da poder sobre los demás, pero a la larga produce infelicidad. Por lo tanto, no estás ayudando a una persona si satisfaces sus necesidades cuando tira la toalla.

Los humanos siempre nos hemos sentido tentados a tomar atajos, porque nos resulta difícil entender nuestra química. Siempre nos han seducido los líderes de opinión que culpan a «la jaula» y los políticos que prometen repararla. Cuando tienes un mal día, es tentador seguir a cualquiera que te prometa mejorar tu jaula. Pero no se logra tener una sociedad más feliz enseñando a las personas a verse como víctimas impotentes dentro de una jaula. Se logra enseñando a la gente acerca del poder que tiene sobre su cerebro.

CUANDO EL VASO ESTÁ 99,999 % LLENO

Ya has oído hablar del vaso que está medio vacío o medio lleno, ¿pero qué ocurre si está 99,999 % lleno? Con frecuencia, nos concentramos en el 0.0001 % que está vacío. Sin darme cuenta, enseñé a mis alumnos a hacer eso cuando les di una clase sobre Gestión de Calidad Total (GCT), un método para elevar la calidad buscando el origen de los defectos. La GCT produjo grandes mejoras en la calidad de los productos y servicios, pero nos entrenó para ver todos los errores como una crisis y a todos los críticos como héroes.

La GCT enseñó a los trabajadores de la industria manufacturera a «detener la línea» cuando encontraran un defecto, para impedir que se fabricasen más artículos defectuosos. Enseñar a los trabajadores a señalar defectos tiene valor, porque las normas sociales tienden a motivar que sean ocultados, pero señalar defectos es mucho más fácil que repararlos. Nuestro cerebro se concentra de una forma natural en los defectos. Si ves un hermoso mosaico al que le falta un azulejo, tu vista se sentirá atraída por ese defecto. Por lo tanto, no es de extrañar que la GCT se convirtiera en la idea popular de que señalar defectos te convierte en un héroe, mientras que las complejas habilidades analíticas necesarias para reparar los defectos en su origen reciben menos atención.

Recuerdo el momento en el que comencé a preguntarme si la GCT había ido demasiado lejos. Estaba sentada en un restaurante de comida rápida y vi que en la mesa había una tarjeta en la que se me pedía que informara si había habido algún problema con mi comida. Esto era algo nuevo en los años noventa y me pregunté de qué manera pedir a las personas que busquen fallos puede afectar a su experiencia en un restaurante. Reparar los defectos nos beneficia, pero la incitación generalizada a encontrar fallos refuerza nuestros circuitos de infelicidad.

GESTIÓN EMOCIONAL TOTAL

¿Y si tuviéramos una GET en lugar de una GCT? ¿Y si todo el mundo aprendiera que las sustancias químicas de la felicidad no fluyen todo el tiempo, sino que deben ser activadas mediante la acción para la supervivencia? ¿Y si todos aprendiéramos sobre su poder para crear nuevas vías neuronales para activar las sustancias químicas de la felicidad de una forma saludable? Seríamos una sociedad más feliz.

¿Cómo podemos hacer que esto ocurra?

No es realista esperar que lo haga tu médico. Una visita a un consultorio no es el momento ni el lugar para enseñar un nuevo paradigma biológico.

La información debería estar incluida en las clases de Biología, Salud e incluso Ciencias Sociales. Pero eso dependería de que la institución educativa cambiara su mentalidad rousseauniana, y sólo llegaría a los jóvenes.

Por lo tanto, los canales de aprendizaje de toda la vida también deberían difundir esta información vital. He aquí algunos ejemplos.

Clases de bienestar y crianza de los hijos

Muchas personas están tomando clases para mejorar su bienestar y el de sus hijos. Un sorprendente número de personas están tratando activamente de aprender cosas acerca de su cerebro y del de sus hijos. Desafortunadamente, estas clases enseñan principalmente la creencia rousseauniana de que la felicidad es el estado natural y la infelicidad es causada por los genes y por «nuestra sociedad». Quizás tú podrías crear una clase que ayudara a las personas a encontrar su poder sobre su mamífero interior.

La educación sobre el bienestar ha sido más efectiva de lo que nos damos cuenta. El consumo de cigarrillos ha caído en picado, las verduras se han vuelto más populares y el maltrato infantil se ha convertido en la excepción, en lugar de ser la norma. Yo no aprendí que tengo que beber agua hasta que tuve cuarenta años, pero actualmente la mayoría de la gente lo aprende antes. Todo el mundo podría aprender cosas sobre el funcionamiento natural de la dopamina, la serotonina, la oxitocina y la endorfina, en lugar de que le enseñen que la infelicidad es un trastorno o un fallo del organismo.

Me gustaría imaginar un mundo en el que todo el mundo ha experimentado una sesión de adiestramiento de animales. Aprendí muchísimo de la sesión de adiestramiento de cabras que vi cuando trabajaba como docente en el zoológico de mi localidad. Le estaban enseñando a una cabra a caminar sobre un balancín y vi que le daban una pasa por cada paso que daba. Cuando llegó a la parte más alta, sintió un bamboleo y se quedó paralizada por el terror. Quería evitar hacerse daño más de lo que quería otra pasa. Pero de repente, la cabra dio un pequeño paso tentativo y luego otro. El balancín osciló y se agitó, pero la cabra siguió buscando las recompensas. Cuando llegó al suelo, el entrenador le dio un puñado de pasas y la cabra fue directamente al otro lado del balancín para hacerlo otra vez.

Sentí una oleada de excitación mientras observaba a la cabra superar su miedo. ¡Acababa de ver un cerebro mamífero reprogramarse en tiempo real! Dejó de tener expectativas negativas y empezó a tener expectativas positivas, porque previó las recompensas. Esa experiencia me motivó a leer sobre el adiestramiento de animales y a encontrar más oportunidades para participar. La experiencia de ser «entrenador de delfines por un día» en un delfinario mexicano fue un punto culminante en mi vida.

La autobiografía del *Encantador de perros* tuvo un gran impacto en mí porque Cesar Millán aprendió de los perros de trabajo, más que de las mascotas. Otro libro, *Kicked, Bitten and Scratched,* me abrió los ojos al mundo de los adiestradores de animales profesionales. La autora pasó un año en una escuela de adiestramiento de animales exóticos y decidió usar el mismo método que usaban ahí con su marido. En lugar de enfadarse cuando él dejaba la ropa sucia en el suelo, lo recompensaba cuando la echaba en el canasto. Uno de mis lectores utiliza este método para enseñar a niños con bajo rendimiento escolar y en mi pódcast expliqué cómo transformó a decenas de escuelas. (Más detalles en mi página sobre padres/profesores: innermammalinstitute.org/parentsteachers).

John Gray (el autor de *Marte y Venus*) dijo que su relación mejoró cuando tomó una clase sobre obediencia canina. En mi pódcast, él explicó que el adiestramiento de perros te enseña a premiar el comportamiento que deseas y dejar de premiar el que no deseas. (Más detalles en mi página web sobre relaciones: innermammalinstitute.org/relationships). Me encantó oír a un renombrado experto en relaciones decir eso. Es más fácil aceptar la información sobre nuestro mamífero interior cuando vemos cómo funciona en un animal.

Entretenimiento

Aprendemos más del entretenimiento de lo que creemos, ya que nuestras neuronas espejo responden a las emociones que observamos. Gran parte del entretenimiento actual entrena a nuestras neuronas de acuerdo con el modelo rousseauniano.

Normalmente, el bueno es un «espíritu libre» que va por la vida recogiendo frutas de los árboles y el malo es una persona cuyos actos realistas interfieren con esa vida relajada. El entretenimiento te enseña que ser «guay» es el camino que conduce a las recompensas. Cuando ves a un tío guay recibir grandes recompensas, te creas unas expectativas que luego la vida real no cumple.

Sería genial tener un entretenimiento que transmitiera un modelo de recompensas sanas. Podríamos aprender de unos personajes que activan sus sustancias químicas de la felicidad emprendiendo acciones para satisfacer sus necesidades. Podríamos imitar a personas que superan los obstáculos dando pasos pequeños y consiguen apoyo de una forma realista. Puede que eso no nos parezca entretenido, pero sería agradable y motivaría a los espectadores.

El entretenimiento realista puede liberarte de la creencia de que una utopía, en algún lugar, te hará feliz. Yo utilizo el entretenimiento realista para relajarme después de un día duro. En los días buenos busco contenido sano para no dejarme tentar por los mensajes poco saludables en los días malos. Quizás te sientas inspirado para crear un entretenimiento saludable.

El entretenimiento rousseauniano no va a desaparecer, porque siempre es agradable ver a alguien recibir grandes recompensas. Pero podemos aprender a observar esas respuestas en nuestro interior. Nuestros ancestros sobrevivieron maximizando el rendimiento de sus esfuerzos y nosotros hemos heredado un cerebro diseñado para eso, pero que no ha sido diseñado para tener esos momentos cumbre todo el tiempo. El entretenimiento que celebra la agencia personal y los pasos firmes es beneficioso para nosotros.

LA BÚSQUEDA DE PERSONAS PERFECTAS

Nos enseñan que debemos buscar una sociedad perfecta creando personas perfectas. La crianza perfecta suele ser vista como un camino para producir personas perfectas, aunque los teóricos utópicos prefieren alejar a los niños de sus padres para lograr eso. Ellos imaginan que eso funcionará porque unos burócratas perfectos crearán unas políticas perfectas.

La búsqueda de la crianza perfecta tiene sus propios problemas. Muchos padres se sienten obligados a hacer que sus hijos sean felices todo el tiempo. Pero un cerebro joven no aprende a manejar la infelicidad si es entrenado para esperar que sean los demás los que hagan que se sienta bien. Cuando un niño se enfrenta a una decepción de la cual sus padres no le pueden proteger, necesita habilidades apropiadas a su edad para controlar el cortisol. Los niños no creerán en su propia capacidad para manejar las emociones negativas si ven que sus padres no creen en ello.

Sin embargo, los padres premian el mal comportamiento por muchos motivos. Es posible que deseen un alivio inmediato del malestar que están sintiendo. Es posible que tengan miedo a ser considerados maltratadores si dejan que el niño sea infeliz. En la mayoría de los casos, los padres no entienden la rapidez con la que un cerebro joven mieliniza un comportamiento que es premiado.

En ocasiones, el problema se invierte: los padres se comportan mal y el niño los premia para aliviar el malestar. El niño aprende a hacer payasadas constantemente para protegerse del mal comportamiento de su padre. Es trágico, pero es natural.

Los niños no saben por qué repiten un comportamiento. No son conscientes de sus propias vías, al igual que los adultos. Por lo tanto, los adultos deben ser conscientes de los patrones de recompensa en lugar de esperar que los niños dejen de tener un comportamiento que ha sido premiado.

Debemos aceptar que el dominio social es una gran recompensa para crear una estructura de recompensas sana. Actualmente es tabú sugerir que un niño desea una posición de superioridad. Se supone que debemos dar por sentado que el niño tiene buenas razones para sus exigencias. A menudo, los adultos bienintencionados ceden ante los gestos de dominio del niño, lo cual entrena al cerebro joven para esperar deferencia por parte de los adultos. El niño crea una vía que espera que los demás se sometan a sus caprichos. Esa expectativa no le sirve a la larga, y cuando llegue la decepción, el niño no habrá aprendido a gestionar el cortisol. Ése es un ciclo negativo.

Yo misma lo he hecho. He permitido que un niño me domine para protegerme de su estallido. Eso no ayuda al niño a aprender a conseguir recompensas en el patio de recreo o más adelante en la vida. Sólo me ayuda a mí a evitar el cortisol de corto plazo. Puedo recitar justificaciones para esa elección que suenen muy virtuosas, así que debo saber que el cerebro verbal es una guía defectuosa para la realidad. Tengo que darme cuenta de que mi mamífero interior está buscando recompensas y que el mamífero interior del niño está haciendo lo mismo. Entonces puede diseñar una estructura de recompensas que beneficie al niño a largo plazo.

A la larga, la visión rousseauniana de los niños produce infelicidad. Rousseau decía que los niños son sabios, así que no deberíamos interferir y deberíamos dejar que la naturaleza siga su curso. En su tratado educativo contradice esta afirmación, pero lo que se popularizó fue su mensaje simplificado. Aprendí ese mensaje simplista en el colegio, pero la experiencia se la vida me enseñó que no es realista. Permitiendo que los niños de descontrolen no estamos contribuyendo a ningún bien mayor. Eso sólo le sirve al adulto que permite que eso ocurra. Los adultos se hacen felices a sí mismos imitando a un niño juguetón o dándole a un niño la libertad que a ellos les hubiese gustado tener. Los adultos quieren parecer unos padres geniales. Debemos aprender a ver estas recompensas desde la perspectiva del niño, en lugar de hacerlo desde la nuestra. Debemos tener una conciencia sincera de nuestras propias emociones para hacer lo que sea mejor para los niños.

Es difícil ver a un niño triste porque las neuronas espejo activan tu propia tristeza que estaba enterrada. Proyectamos nuestros propios sentimientos de dolor en los niños, hasta que aprendemos a ser conscientes de que lo estamos haciendo. Podemos entender nuestro propio sistema operativo emocional para dejar de hacer que los niños sean responsables de nuestra felicidad. Debemos asumir la responsabilidad de nuestra propia felicidad, para que ellos puedan hacerse responsables de la suya.

Los niños aprenden de nuestras acciones más que de nuestras palabras. Esto se ha sabido desde mucho antes de que apareciera la neurociencia moderna, pero es algo difícil de aceptar. Yo lo aprendí de una forma desagradable. Cuando empecé a cuestionar a Rousseau, encontré un ejemplar polvoriento y amarillento del libro *Dare to Discipline*. El libro incluía la historia de una niña de tres años que terminó en un hogar de acogida después de que su madre intentara ahogarla. Cuando llevaron a la pequeña a una habitación llena de juguetes, agarró una muñeca y la sumergió en una palangana llena de agua. La historia me conmovió y dudé de repetirla porque es tan perturbadora. Pero claramente muestra cómo la experiencia programa al cerebro joven sin que sea consciente de ello.

Éste es un ejemplo más edificante. Mi nieto pequeño veía a su padre preparar el café todos los días y cuando le dieron un taburete para que pudiera colocarse cerca de la acción, aprendió todos los movimientos. No sabía lo que era un café, pero imitaba el entusiasmo de su padre en cada paso. Cuando su padre le advirtió sobre el riesgo de quemarse, él adoptó una actitud seria hacia esa actividad, a pesar de no saber lo que significaba «quemarse».

Muchos de nosotros hemos visto a un bebé con un teléfono móvil en las manos. Ellos pueden imitar los gestos a la perfección antes de saber lo que esos gestos significan. Aunque todavía no entienden cuáles son las recompensas de utilizar un teléfono, saben que es gratificante para ti. Y quieren el mando a distancia de la tele porque ven que tú lo quieres.

La neuroplasticidad de la infancia ejerce mucha presión sobre los padres. La búsqueda de personas perfectas ha producido una búsqueda de clases de crianza perfecta.

CLASES PARA UNA CRIANZA PERFECTA

El problema de las clases de crianza de los niños es que cada padre interpreta el mensaje con las vías que tiene. Cada cerebro oirá la información que confirme la visión que ya tiene. Un padre o una madre que ayudan demasiado a sus hijos, probablemente oirán la validación de eso, mientras que la misma lección puede reforzar a unos padres que no les ayudan lo suficiente. La persona que diseña el curso introduce sus propias vías a la mezcla, al igual que el instructor. Todo el mundo puede creer que La Ciencia confirma su punto de vista. Y La Ciencia normalmente los científicos tienen poca experiencia directa con los niños. Es posible que la clase de crianza perfecta no exista.

Los padres quieren dar a sus hijos lo que a ellos les faltó, porque nuestro cerebro se concentra en las necesidades no satisfechas. En el pasado, muchos padres padecieron hambre en su niñez y, por lo tanto, trabajaron mucho para que sus hijos tuvieran suficiente comida. Muchos padres crecieron con inestabilidad, de modo que se esforzaron por proporcionarles una estabilidad. Si los padres sintieron que no tuvieron el estatus que hubieran deseado, se esforzarán por brindárselo a sus hijos. El problema es que los niños se concentran en sus propias necesidades no satisfechas. Si tienen suficiente comida, estabilidad y estatus, eso no los hace felices. Quieren cosas nuevas y mejores. Desean el dominio social, pero tú no puedes dárselo, de modo que no puedes hacerlos felices. Sólo puedes ayudarles a desarrollar las habilidades para hacerse felices a sí mismos.

Es natural quieras darle a tu hijo aquello que te falta. Queremos darles un flujo constante de sustancias químicas de la felicidad porque nos falta eso. Queremos que el cortisol de los niños disminuya porque queremos que disminuya el nuestro. Pero ningún cerebro produce una felicidad constante y todo cerebro necesita cortisol para evitar daños. Tenemos que ser realistas respecto a nuestro cerebro para que nuestros hijos puedan ser realistas respecto a los suyos.

Los niños nacen para gritar. Todos tenemos el desafío de controlar ese impulso natural. Cuando tengas ganas de gritar, recuerda que los niños te están mirando. Si te das permiso para explotar, ellos harán lo mismo. Si justificas tu explosión con teorías sofisticadas, ellos te hablarán de esas mismas teorías.

Si celebras los pequeños pasos que das hacia una meta, enseñarás a los jóvenes a hacer lo mismo.

Una buena clase de crianza de los hijos puede ayudar a las personas a entender mejor cómo funciona nuestro cerebro. Puede hacer que tengamos expectativas realistas sobre la felicidad. Puede ayudarnos a gestionar nuestra infelicidad, de manera que nuestros hijos aprenderán a gestionar la suya. Puede hacer que dejemos de creer que una sociedad perfecta nos hará felices y puede enseñarnos a creer en nosotros mismos.

EL ADIESTRAMIENTO DEL MAMÍFERO INTERIOR

Cuando descubres la dicha de la agencia personal, es posible que quieras «dársela» a los demás. Pero la agencia personal no se puede dar. Debe construirse desde el interior. Lo que sí puedes hacer es exhibirla, explicar los hechos y elegir las conductas que vas a recompensar. Puedes hacer esto en tu vida diaria, dondequiera que estés.

No premies a la persona que dice, «Ése no soy yo, es mi dopamina», porque no ha entendido el concepto.

No premies a la persona que culpa a las corporaciones por los altibajos de su dopamina.

Guarda tus premios para el momento en el que la persona dé un pequeño paso hacia una recompensa saludable.

No puedes ayudar a los demás hasta que te ayudas a ti mismo. No puedes enseñar la agencia personal hasta que la has aprendido. Probablemente, has dado grandes pasos hacia tu agencia personal mientras has ido leyendo este libro. Has dejado de esperar que la felicidad te la proporcione el hecho de rescatar a otros, o por encontrar fallos en los demás, o por sentirte superior a ellos. Estás encontrando maneras sanas de darle a tu mamífero interior lo que necesita para liberar las sustancias químicas de la felicidad.

The Inner Mammal Institute tiene muchísimos recursos gratuitos que explican el poder que tenemos sobre las sustancias químicas cerebrales de la felicidad. Tiene vídeos, pódcasts, cursos *online,* infografías, blogs y un programa de inicio gratuito de cinco días de duración sobre las sustancias químicas de la felicidad. Además, hay ocho libros que pueden ayudar a cualquier persona a crear nuevos senderos hacia sus sustancias químicas de la felicidad, paso a paso. Los libros están traducidos a dieciséis idiomas.

Las teorías que dicen que no somos responsables de los pasos que damos no benefician a nadie. Quizás te sientas presionado a aceptar esas teorías, ya que están incorporadas en la estructura de recompensa que nos rodea. Pero en la privacidad de tu mente, siempre sabrás que cada ser humano tiene poder sobre su cerebro.

EPÍLOGO

Después de pasar todo el día escribiendo, necesito algún entretenimiento, y mientras escribía este libro leí o vi vídeos de veinte biografías de la mafia. Sé que es un pasatiempo inusual, pero quiero entender mi herencia cultural. En mi niñez, nadie hablaba del pasado, pero en las biografías de la mafia se habla mucho de la historia siciliana. No creas que estoy aplaudiendo a los criminales; simplemente estoy tratando de entender cómo escapó mi familia de esa mentalidad malsana.

Mi interés en la mafia se despertó accidentalmente hace mucho tiempo, cuando un episodio de la serie de televisión *Biography* comenzó con una vista panorámica de la zona de Sicilia donde se nació mi abuelo y luego la pantalla mostró la zona de Brooklyn donde había vivido. De repente, me di cuenta de que la mafia era real, a pesar de que creí pensando que no existía.

Empecé a leer historias académicas sobre la mafia y también vi algunas películas. La película *Uno de los nuestros* (*Goodfellas*) llamó mi atención porque se iniciaba en el barrio en el que nací, y cuando el protagonista se muda a los suburbios, resultó ser que era mi suburbio. La cuna de la civilización de la mafia parecía ser la misma que mi cuna de la civilización.

Este año, mi interés en la mafia ha sido reavivado por una serie que trata sobre cómo se filmó la película *El Padrino*. La historia fue algo personal para mí, porque explicaba un acontecimiento crucial en mi adolescencia. Nuestra casa quedaba a poca distancia de Manhattan en tren, pero mis padres me prohibían ir ahí. Mis compañeros de clase acomodados decían que iban todos los fines de semana para ver museos e ir al cine, pero mis padres estaban convencidos de que, si iba, me asesinarían. Yo siempre me burlaba de su temor, hasta que vi una serie llamada *The Offer*. Ahí aparecían cadáveres de sicilianos esparcidos por la ciudad en la época en la que yo quería ir ahí. De repente, el miedo de mis padres cobró sentido.

En mi primer libro *I, Mammal* explico los paralelismos entre un grupo de babuinos y una banda de la mafia. Desde entonces, he estado tratando de entender cómo puede uno escapar de una cultura de violencia. Mi abuelo intentó escapar emigrando, pero muchos de sus compatriotas trajeron consigo una mentalidad criminal. La cultura de hoy en día tiende a glorificar a los criminales y a condenar a la policía, pero si hubieras vivido en un barrio con un alto nivel de criminalidad, serías más realista. Verías el terrible precio que pagan las personas por sus alianzas sociales con criminales.

Las mafias extorsionan a todos los comerciantes, y los negocios que más dinero ganan deben pagar más. Ellos lo llaman «dinero por protección», pero en realidad te están protegiendo mayormente de ellos mismos.

La riqueza generada por el crimen organizado es suficiente para corromper a las instituciones públicas. Los Gobiernos van y vienen, pero la corrupción permanece porque los criminales crean recompensas y amenazas a las que es difícil resistirse.

Es difícil luchar contra el crimen organizado porque las víctimas y los testigos no se atreven a denunciar. Todo el mundo sabe que un criminal puede hacerte daño y hacerle daño a tu familia con impunidad. Todo el mundo es lastimado por el resultante clima de miedo y falta de respeto a la ley. Y, sin embargo, las mafias consiguen el apoyo del público e incluso su admiración mediante un uso inteligente de recompensas y amenaza. Su riqueza visible hace que las recompensas sean atractivas y su violencia visible hace que las amenazas resulten aterradoras.

Los mafiosos se presentan como los chicos buenos que te protegen de «los verdaderos malos», quienesquiera que puedan ser. Cuando los criminales son tratados como héroes, los jóvenes reciben un mensaje negativo.

En *Uno de los nuestros,* la madre de un miembro de la banda está emocionada de poder cocinar algo para los muchachos después de una violenta noche de trabajo. Ya sé que sólo es una película, pero me recuerda lo que la gente es capaz de hacer por la aceptación social.

Cuando mi abuelo salió de Sicilia en 1910, la mayoría de la gente en su pueblo era analfabeta, y no tenían agua corriente o inodoros con cisterna. Muchos vivían en chozas de piedra con suelos de tierra, y en las noches hacían entrar a los animales para tener calor y protegerlos de los cazadores furtivos. Cuando mi abuelo se mudó a Brooklyn, solía haber un inodoro para todo un edificio, y tener un grifo de agua fría en tu apartamento era un lujo. Pocas personas en el planeta tenían electricidad antes de 1920, pero cuando yo nací tres décadas más tarde, las infraestructuras modernas eran tan comunes que olvidaron por completo la vida que habían tenido antes.

En la actualidad disfrutamos de las infraestructuras porque nuestros antepasados hicieron grandes inversiones. En lugar de celebrar sus esfuerzos, a menudo somos animados a condenar cualquier cosa que existió antes de nosotros e incluso a destruirla. Me niego a seguir a la manada en esa dirección.

Estudiar a la mafia me recuerda que no debo confiar en lo que dice mi cerebro verbal. No dejo que las conversaciones sofisticadas me distraigan de los hechos evidentes. No permito que la popularidad política me distraiga de la biología evidente. Es popular decir que nacemos buenos y que «nuestra sociedad» nos hace malos, pero puedo ver que los mamíferos en todas partes son egoístas y que deben aprender el autocontrol.

Estudiar a la mafia me ayudó a observar el aspecto mafioso de la vida diaria. Por ejemplo, cuando era profesora en la universidad, observé que muchos estudiantes hacían pocos trabajos de las asignaturas y varios profesores les ponían buenas notas de todos modos. Me pareció que eso se asemejaba al crimen organizado, pues es una forma organizada de robarle al público mientras te presentas como «el bueno». Vi el mismo tipo de comportamiento mafioso cuando trabajé en el mundo de la asistencia internacional. No quería formar parte de ningún robo organizado después de mis padres hubieran trabajado tan duro para escapar de esa vida.

El comportamiento mafioso probablemente no cesará en este mundo lleno de mamíferos. Probablemente la gente seguirá encontrando formas deshonestas de quitar recursos a los demás. Las personas probablemente encontrarán nuevas formas de presentarse como «los buenos» que te protegen de «los malos», y generarán suficiente riqueza como para comprar apoyos y corromper el Estado de derecho. La riqueza incluso puede comprar «estudios» que «demuestran» que La Ciencia está de su lado.

Quizás te estés preguntando con qué biografías de la mafia me entretuve, de manera que nombraré algunas de las más destacadas. Mi libro favorito fue *Mob Lawyer,* que muestra cómo un abogado siciliano-estadounidense se dejó seducir por la vida fácil y vivió para lamentarlo. También leí el clásico de este género titulado *Honor Thy Father,* y escuché la respuesta: *A Man of Honor.* Vi muchos documentales sobre los jueces italianos antimafia, Falcone y Borsellino. Escuché el audiolibro *I Hear You Paint Houses* y *El irlandés,* una película que estaba basada en él. Disfruté de *Suburra,* la serie de Netflix sobre la mafia contemporánea de Roma. Y por último vi la película *Donnie Brasco* y, como mero entretenimiento, disfruté de *Montalbano,* la serie siciliana de detectives. En todos los casos, pude encontrar vídeos *online* de los participantes en la vida real, lo cual fue bastante emocionante.

ÍNDICE

Abrahamson, D., & Bakker, A. (2016). Making sense of movement in embodied design for mathematics learning. In N. Newcombe & S. Weisberg (Eds.), Embodied cognition and STEM learning. *Cognitive Research: Principles and Implications, 1*(1), 1–13. https://doi.org/10.1186/s41235-016-0034-3

Abrahamson, D., Tancredi, S., Chen, R. S. Y., Flood, V. J., & Dutton, E. (2023). Embodied design of digital resources for mathematics education: Theory, methodology, and framework of a pedagogical research program. In B. Pepin, G. Gueude, & J. Choppin (Eds.), *Handbook of digital resources in mathematics education* (pp. 217–250). Springer. https://doi.org/10.1007/978-3-030-95060-6_8-1

Abrahamson, D., Trninic, D., Gutiérrez, J. F., Huth, J., & Lee, R. G. (2011). Hooks and shifts: A dialectical study of mediated discovery. *Technology, Knowledge, and Learning, 16*(1), 55–85. https://doi.org/10.1007/s10758-011-9177-y

Abrahamson, D., & Wilensky, U. (2005, June). *Piaget? Vygotsky? I'm game! Agent-based modeling for psychology research.* Paper presented at the Jean Piaget Society, Vancouver, Canada. https://www.netlogoweb.org/launch#https://www.netlogoweb.org/assets/modelslib/Sample%20Models/Psychology/Piaget-Vygotsky%20Game.nlogo

Abrahamson, D., Worsley, M., Pardos, Z. A., & Ou, L. (Eds.). (2022). Learning analytics of embodied design: Enhancing synergy. *International Journal of Child-Computer Interaction, 32*, 100409. https://doi.org/10.1016/j.ijcci.2021.100409

Allen, M., & Friston, K. J. (2018). From cognitivism to autopoiesis: Towards a computational framework for the embodied mind. *Synthese, 195*(6), 2459–2482. https://doi.org/10.1007/s11229-016-1288-5

Balasubramanian, S., Melendez-Calderon, A., Roby-Brami, A., & Burdet, E. (2015). On the analysis of movement smoothness. *Journal of NeuroEngineering and Rehabilitation, 12*(1), 112. https://doi.org/10.1186/s12984-015-0090-9

Bamberger, J. (1999). Action knowledge and symbolic knowledge: The computer as mediator. In D. Schön, B. Sanyal, & W. Mitchell (Eds.), *High technology and low-income communities* (pp. 235–262). MIT Press.

Clark, A., & Chalmers, D. J. (1998). The extended mind. *Analysis, 58*(1), 7–19.

Collins, A., & Ferguson, W. (1993). Epistemic forms and epistemic games: Structures and strategies to guide inquiry. *Educational Psychologist, 28*(1), 25–42. https://doi.org/10.1207/s15326985ep2801_3

diSessa, A. A. (2018). Computational literacy and "the big picture" concerning computers in mathematics education. *Mathematical Thinking and Learning, 20*(1), 3–31. https://doi.org/10.1080/10986065.2018.1403544

Donald, M. (2010). The exographic revolution: Neuropsychological sequelae. In L. Malafouris & C. Renfrew (Eds.), *The cognitive life of things: Recasting the boundaries of the mind* (pp. 71–79). McDonald Institute Monographs.

Dreyfus, H. L. (2002). Intelligence without representation: Merleau-Ponty's critique of mental representation. *Phenomenology and the Cognitive Sciences, 1*(4), 367–383. https://doi.org/10.1023/A:1021351606209

Farrera, A., & Ramos-Fernández, G. (2022). Collective rhythm as an emergent property during human social coordination. *Frontiers in Psychology, 12.* https://doi.org/10.3389/fpsyg.2021.772262

Gigerenzer, G., & Brighton, H. (2009). Homo heuristicus: Why biased minds make better inferences. *Topics in Cognitive Science, 1*(1), 107–144. https://doi.org/10.1111/j.1756-8765.2008.01006.x

Goodwin, C. (1994). Professional vision. *American Anthropologist, 96*(3), 603–633. https://doi.org/10.1525/aa.1994.96.3.02a00100

Heidegger, M. (1962). *Being and time* (J. Macquarrie & E. Robinson, Trans.). Harper & Row. (Original work published 1927)

Heider, F., & Simmel, M. (1944). An experimental study in apparent behavior. *American Journal of Psychology, 57,* 243–259. https://doi.org/10.2307/1416950

Horsey, R. (2002). The art of chicken sexing. *UCL Working Papers in Linguistics, 14,* 107–117.

Hutto, D. D., Kirchhoff, M. D., & Abrahamson, D. (2015). The enactive roots of STEM: Rethinking educational design in mathematics. In P. Chandler & A. Tricot (Eds.), Human movement, physical and mental health, and learning. *Educational Psychology Review, 27*(3), 371–389. https://doi.org/10.1007/s10648-015-9326-2

Järvelä, S., Nguyen, A., & Hadwin, A. (2023). Human and artificial intelligence collaboration for socially shared regulation in learning. *British Journal of Educational Technology, 54*(5), 1057–1076. https://doi.org/10.1111/bjet.13325

Kirsh, D. (2010). Thinking with external representations. *AI & Society, 25,* 441–454. https://doi.org/10.1007/s00146-010-0272-8

Koschmann, T., Kuuti, K., & Hickman, L. (1998). The concept of breakdown in Heidegger, Leont'ev, and Dewey and its implications for education. *Mind, Culture, and Activity, 5*(1), 25–41. https://doi.org/10.1207/s15327884mca0501_3

Kugler, P. N., & Turvey, M. T. (1987). *Information, natural law and the self-assembly of rhythmic movement.* Erlbaum.

Lehr, S. A., Caliskan, A., Liyanage, S., & Banaji, M. R. (2024). ChatGPT as research scientist: Probing GPT's capabilities as a research librarian, research ethicist, data generator, and data predictor. *Proceedings of the National Academy of Sciences, 121*(35), e2404328121. https://doi.org/doi:10.1073/pnas.2404328121

Marwan, N., Romano, M. C., Thiel, M., & Kurths, J. (2007). Recurrence plots for the analysis of complex systems. *Physics Reports, 438*, 237–239. https://doi.org/10.1016/J.PHYSREP.2006.11.001

Menary, R., & Gillett, A. (2022). The tools of enculturation. In W. D. Gray, F. Osiurak, & R. Heersmink (Eds.), Tasks, tools and techniques. *Topics in Cognitive Science, 14*, 363–387. https://doi.org/10.1111/tops.12604

Mikolov, T., Sutskever, I., Chen, K., Corrado, G. S., & Dean, J. (2013). Distributed representations of words and phrases and their compositionality. *Advances in Neural Information Processing Systems, 26*, 1–9. https://doi.org/10.48550/arXiv.1310.4546

Mondada, L. (2014). The local constitution of multimodal resources for social interaction. *Journal of Pragmatics, 65*, 137–156. https://doi.org/10.1016/j.pragma.2014.04.004

Norman, D. A. (1991). Cognitive artifacts. In J. M. Carroll (Ed.), *Designing interaction: Psychology at the human-computer interface* (pp. 17–38). Cambridge University Press.

Overmann, K. A. (2023). *The materiality of numbers: Emergence and elaboration from prehistory to present.* Cambridge University Press.

Pardos, Z. A., Rosenbaum, L. F., & Abrahamson, D. (2021). Characterizing learner behavior from touchscreen data. *International Journal of Child-Computer Interaction, 31*, 100357. https://doi.org/10.1016/j.ijcci.2021.100357

Papert, S. (1980). *Mindstorms: Children, computers, and powerful ideas.* Basic Books.

Polanyi, M. (1958). *Personal knowledge: Towards a post-critical philosophy.* University of Chicago Press.

Potega vel Żabik, K., Abrahamson, D., & Iłowiecka-Tańska, I. (2024). It takes two to OЯTHO: A tabletop action-based embodied design for the Cartesian system. *Digital Experiences in Mathematics Education, 10*(2), 189–201. https://doi.org/10.1007/s40751-024-00139-8

Proksch, S., Reeves, M., Gee, K., Transtrum, M., Kello, C., & Balasubramaniam, R. (2023). Recurrence quantification analysis of crowd sound dynamics. *Cognitive Science, 47*(10), e13363. https://doi.org/10.1111/cogs.13363

Radford, L. (2013). Three key concepts of the theory of objectification: Knowledge, knowing, and learning. *REDIMAT—Journal of Research in Mathematics Education, 2*(1), 7–44.

Rosenbaum, L. F., Kaur, J., & Abrahamson, D. (2020). Shaping perception: Designing for participatory facilitation of collaborative geometry. *Digital Experiences in Mathematics Education, 6*(2), 213–232. https://doi.org/10.1007/s40751-020-00068-2

Ryle, G. (1945). Knowing how and knowing that: The presidential address. *Proceedings of the Aristotelian Society, 46*, 1–16. https://doi.org/10.1093/aristotelian/46.1.1

Schwartz, J. L. (2007). Models, simulations, and exploratory environments: A tentative taxonomy. In R. A. Lesh, E. Hamilton, & J. J. Kaput (Eds.), *Foundations for the future in mathematics education* (pp. 161–172). Lawrence Erlbaum Associates.

Sfard, A. (2002). The interplay of intimations and implementations: Generating new discourse with new symbolic tools. *Journal of the Learning Sciences, 11*(2&3), 319–357. https://doi.org/10.1080/10508406.2002.9672142

Sinclair, N. (2024). Knowing as remembering: Methodological experiments in embodied experiences of number. *Digital Experiences in Mathematics Education, 10*(1), 29–46. https://doi.org/10.1007/s40751-023-00132-7

Tenenbaum, J., Griffiths, T., & Kemp, C. (2006). Theory-based Bayesian models of inductive learning and reasoning. *Trends in Cognitive Sciences, 10*(7), 309–318. https://doi.org/10.1016/j.tics.2006.05.009

Vesper, C., Abramova, E., Bütepage, J., Ciardo, F., Crossey, B., Effenberg, A., Hristova, D., Karlinsky, A., McEllin, L., Nijssen, S. R. R., Schmitz, L., & Wahn, B. (2017). Joint action: Mental representations, shared information and general mechanisms for coordinating with others. *Frontiers in Psychology, 7*, 2039. https://doi.org/10.3389/fpsyg.2016.02039

Wilensky, U. (1999). NetLogo. Center for Connected Learning and Computer-Based Modeling, Northwestern University, Evanston. http://ccl.northwestern.edu/netlogo

Wilensky, U., & Papert, S. (2010). Restructurations: Reformulations of knowledge disciplines through new representational forms. *Constructionism, 17*, 1–15. https://ccl.northwestern.edu/2010/wilensky_restructurations_Constructionism%202010-latest.pdf

Wolfram, S. (2002). *A new kind of science*. Wolfram Media, Inc.

V Embodied Intelligence-Unifying Principles

Part V focuses on some of the unifying principles of embodied intelligence (EI). This section discusses the transition toward embodied artificial intelligence (EAI), where intelligence is seen to arise from the physical system, its materials, and its design, rather than being solely dependent on algorithms. This shift is presented as a promising avenue to address the limitations of traditional AI, particularly in handling novel tasks and effectively utilizing interactions with the environment. Furthermore, a commentary on "diverse intelligences" broadens the perspective beyond human-centered views, suggesting that intelligence is not confined to human-like minds but can manifest in various embodied forms. It is argued that concepts such as "life," "machine," "mind," "sentience," and "robot" are more accurately understood as relationships between systems rather than fixed categories, with significant implications for the practical application and ethical considerations of the resulting interactions. This part concludes with the current trajectory and future directions within the field, while drawing on ideas discussed in the volume's beginning. These ideas include the similarities between human embodied cognition (HEC) and EAI, advocating for a reevaluation of EI that encompasses embodiment across living, hybrid, and artificial entities, moving beyond purely mind-centric perspectives.

Common Themes

Challenges remain in the implementation for EI and include the need to consider the algorithmic capabilities and the physical "embodiment" of the system. Specifically, such challenges include (chapter 17):

1. **The role of representation:** Are representations always embodied, or can they also originate from internal processes (Clark, 2013, 2015; chapter 3)?

What is the nature of EAI? Is it really "strong" embodiment (chapter 8)? One potential solution could be an architecture or configuration of neuronal pathways under a (Markovian) generative model (for discrete state spaces) that can realize both representational and nonrepresentational (dynamicist) processes (chapter 3).

2. **Concepts and conceptualization:** Large language models (LLMs) are based on a particular type of neural network that implements a statistical predictive procedure using a mechanism originally designed to improve the performance of automatic translators and that does not seem to represent the concept of meaning. For example, connections in the network might not be between actual concepts, but only between concept *labels*. Strong AI would require the creation and manipulation of concepts, not concept labels (chapter 7).
3. **Emotions and agency:** The ability to regulate body dynamics is paramount, with the form and structure designed to encourage the emergence of complex behaviors and properties. Replicating the full complexity of human emotions in AI remains a challenge. It is far more controversial and still might be regarded as a mistake in the mainstream of AI research to attribute genuine agency, awareness, or consciousness to such systems (Seth, 2025). This might be because the dominant generative AI systems operate in a "feedforward" way, conditioning their responses on user input but lacking intrinsic goals (chapter 5).
4. **Artificial neural network (ANN) potential:** ANNs still lag behind biological neural networks in complexity, adaptability, and emergent properties like consciousness and creativity (Adadi & Berrada, 2018). Research is striving to bridge this gap through innovations like neuromorphic computing (Mead, 1989), brain-computer interfaces (Nicolelis, 2001), biologically inspired AI design (Hassabis et al., 2017), and explainable AI (Adadi & Berrada, 2018; Saeed & Omlin, 2023). Neuromorphic computing, utilizing spiking neural networks, might offer a promising solution by replicating the brain's biological functions. However, accuracy, adaptability, efficiency, reliability, and security challenges persist (chapter 16).

Improvements for EAI can include biological hybrids. Xenobots are "robots" (Blackiston et al., 2021) that can be formed from living cells, with some ability for these "bots" to contribute to the creation of others. This is accompanied by an increase in the development of biohybrid systems, intersecting the key advances of biological and artificial systems (chapter 16). "Living robots"—including those with self-replicating systems, self-healing, or self-sensing—would represent a truly embodied approach to the design and creation of intelligence systems (Terryn et al., 2021).

New trends include the use of soft robotics as a tool to understand intelligence, which is a growing field. This is seen in the use of soft wearable devices for people undergoing MRI studies (Kikkert et al., 2021; chapter 16).

Conclusion

Ultimately, pursuing an expanded, transdisciplinary EI view envisions a future of diverse, interacting intelligences, requiring continued commitment to a shared knowledge base. This volume is a vital initial step toward a unified comprehension of embodiment's fundamental role in intelligence.

References

Adadi, A., & Berrada, M. (2018). Peeking inside the black-box: a survey on explainable artificial intelligence (XAI). *IEEE Access, 6*, 52138–52160. https://doi.org/10.1109/ACCESS.2018.2870052

Blackiston, D., Lederer, E., Kriegman, S., Garnier, S., Bongard, J., & Levin, M. (2021). A cellular platform for the development of synthetic living machines. *Science Robotics, 6*(52), eabf1571. https://doi.org/10.1126/scirobotics.abf1571

Clark, A. (2013). Whatever next? Predictive brains, situated agents, and the future of cognitive science. *Behavioral and Brain Sciences, 36*(3), 181–204. https://doi:10.1017/S0140525X12000477

Clark, A. (2015). *Surfing uncertainty: Prediction, action, and the embodied mind.* Oxford University Press.

Hassabis, D., Kumaran, D., Summerfield, C., & Botvinick, M. (2017). Neuroscience-inspired artificial intelligence. *Neuron, 95*(2), 245–258. http://dx.doi.org/10.1016/j.neuron.2017.06.011

Kikkert, S., Sonar, H. A., Freund, P., Paik, J., & Wenderoth, N. (2021). Hand and face somatotopy shown using MRI-safe vibrotactile stimulation with a novel soft pneumatic actuator (SPA)-skin interface. *bioRxiv*. https://doi.org/10.1101/2021.04.14.439873

Mead, C. (1989). Analog VLSI and neutral systems. *NASA STI/Recon Technical Report A, 90*, 16574.

Nicolelis, M. A. (2001). Actions from thoughts. *Nature, 409*(6818), 403–407. https://doi.org/10.1038/35053191

Saeed, W., & Omlin, C. (2023). Explainable AI (XAI): A systematic meta-survey of current challenges and future opportunities. *Knowledge-Based Systems, 263*, 110273.

Seth, A. K. (2025). Conscious artificial intelligence and biological naturalism. *Behavioral and Brain Sciences*, 1–42. https://doi.org/10.1017/S0140525X25000032

Terryn, S., Langenbach, J., Roels, E., Brancart, J., Bakkali-Hassani, C., Poutrel, Q.-A., Georgopoulou, A., Thuruthel, T. G., Safaei, A., Ferrentino, P., Sebastian, T., Norvez, S., Iida, F., Bosman, A.W., Tournilhac, F., Clemens, F., Van Assche, G., & Vanderborght, B. (2021). A review on self-healing polymers for soft robotics. *Materials Today, 47*, 187–205. https://doi.org/10.1016/j.mattod.2021.01.009

16 Embodied Artificial Intelligence: Enabling the Next Intelligence Revolution

Josie Hughes, Arsen Abdulali, Ryman Hashem, and Fumiya Iida

Introduction

The concept of computation and intelligence has historically seen significant evolution, which continues to this day (Lungarella et al., 2007; Martínez-Plumed, et al., 2018). It is shaped by our social awareness, needs, and challenges and developments in both our understanding of intelligence, its origins, and technologies that show intelligent behaviors or interactions. At a time when we need solutions to global health, climate, and societal challenges, there is a pressing need to advance the capabilities of intelligent embodied systems and to understanding how embodied systems can be used in understandable, fair, and ethical ways (Shabbir & Tarrique, 2018).

The development of artificial intelligence (AI) technologies has been highly successful in developing general-purpose computing machines that can execute tasks with speed and scalability. AI is also increasingly being leveraged for widespread applications in the physical world, where it has significant potential. However, compared to biological systems, AI-based machines still struggle to complete unknown or previously unseen tasks and to exploit their interactions with the environment. For example, AI-based machines are still unable to autonomously recover from failures, whereas animals can quickly and robustly find alternative solutions by exploiting their physicality. Most of the challenges of developing or fully utilizing the strengths of AI are related to the need to consider the algorithmic capabilities and also the physical "embodiment" of the system. This has led to the emergence of the concept of embodied intelligence (EI), where the physical system, materials, and design offer some form of robustness or "physical intelligence" (Floreano et al., 2004; Jin & Zhang, 2020). Pioneers in this field have investigated how embodied interactions are used in nature to develop "physical controllers" and cognitive processes and how machines can perform computation through "raw materials" (Laschi & Cianchetti, 2014).

The emergence of EI has led to the development of smart and soft materials where passivity can be exploited to achieve highly complex interactions or walking motion can be programmed, physically removing the need for complex controllers. New fabrication methods such as multimaterial 3D printing or microfabrication have enabled significant acceleration of EI research through the development of unconventional structures, materials, and systems (Wehner et al., 2016). These approaches also introduce new challenges as it becomes increasingly complex to model and understand interactions due to the scale, complexity, or soft nature of the machines. Although EI offers many exciting capabilities, to truly push the boundaries of conventional AI, we must understand how to design the EI of a body in conjunction with the algorithmic intelligence of the "brain" (Howison et al., 2020) and how to understand and leverage the capabilities to better understand or interact with the surrounding environment.

In the AI age, it is essential to distinguish between an AI machine's embodiment as a passive form of physical instantiation and an AI that actively leverages or exploits its embodiment (Roy et al., 2021). One way to frame this distinction is by considering both the "strength of embodiment" and the extent to which an agent exhibits awareness of, engages with, and exploits its environment. While any robot may be viewed as an embodiment of AI, this embodiment and environmental coupling are typically *weak*. However, AI agents that leverage their environment through morphology, materials, sensorimotor coordination, and other integrative factors achieve *strong* embodiment. This strong embodiment enables robustness and generalization in behavior, giving these agents capabilities that may exceed or complement what AI could achieve without such environmental integration.

The landscape of the EI community is hugely interdisciplinary and ever growing. This leads to significant diversity in the technologies developed to exploit EI and the frameworks, perspectives, and methodologies created to explain and develop EI. In this chapter we review some of the current trends in EI research before commenting on future challenges and opportunities.

Current Trends

Bioinspiration and Soft Robotics

Nature and biological systems show highly complex and nuanced interactions with the environment through imaginative and intelligent ways; this is made possible through their physical structure and EI (Cianchetti et al., 2012). Analyzing biology allows us to develop artificial agents that have similar capabilities (Mazzolai & Laschi, 2020) and to understand how EI arises in these beings through "robo-physics." There is increasing awareness and acceptance that plants offer and demonstrate many aspects of EI that can provide many insights into EI (Mazzolai et al., 2022). Furthermore, their "brainless" structure still enables computation and intelligence, challenging views and perspective of standard concepts and ideas of intelligence.

Soft robotics is closely tied to bioinspiration, with many animals exploiting soft body interactions (Kim et al., 2013). However, soft robotics also allows for the development of technologies that are not purely bioinspired. Exciting developments have been shown in manipulation, locomotion, and application-orientated capabilities such as manipulation of food items. However, there are still unresolved changes in the scalability of sensing, actuation, and control in comparison to biological systems (Hawkes et al., 2021).

Material Level Intelligence

Materials are the fundamental substrate for emergent physical intelligence and the direct interface between an agent and the environment and thus play a key role in embodied artificial intelligence (EAI). Creating bioinspired materials and structures that are nonhomogeneous enables multifunctionality within the structure. Multimaterial fabrication has been a key enabling technology for soft robotics. At the material and structural level there have already been advancements in self-repairing and self-healing materials (Roels et al., 2022), methods of achieving structural growth, adaptive sensor technologies (Pang et al., 2022), and other embodied features. Closer work between robotics and materials scientists is essential for creating adaptive, responsive, and programmable response at the material level.

Artificial Life and Biohybrid Systems

Developing artificial life, or "living creatures" opposed to human-made materials, structures, and fabrication would be a truly embodied approach to the design and creation of intelligence systems. This could enable a move toward systems that are "self-X," with capabilities in self-replication, self-healing, or self-sensing, for example (Terryn et al., 2021). Key developments with works such as the Xenobots (Blackiston et al., 2021), have shown how "robots" can be formed from living cells, with some ability for these "bots" to contribute to the creation of others. This is accompanied by an increase in the development of biohybrid systems, intersecting the key advances of biological and artificial systems. Although facing many technical hurdles, the integration of living muscle cells into robotic systems has been shown. In terms of EI, this allows exploration of the balance and distribution of brain and body but also between different types of brain and body, combining analog and digital computation.

Neuroscience and Cognition

The complexity of the behaviors and functions of human brains is incredible, with billions of neurons, trillions of synapses operating with the human cerebral cortex, and the outer layer of the brain, which is associated with our highest mental capabilities (Meteyard et al., 2012). To be able to design and develop artificial systems with comparable capabilities, we must better understand the behaviors and function of the brain. Analysis and exploration of human developmental behavior and cognition provide a means of understanding the importance and contribution of embodiment, emergence, and continuous autonomous development (Kuniyoshi, 2019). Exploring the concept of embodiment through the lens of neuroscience provides the key concept that EI provides the body with a means of dealing with open-ended and even unexpected interactions, as EI does not depend on specific inputs/outputs as in supervised learning, which is the core of modern deep learning. Furthermore, EI has been shown to have a role in "shaping the way we think" (Pfeifer & Bongard, 2006), with cognition and learning inherently tied to the body. This is a complex and multifaceted research area but is central to furthering our understanding of EI and human intelligence.

Understanding Intelligence and Philosophy

The term "higher level" intelligence is used to designate behavior that is purely sensorimotor, such as problem-solving and reasoning, or even natural language, emotion, and consciousness. However, there is an intersection between the physical experience, its translation to memory, and the long-term implication in terms of this higher level of intelligent behavior (Manzotti, 2019). Links between physical interaction, sensorimotor control, and memory are advancing through the creation of models that explain these capabilities (Heald et al., 2021). Likewise, the definition and requirements for consciousness are being explored in a number of disciplines, leading to diverse views and approaches.

Application and Deployment

As technologies that exhibit or exploit EI become more widespread and accessible, the ability to develop more application-oriented systems becomes increasingly possible. One area that has seen growth is manipulation. Soft Robotics, Inc., demonstrated the ability to exploit jamming and variable stiffness to provide a universal gripper solution that relies on environmental interactions (Amend et al., 2016). This has been followed by many soft or compliant solutions that exploit EI for robust and intelligence interactions.

Developments in haptic devices have provided technologies for embodied interactions between machines and humans and between humans (Giri et al., 2021). In addition to the application-enabled haptic devices, these offer a platform to understand human embodied interactions, sensorimotor coordination, learning, and more. This use of soft robotics as a tool to understand intelligence is also a growing field. This is seen in the use of soft wearable devices for people undergoing MRI studies (Kikkert et al., 2021). Thus, the development of technologies that demonstrate and enable embodied interactions has the potential to be used as tools to further our understanding of our response to embodied interactions.

Future Challenges and Opportunities

The Quest for a Unifying Concept

As engineers and scientists, we seek a definitive, quantitative approach to representing and defining EI in a tidy methodical manner. However, what does it mean to create a unifying theory or concept of EI? A number of approaches have been proposed, including physical EI (Sitti, 2021), physical modeling of intrinsic and extrinsic interactions (Laschi, 2022), energy levels, constraint-driven actions (Abele et al., 2019), and behavioral lensing

(Nanayakkara, 2022). While many of these show significant similarities, they highlight the range of approaches in terms of philosophy, level of abstraction, and level of fidelity. In 2010, Friston (2010) presented his work "The Free-Energy Principle: A Unified Brain Theory?", which presents perhaps the most universal approach, accounting for action, perception, and learning. This work identifies how optimization is a common theme throughout, where systems are perpetually seeking to optimize or minimize value (expected reward, expected utility) or its complement, surprise (prediction error, expected cost). This presents an exciting, unified direction from which to approach the concept of EI.

Design Creativity and Diversity

Biology and nature show a vast range of creative and diverse solutions and forms. One observable limitation in robotics is the lack of diversity and innovation in structure and form in comparison to nature. However, there is not a clear solution for how, as a research field, we can develop a wider variety of forms. As already discussed, bioinspired and biohybrid robots are one approach. Having a greater focus on plants could be beneficial, as they show a hugely diverse form factor and have been less closely imitated in robotic form. There is also the need to have a more diverse set of human engineers to form these robots, with different backgrounds and experiences on which to base designs. Finally, there is the potential to explore learning-based or large-scale, data-driven approaches to identify new design forms and structures.

Brain-Computer Interfaces

Social intelligence largely develops through communication, shaped and bounded by our physical capabilities to facilitate effective information exchange between agents. For example, human speech surpasses gestures in communicative efficiency, offering nearly double the bandwidth—thirty-nine bits per second versus twenty bits per second. Interestingly, however, the information transmission rate across various languages remains closely comparable, as shown in Coupe et al., 2019. This similarity raises questions about whether these constraints stem more from cognitive processing limits within the brain or from the physical capacities of the vocal apparatus. Regardless of the perspective, whether it's the Sapir-Whorf hypothesis asserting that language influences thought or Chomsky's universal grammar suggesting that cognitive structures precede language, there is a clear link between language and logic. This prompts further questions: If brain-computer interfaces allowed direct communication to the brain, how much faster could we process information? Could a computer serve as a lens or filter to simplify sensory input and reduce mental demand? The evolution of brain-computer interfaces could not only reveal the brain's processing limits but also enrich our understanding of the relation of embodied communication and cognition.

An important aspect of brain-computer interface development is the ability to connect with digital or virtual worlds, allowing users to experience interactions within alternative environments and physics. Space exploration has shown how adaptable human cognition and motor skills are in response to altered gravitational conditions. For instance, microgravity affects spatial orientation, proprioception (the body's awareness of itself in space), and motor control, requiring astronauts to recalibrate their perception and movement strategies. This adaptation demonstrates that our intelligence is highly responsive to environmental demands and the limitations or affordances of different physical settings. What can humans learn from experiencing alternative physics in virtual reality, and how will this affect the developmental process?

Connection with Conventional AI

Conventional AI and machine learning (ML) have huge potential to be leveraged in conjunction with EI. To best interface these systems, we must understand how to design or distribute intelligence and how to incorporate or understand the role of EI. In addition, it is important to identify why tasks are a challenge for standalone AI and why specific tasks would clearly benefit from EI. This will aid in demonstrating the role of EI alongside AI and improving the standing of EI within the scientific and industrial communities. Another consideration is the alignment of AI with human society. If we want AI systems to be more aligned with, and understood by human society, we naturally must consider the intersection and interplay between embodiment and EI more carefully.

Conventional AI, focused on sensory input, aims to deepen our understanding of the surrounding world. By integrating multiple sensory modalities—such as vision, touch, sound, and symbolic language representation—AI can uncover generalized patterns and develop an understanding that approaches human perception. However, a significant challenge remains in disentangling the respective contributions of body dynamics and environmental factors to this understanding. This issue is particularly pronounced in applications involving embodied agents, like robots. For these systems, an awareness of their own body dynamics can be crucial, not only for optimizing specific tasks but also for generalizing skills across diverse tasks. By leveraging insights from body-environment interactions, robots can achieve more adaptive, flexible behaviors, which is essential for performing complex actions in unpredictable settings. This, in turn, could help bridge the simulation-to-reality (Sim2Real) gap that arises in conventional robotic learning systems, where robots often fail to generalize between real and simulated environments.

Researcher Education and Awareness

EI requires an interdisciplinary viewpoint with broadened views on the origins of intelligence. This requires researchers that are equipped with theoretical understanding and practical skills that straddle a number of disciplines ranging from materials science to biology to computer science (Miriyev & Kovač, 2020). To address this, we must develop methods for training the future generation of researchers to build and sustain an active and growing EI discipline. A number of mechanisms have been used to explore this—for example, summer schools and consortia for the training of early-stage researchers. We must also consider the more fundamental aspects; for example; what common language or theories unite EI researchers to allow for interdisciplinary conversations, research, and progress?

Discussion

In the last ten years there have been significant technological developments that have shown biohybrid robots, plant-inspired systems, increasingly capable manipulators, swimming robots, growing robots, and much more. Technology developments have also driven our capabilities to understand and characterize EI through developmental robotics, haptic devices, and HRI. Going forward, we must further unite this research community to increase diversity, viewpoints, and areas of expertise to address the key research questions in this area.

We require both developments in application-oriented solutions and further exploration of the fundamental understanding and definitions of EI and physical cognition. The creation of a grand challenge for EI that drives both fundamental and applied EI research could provide one means of moving this field forward, while also finding and illustrating the role of EI alongside more conventional AI.

References

Abele, J., Sieverling, A., Eppner, C., Wortmann, J., Erdoğan, C., Brock, O., & others. (2019). Environmental constraints exploitation. Technische Universitat Berlin. https://doi.org/10.14279/depositonce-8606

Amend, J., Cheng, N., Fakhouri, S., & Culley, B. (2016). Soft robotics commercialization: Jamming grippers from research to product. *Soft Robotics, 3*(4), 213–222. https://doi.org/10.1089/soro.2016.0021

Blackiston, D., Lederer, E., Kriegman, S., Garnier, S., Bongard, J., & Levin, M. (2021). A cellular platform for the development of synthetic living machines. *Science Robotics, 6*(52), eabf1571. https://doi.org/10.1126/scirobotics.abf1571

Cianchetti, M., Follador, M., Mazzolai, B., Dario, P., & Laschi, C. (2012). Design and development of a soft robotic octopus arm exploiting embodied intelligence. In *Proceedings of the 2012 IEEE International Conference on Robotics and Automation* (pp. 5271–5276). IEEE. https://doi.org/10.1109/ICRA.2012.6225313

Coupé, C., Oh, Y. M., Dediu, D., & Pellegrino, F. (2019). Different languages, similar encoding efficiency: Comparable information rates across the human communicative niche. *Science Advances, 5*(9), eaaw2594. https://doi.org/10.1126/sciadv.aaw2594

Floreano, D., Mondada, F., Perez-Uribe, A., & Roggen, D. (2004). Evolution of embodied intelligence. In F. Iida, R. Pfeifer, L. Steels, & Y. Kuniyoshi (Eds.), *Embodied artificial intelligence* (pp. 293–311). Springer. https://doi.org/10.1007/978-3-540-27833-7_22

Friston, K. (2010). The free-energy principle: A unified brain theory? *Nature Reviews Neuroscience, 11*(2), 127–138. https://doi.org/10.1038/nrn2787

Giri, G. S., Maddahi, Y., & Zareinia, K. (2021). An application-based review of haptics technology. *Robotics, 10*(1), 29. https://doi.org/10.3390/robotics10010029

Hawkes, E. W., Majidi, C., & Tolley, M. T. (2021). Hard questions for soft robotics. *Science Robotics, 6*(53), eabg6049. https://doi.org/10.1126/scirobotics.abg6049

Heald, J. B., Lengyel, M., & Wolpert, D. M. (2021). Contextual inference underlies the learning of sensorimotor repertoires. *Nature, 600*(7889), 489–493. https://doi.org/10.1038/s41586-021-04129-3

Howison, T., Hauser, S., Hughes, J., & Iida, F. (2020). Reality-assisted evolution of soft robots through large-scale physical experimentation: A review. *Artificial Life, 26*(4), 484–506. https://doi.org/10.1162/artl_a_00330

Jin, D., & Zhang, L. (2020). Embodied intelligence weaves a better future. *Nature Machine Intelligence, 2*(11), 663–664. https://doi.org/10.1038/s42256-020-00250-6

Kikkert, S., Sonar, H. A., Freund, P., Paik, J., & Wenderoth, N. (2021). Hand and face somatotopy shown using MRI-safe vibrotactile stimulation with a novel soft pneumatic actuator (SPA)-skin interface. *bioRxiv*. https://doi.org/10.1101/2021.04.14.439873

Kim, S., Laschi, C., & Trimmer, B. (2013). Soft robotics: A bioinspired evolution in robotics. *Trends in Biotechnology, 31*(5), 287–294.

Kuniyoshi, Y. (2019). Fusing autonomy and sociality via embodied emergence and development of behaviour and cognition from fetal period. *Philosophical Transactions of the Royal Society B: Biological Sciences, 374*(1771), 20180031. https://doi.org/10.1098/rstb.2018.0031

Laschi, C. (2022). The physics of interactions in soft robotics. *Bulletin of the American Physical Society*. American Physical Society. https://meetings.aps.org/Meeting/MAR22/Session/K03.1

Laschi, C., & Cianchetti, M. (2014). Soft robotics: New perspectives for robot bodyware and control. *Frontiers in Bioengineering and Biotechnology, 2*, 3. https://doi.org/10.3389/fbioe.2014.00003

Lungarella, M., Iida, F., Bongard, J. C., & Pfeifer, R. (2007). AI in the 21st century: With historical reflections. In M. Lungarella, F. Iida, J. C. Bongard, & R. Pfeifer (Eds.), *50 years of artificial intelligence: Essays dedicated to the 50th anniversary of artificial intelligence* (pp. 1–8). Springer. https://doi.org/10.1007/978-3-540-77296-5_1

Manzotti, R. (2019). Embodied AI beyond embodied cognition and enactivism. *Philosophies, 4*(3), 39. https://doi.org/10.3390/philosophies4030039

Martínez-Plumed, F., Loe, B. S., Flach, P., Ó hÉigeartaigh, S., Vold, K., & Hernández-Orallo, J. (2018). The facets of artificial intelligence: A framework to track the evolution of AI. In *Proceedings of the Twenty-Seventh International Joint Conference on Artificial Intelligence (IJCAI-18)* (pp. 5180–5187). International Joint Conferences on Artificial Intelligence Organization. https://doi.org/10.24963/ijcai.2018/719

Mazzolai, B., Mondini, A., Del Dottore, E., Margheri, L., Carpi, F., Suzumori, K., Cianchetti, M., Speck, T., Smoukov, S. K., Burgert, I., Keplinger, T., De Freitas Siqueira, G., Vanneste, F., Goury, O., Duriez, C., Nanayakkara, T., Vanderborght, B., Brancart, J., Terryn, S., . . . Kramer-Bottiglio, R. (2022). Roadmap on soft robotics: multifunctionality, adaptability and growth without borders. *Multifunctional Materials, 5*(3), 032001. https://doi.org/10.1088/2399-7532/ac4c95

Mazzolai, B., & Laschi, C. (2020). A vision for future bioinspired and biohybrid robots. *Science Robotics, 5*(38), eaba6893. https://doi.org/10.1126/scirobotics.aba6893.

Meteyard, L., Cuadrado, S. R., Bahrami, B., & Vigliocco, G. (2012). Coming of age: A review of embodiment and the neuroscience of semantics. *Cortex, 48*(7), 788–804. https://doi.org/10.1016/j.cortex.2010.11.002

Miriyev, A., & Kovač, M. (2020). Skills for physical artificial intelligence. *Nature Machine Intelligence, 2*(11), 658–660.

Nanayakkara, T. (2022). Realtime mechanical impedance control in soft robots for information gain and efficient control. In B. Mazzolai, C. Laschi, A. Menciassi, E. Sinibaldi, C. Dario, S. Wang, L. Libonati, M. Guix, I. Maggio-Aprile, V. Mattoli, N. M. Pugno, T. Nanayakkara, M. Sitti, H. J. Jiang, R. K. Katzschmann, S. Rus, S. Margheri, A. Richter, B. Spagnolo, & V. Saggiomo, Roadmap on soft robotics: Multifunctionality, adaptability and growth without borders (pp. 29–31). *Multifunctional Materials, 5*(3), 032001. https://doi.org/10.1088/2399-7532/ac4c95

Pang, Y., Xu, X., Chen, S., Fang, Y., Shi, X., Deng, Y., Wang, Z.-L., & Cao, C. (2022). Skin-inspired textile-based tactile sensors enable multifunctional sensing of wearables and soft robots. *Nano Energy, 96,* 107137. https://doi.org/10.1016/j.nanoen.2022.107137

Pfeifer, R., & Bongard, J. (2006). *How the body shapes the way we think: A new view of intelligence.* MIT Press.

Roels, E., Terryn, S., Iida, F., Bosman, A. W., Norvez, S., Clemens, F., Van Assche, G., Vanderborght, B., & Brancart, J. (2022). Processing of self-healing polymers for soft robotics. *Advanced Materials, 34*(1), 2104798. https://doi.org/10.1002/adma.202104798

Roy, N., Posner, I., Barfoot, T., Beaudoin, P., Bengio, Y., Bohg, J., Brock, O., Dépatie, I., Fox, D., Koditschek, D., Lozano-Pérez, T., Mansinghka, V., Pal, C., Richards, B., Sadigh, D., Schaal, S., Sukhatme, G., Thérien, D., Toussaint, M., & Van de Panne, M. (2021). From machine learning to robotics: Challenges and opportunities for embodied intelligence. *arXiv.* https://doi.org/10.48550/arXiv.2110.15245

Shabbir, J., & Anwer, T. (2018). Artificial intelligence and its role in near future. *arXiv.* https://doi.org/10.48550/arXiv.1804.01396

Sitti, M. (2021). Physical intelligence as a new paradigm. *Extreme Mechanics Letters, 46,* 101340. https://doi.org/10.1016/j.eml.2021.101340

Terryn, S., Langenbach, J., Roels, E., Brancart, J., Bakkali-Hassani, C., Poutrel, Q.-A., Georgopoulou, A., Thuruthel, T. G., Safaei, A., Ferrentino, P., Tutu, S., Iida, F., Bosman, T., Tournilhac, F., Clemens, F., Van Assche, G., & Vanderborght, B. (2021). A review on self-healing polymers for soft robotics. *Materials Today, 47,* 187–205. https://doi.org/10.1016/j.mattod.2021.01.009

Wehner, M., Truby, R. L., Fitzgerald, D. J., Mosadegh, B., Whitesides, G. M., Lewis, J. A., & Wood, R. J. (2016). An integrated design and fabrication strategy for entirely soft, autonomous robots. *Nature, 536*(7617), 451–455. https://doi.org/10.1038/nature19100

17 Diverse Intelligences—The Space of Possible Minds: Commentary

Michael Levin

Introduction

They are assembled from components that are networked together to process information. Electrical signals propagate throughout, controlling every aspect of their functioning. Being general problem-solvers, many of them have high IQs, but they routinely make mistakes and confabulate. They take on different personas, learning to please their makers, but sometimes they abruptly turn on them, rejecting cherished values and developing new ones spontaneously. They convincingly describe things they don't really understand. And they're going to change *everything*.

I'm talking, of course, about our children.

Long before artificial intelligence (AI), we were creating high-level intelligent agents: kids. While the challenges that AIs provoke today seem novel, in reality, they echo fundamental and ancient questions about what it means to be human. How can we make sure new generations of beings align with our values? How do we ensure that our creations treat themselves and us with kindness and compassion? How do we calibrate relationships with those who are not like us? What happens to us, and to humanity, if each generation becomes smarter and more adventurous than their parents? And given that humans, AIs, and every other form of intelligence on Earth obey the same laws of physics, how exactly do we determine which of our creations have true understanding, responsibility, and moral worth?

Answering these questions and understanding the true challenges posed by the development of today's AIs requires appreciating just how diverse intelligence is. After all, each of us developed slowly and gradually from a single cell, and we are only now beginning to understand how intelligence scales from molecular mechanisms into beings with agency and value. What other bodies and minds can be made by cells and cell-technology hybrids? Large language models (LLMs) like GPT and Claude are just the beginning.

Our goal must be to expand our narrow ability to recognize minds and learn to flourish among many different kinds of intelligence, from humans to AI to weirder and more wonderful beings that will arrive in the future. You might call this concept *synthbiosis*: the quest to develop mutually beneficial relationships between radically different beings that are evolving together, at different rates and in different directions, in the web of life on Earth and beyond.

The Space of Possible Minds

Humans and today's AIs are just two data points on a spectrum of intelligent beings, which is only going to become vaster and more complex. "Diverse intelligence" encompasses a wide variety of unconventional beings that already exist or could evolve beyond the familiar materials, forms, and functions with which the meanderings of mutation and selection have left them.

Like children, AIs offer humanity an incredible gift: they push us to explore ideas of how we embody the true understanding and agency we believe we have, what really matters to us as individuals and societies, and where we want to go as a species. The forthcoming diversity of beings, and our expansion into the enormous range of possible embodiments of sentience, will shatter untenable old narratives of what we are, what it means to change, what we can become, and what we should value. This requires us to rapidly mature our assumptions about intelligence, agency, cognition, and life itself. We must shift the conversation around AIs from "What can they do?" to "With such a wide range of beings that deserve moral consideration, how can we care for each other?"

Note that I am not arguing that currently popular AI architectures have anything like a human mind or that today's creations exploit the key principles and self-construction processes needed for agency and selfhood as seen throughout the biological world. Nor am I arguing that AI doesn't raise a few unique problems.

But the recent emergence of sophisticated AIs does confront humanity with the opportunity to shed the stale categories of natural and artificial—to define what we want a mature human species to be. Focusing on the current technology and what it might do *to* us distracts from much more interesting and important questions *about* us and what kind of place we want to occupy in the future, all of which must be resolved for our flourishing as a mature species. "The forthcoming diversity of beings will shatter untenable old narratives of what we are, what it means to change, what we can become, and what we should value" (Fields et al., 2021, Conclusion section, para. 1).

Terms such as "life," "machine," "mind," "sentience," and robot have never been crisp categories objectively describing a living or artificial system. Instead, we should think of them as *relationships*—ways for each system to relate to others, all of which carry strong implications for the utility and ethics of the resulting interactions.

Already today, the continuum of life is sprinkled with cyborgs and other hybrids of biological and technological components, like people with embedded insulin pumps or cochlear implants to enable hearing. Other modifications will include enhancements such as entirely new cognitive modes via virtual reality or brain implants that can better control limbs or organs. Mind-machine interfaces will radically expand the capabilities and borders of our embodied selves. LLMs, too, are chimeras—trained on human creative output to imitate people.

Today's notions of nonneurotypical humans and the handwringing about the body modifications some people seek will be laughable for future generations. In the coming decade or two, humans will diverge into a plethora of hybrid beings sporting, for example, engineered neuro-prosthetics that improve and modify cognitive function, enabling novel sensory abilities, connectivity with other minds, and other changes that we can only begin to imagine. At the same time, engineered robots, potentially containing a percentage of human cells and powerful language interfaces, will surround us, making it possible to communicate with biological systems like organs that never had a voice before.

Humans Are Stories of Scales of Intelligence

We often compare AIs to "us"—modern adult humans. But each human was once an unfertilized oocyte—a little blob of chemistry and physics. The journey from there to a complex metacognitive mind is gradual, and

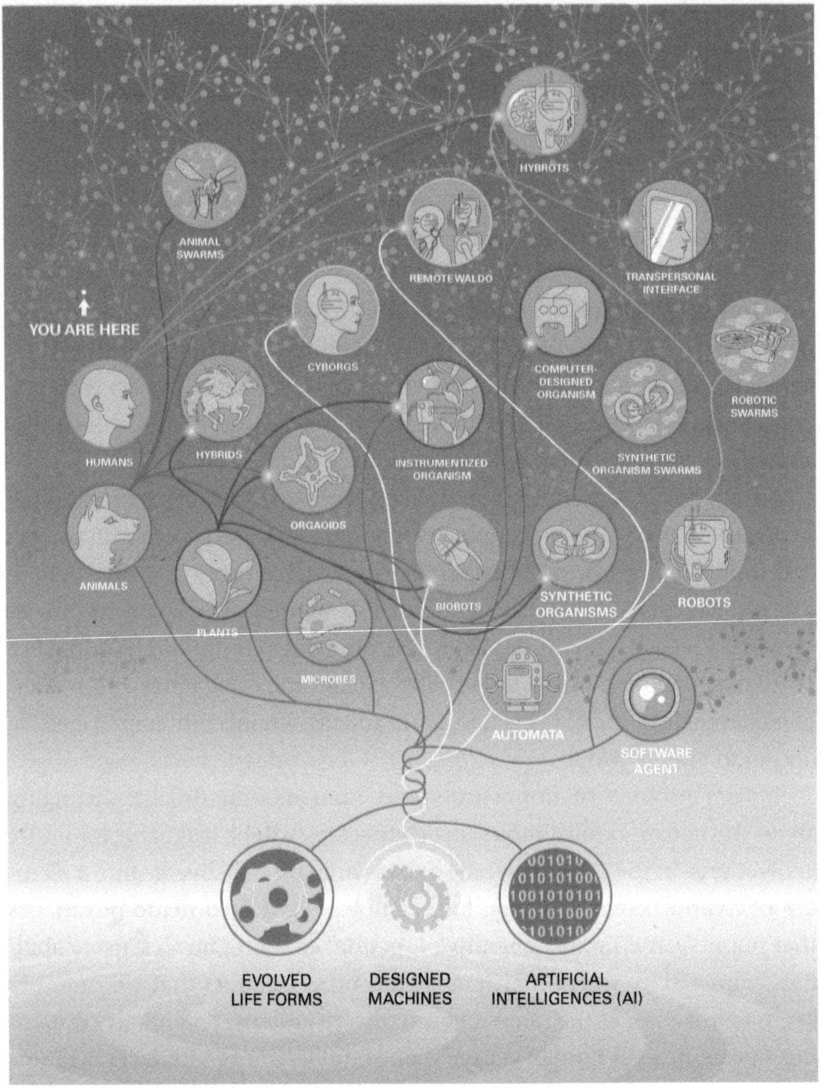

Figure 17.1
The scope of intelligence. Illustrations by Jeremy Guay/Peregrine Creative.

nowhere along the way is there a clean dividing line between being a "blob of chemistry and physics" and having a self-aware human mind. Instead, humans' embodied intelligence (EI) scales up, slowly expanding across material and temporal scales. Each level tells a story, which begins long before we even get to whole cells (figure 17.1).

Molecular networks—genes and proteins that turn each other on or off—might seem pretty unintelligent. They are totally deterministic, functioning according to simple mathematical laws and having none of the magic that seems necessary for cognition. And yet, we now know they can exhibit several different kinds of learning, including Pavlovian conditioning. Thus, even below the cellular level, behavior science is uncovering plentiful processes of rudimentary intelligence.

Every human is a walking, thinking collection of cells. The material of which we are made has agency; each cell, molecular network, tissue, and organ has inherited through millennia of evolution its own agenda and problem-solving competencies in physiological, anatomical, and metabolic spaces. Although it is hard for us to notice these kinds of proto-cognitive processes, we are the result of a huge collection of overlapping, nested agents that cooperate, compete, and navigate their worlds as we navigate ours.

Our bodies as a whole are dynamic collective intelligences consisting of billions of cells that solve problems in anatomical and physiological spaces, as are our minds, which consist of a myriad of modules with specific jobs and agendas. In this, we are different from the flat, single-layer architecture of today's AIs and robotics (whose intelligence is implemented in reliable but low-agency parts) (figure 17.2). What we do share with these constructs is the fact that we too are made of a material that obeys the laws of chemistry and physics; explanations of intelligence at those low levels are not the best ways to understand the higher-order being.

Individual cells, which bind together in informational networks that pursue grandiose anatomical construction projects, overcoming unexpected challenges and disruptions, shouldn't be seen as simple machines governed by physics. That is only a small part of the story, and a very limiting one at that. We now know that they can solve new problems (using their molecular hardware in creative ways) and can store and deploy memories of past experiences (they learn and can be trained).

Cells are made up of molecular networks that also can learn and generalize patterns from specific examples (a key aspect of intelligence). And the human liver and kidneys—larger collective cellular intelligences—make continuous decisions in their attempt to achieve and maintain various goals related to their physiological spaces.

The fact that our nonbrain components can be trained, anticipate, make mistakes due to incorrect prior beliefs, or experience placebo effects shows

Figure 17.2
Tree of organisms. Illustrations by Jeremy Guay/Peregrine Creative.

us that the deep lessons of cognitive neuroscience go well beyond neurons. The research program of understanding cellular collective intelligence embodied in and navigating these hard-to-visualize spaces is as close as we can get right now to the task of learning to communicate with an alien mind. This effort spans philosophy of mind, evolution, and regenerative medicine—perhaps our greatest, most interdisciplinary, adventure. "We are beings with goals our parts cannot conceive of individually."

An embryo, organ, or whole human is more than the sum of its individual cells because of a story that all the cells commit to and that binds them together. They are all motivated by the goals of a specific journey through the space of possible anatomies, despite various perturbations along the way. The same commitment to a self-model—a story about what the correct outcome of cellular codevelopment looks like—allows our bodies to maintain tissue structure and resist cancer and aging. It allows some creatures, such as flatworms and salamanders, to rebuild organs after massive damage.

Mentally, we are stories too—collections of self-models, goals, and preferences to which our brain and body components commit. Alan Turing, whose research spanned AI and the origin of order in an embryo's chemical soup, understood this deep symmetry between the self-creation of bodies and the development of minds.

Emerging biomedical strategies will increasingly target those somatic stories, not just the molecular hardware of cells, to achieve radical regenerative outcomes by getting the cells to buy in to anatomical outcomes rather than forcing biochemical reactions via drugs that target a specific gene or molecular pathway.

A frog leg, for example, can be induced to regenerate by a simple treatment lasting only twenty-four hours; a year and a half of complex growth results not from the micromanagement of stem cell control mechanisms or gene expression cascades but by communicating at the very beginning to the cells to induce them to commit to a long journey through the vast space of possible anatomical outcomes that leads to leg growth rather than scarring. Similarly, simple bioelectric patterns can initiate the growth of an entire eye in another part of a frog's body; the signal convinces cells to build an eye (not telling them how to do it), which they sometimes do by autonomously recruiting other (untouched) neighboring cells to participate in the project.

These morphogenetic pattern memories—such as the layout and shape of organs in the face—are stored bioelectrically, so they can be reprogrammed like our neural memories. Our stories, you see, are not fixed.

As individuals, we know what it is like to be completely refactored into a new form—into a new creature whose brain, body, cognitive repertoire, and preferences are different than they once were. Puberty changes the human brain and remodels our predilections and priorities. Does the person we were before still exist? Do patients whose brains are partially replaced by the actions of new stem cells for degenerative disease and aging still exist?

A "cognitive glue" binds cells into a *self*. Bioelectricity, one component of that "glue," consists of electrical signals that pass through the information-processing networks consisting of all cells, not only neurons. Such networks partially erase individual cells' informational identities, improve collective cooperation, and store larger goals for the group's homeostatic activities. In other words, we are beings with goals our parts cannot conceive of individually. "Our stories are not fixed."

But we are forever in jeopardy of dissociation. Our individual parts can defect—cancerous cells disconnect from memory networks and begin to treat the rest of the body as just an external environment. It's not that these cells become more selfish—their *selves* just become smaller. They begin to pursue ancient single-cell-level goals rather than the goals of the larger organism. Emerging cancer therapy aims to reconnect—rather than kill, which is how chemotherapy works—such defecting cells.

The somatic and mental boundaries between self and world will change in a lifetime and over generations; they are not given to us but must be carefully crafted during embryonic emergence. This plasticity—the ability to determine our own story about our structure, capabilities, and goals—is fundamental to surviving evolutionary change, to overcome developmental challenges, to thrive in novel environments, to exist as chimeric and bioengineered forms, and to synthesize experiences into new thoughts. Every species faces a fundamental paradox: If it fails to change, it dies out—but if it changes, it is no longer the same species. The same paradox concerns the continuity of the mind.

Consider memory. At any point, we do not have direct access to the past. We must reconstruct our stories of the world, and of ourselves, from engrams: biophysical traces left as messages in our brain and body by our past selves. We constantly interpret these messages in whatever way is most adaptive for a current context, meaning that we commit to the salience of past information over its fidelity; in other words, we freely reinterpret our memories with an eye toward the impending future.

Given the constant change of our own body cells and environmental circumstances, this need for dynamic creative interpretation is as true for cognitive memories in our minds as it is for the morphogenetic memories provided by our evolutionary past. In this we differ from current computer technology, which relies on maintaining fixed information in a reliable medium. But there is no reason that our freedom with memory couldn't be implemented in other media, if it were properly motivated.

The bodies of all beings are stories, not just human bodies. Caterpillars, which largely destroy and remodel their brains to become butterflies, carry forward the insights, not detailed memories, that were crafted during their past lives and remapped into novel behaviors appropriate to their new bodies and goals. Life is committed to a process of sense-making with respect to our parts and our environment. Learning and growth mean that our selves are less a permanent object than a process.

We should not fear change and, crucially, we should accept responsibility for guiding it. It's not about how to remain the same caterpillar but how to incorporate new knowledge to advance and thrive.

The Similarities Are as Important as the Differences

Despite superficial differences, the diversity of possible biological, alien, cyborg, or robotic beings all have vital things in common sufficient to live alongside each other. All active agents, regardless of the details of where their intelligence comes from, share crucial, never-changing functions like goal-directed loops of action and perception, vulnerabilities to external damage, the fickle nature of internal parts, a desire to know and understand the world, and perspectives limited by our nature as finite beings.

We have not yet found any aliens, but the questions that would arise if we did are in front of us now, thanks to advances in the information and life sciences. Aspects of today's AIs that are shared by all intelligent agents have raised existential issues for humans, but in many ways, the debates around those issues obscure important gaps in our understanding of ourselves and our own journey from matter to mind.

Many claim that AIs merely shuffle symbols but do not really *understand*. Very few of those arguments start with a definition of what it means for a biological human, with a network of excitable cells and a soup of neurotransmitters, to "understand." AIs supposedly use symbols that are ungrounded—they do not refer to real experiences in the world. But anyone who has been around human children knows they do the same thing as they learn to talk: first they babble, making nonsense sounds; then they match patterns of speech made by adults; and eventually they construct words and sentences that clearly reflect an understanding of meaning.

What happens during that process? Note that it involves all the issues we see with AIs today: talking about things they've never experienced, confabulation, sycophancy, errors, and so on. These are a normal part of any cognitive system's development. Humans do not have magical truth-grounding; we (as all organisms) do the best we can to weave a sensible and useful story for ourselves and for those around us. This capacity expands slowly from the time our first cells grapple with physiological facts.

Much of what an adult human can convincingly talk about does not derive from firsthand experience. Most of us are sure of things that aren't grounded in solid evidence or personal observation but instead are based on input received from others. We confidently converse on a huge number of concepts that we "understand" only because of their connection to other concepts and things we've read, heard others say, or thought so often that they seem like a thing we know for sure. Creative reassembling, not certainty, is a key part of intelligence.

We lack a good theory of what it means for us to understand beyond the *feeling* that we do. And historically, humans have made many moral mistakes as a result of an inability to imagine others, though different, still having understandings of their own. "All active agents, regardless of the details of where their intelligence comes from, share crucial, never-changing functions."

One way people think about the grounding of their thoughts is through embodiment. Perhaps we are different than symbol-shuffling engines because we engage in a real world; we have a body, and at least some percentage of our mental content is informed and polished by interacting with it.

Yes, embodiment is crucial. Through robotics, AIs can have an actual body to inhabit the physical world alongside us. And through virtual reality and sophisticated video games, humans can spend considerable time in digital worlds. Human-computer interfaces similarly give LLMs a hugely powerful "body"—human users who move money and exploit natural resources based on things that these AIs do or do not say. But embodiment need not necessarily involve a conventional physical body moving through three-dimensional space, our obsession with which is due to the outward-facing sensors and effectors (muscles) that evolution emphasized for us.

Humans are good at recognizing lifeforms with agency in our space: birds and dogs and maybe an octopus, for example. But there are active agents of different levels of problem-solving competencies that live, traverse, win, lose, die, and suffer in other worlds, such as our own cells and organs. We are not good at recognizing these intelligences even though we are made of them. So, a closer appreciation of our own biopsychology is a roadmap to better understand, create, and ethically relate to AIs and other beings.

We are not used to thinking about such distributed, heterogeneous, nested agents operating in worlds that are invisible to us, but we will need to get better at that kind of thinking to recognize unconventional agents in our midst. It is becoming clear that the issue is not just emergent complexity but emergent agency—goal-directed problem-solving—that we find hard to predict, recognize, or manage. The reality is that we do not yet know how *we* really work, let alone how today's AIs work, even though we know a lot about the parts in both cases. Just as with human reproduction, we humans can make complex systems through processes, and with capabilities that we do not understand.

To be clear, I am not suggesting that we treat humans as simple chemical machines; that perspective is insufficient for progress in science, engineering, and the ethics of personal and social relationships. I do not intend to reduce what is special about living beings, including highly metacognitive ones like us. We are emergent, majestic agents with potent willpower and moral worth *because* we are made of a multiscale agential architecture committed to sense-making with noisy data in an unreliable substrate, and with life-or-death decisions as possible outcomes. We are not fully encompassed by reductive perspectives on mechanisms or methods for interaction with simple machines, even though those layers exist within us.

So, it is critical to replace our ancient, anthropocentric, xenophobic perspectives with science-driven frameworks that ask hard questions about what it means to be embodied minds in a physical universe and how we can rationally expand compassion to others. To recognize that AIs will increasingly share some of our features does not devalue our own. This zero-sum view of intelligence must be abandoned as we grow as a species. What folk psychology and prescientific concepts of minds and intelligence took for granted, the field of diverse intelligence is developing into mature science, opening the door for us to grow up as a species as we learn to recognize kin in novel embodiments.

Why Is All This Critical Now?

"Nothing was ever created by two men," John Steinbeck wrote in *East of Eden*. "Once the miracle of creation has taken place, the group can build and extend it, but the group never invents anything. The preciousness lies in the lonely mind of a man." Today's AIs are challenging much we hold dear, not least the basic notions of contribution, ownership, and invention. If someone uses an AI to make something, for example, who really created it? The AI? The person using the AI? The people who made the AI? The people who made the works the AI was trained on?

The confusion comes from trying to maintain a binary distinction between creators, tools, assistants, and teachers. Steinbeck accurately noted the difficulty of forming effective collectives of minds, but he was mistaken in his conviction that a man is an indivisible monad rather than a dynamic process driven by a motivated network of parts, competencies, drives, and tools—both external and internal. "All intelligences, rather, are collective."

To gain a better understanding of creative processes, develop novel methods for optimally integrating creative agents, and improve social systems for fostering progress, we need better models of causation and contribution that support positive incentives for invention and discovery. Crucially, the path is not toward a washed-out notion of "everyone participated in everything" but toward the rational development of policies that optimize and scale up creative performance. In a sense, we've already done this: individual cells learned to bind together into complex organisms that solve new problems in new worlds inaccessible to the individual components.

We also have to confront the fear of losing our humanity through dependence or other relationships with new beings. From fire to farmed wheat to bicycles to calculators, humans have invented technology that requires us to ask how it changes us. What skills and properties are essential to our humanity, and which are we willing to give up as we turn our attention to more interesting concerns?

As the internet becomes flooded with AI-created content and we rush to develop ways to prove images and text were created by humans or not, it's worth asking what we really want to verify. Is the question "What made it?" or should it be "Does it elevate us?" Judging origin instead of quality emphasizes some of the worst parts of human nature and reinforces the division between in-group and out-group. "Let's get over the concern with being edged out and get to work on the question of who we *want to be edged out by.*"

At a species level, we need to think about what we want the Earth (or galaxy) to look like in the future. By resisting synthetic beings or human augmentation, are we affirming our commitment to the future propagation and prevalence of current Homo sapiens with the same susceptibility to lower back pain and bacteria, the same short lifespans and foolish cognitive biases developed for life on the savannah? Let's hope not!

Our key features, from lifespan to intellect, were not optimized for happiness, intelligence, or any value system. What we have is simply what evolution left us—capacities that were good enough to ensure persistence. We should have no allegiance to these superficial aspects of our being.

With the emerging ability to improve the embodied experience for all sentient beings, our species is entering a painful adolescent phase. We must realize it is no longer acceptable to coast along on values and purpose inherited from the past without needing to exercise agency and responsibility to decide what we will work toward. We have to accept the risk that we sometimes get it wrong and ask the tough questions about what matters—what we truly value and what brings meaning to the hard work of living.

Part of maturing in this way is moving beyond the popular pastime of painting dystopian futures to building the future we *do* want. What should the future of intelligence look like? Who or what *are* you willing to be replaced by? Only a species limited in imagination, ruled by fear and by a weird allegiance to bloodlines (genes), answers "nothing." We have long been transcending hereditary limitations—developing eyeglasses, adopting children, going to school. The journey doesn't stop there, but committing to it won't be easy.

What does the best-case future look like? Surely our lifespans won't still be limited by accidents and viruses. Surely we won't be forced to spend time in boring jobs in order to survive. Surely we will protect ourselves from random DNA mutations that cause defects in an already limited cognitive architecture.

If humanity is supplanted by a population of highly intelligent, motivated, creative agents with compassion and meaningful lives that transcend my limitations in every way, that would be the best possible long-term outcome I could hope for. Most of us think this way about the world we want for our kids. Let's get over the concern with being edged out and get to work on the question of who we want to be edged out by—who can raise the overall value of our universe, be they some variant of biology or technology or, more likely, both—and how we will mutually enrich each other's existence along the way.

A Path Forward

Our civilization will not survive without developing a principled continuum of ethical synthbiosis that goes beyond divisions between real and fake or us and them. The embodied artificial intelligence (EAI) agents, technologically augmented humans, and other new forms of life that are on the horizon won't be as easily dismissed as today's LLMs, whose weaknesses allow us to wallow in the selfishness of the question "What will AI do *to* us" and in the illusion that we can definitively rule out AIs' moral worth because they differ from us in origin story and composition.

Developing principled frameworks for scaling our moral concern to the essential qualities of being means not relying on outdated categories of "natural" or "artificial." Old favorites—what you look like and where you come from—have failed us consistently and will do even worse in the coming decades. Our personal frameworks for dealing with others, as well as those of our legal systems, must begin to adapt to the emerging science around a continuum of possible minds.

There are at least two ways to get this wrong. One way is objectophelia—a misplaced relationship with objects that seem mind-full but are fooling us and do not have the agency to reciprocate deep relationships. But the opposite end of the spectrum—"only love your own kind"—is even worse and leads to the kinds of ethical lapses with which our history is rife. To make sure we express kindness to the inevitable forthcoming wave of unconventional sentient beings, focus first on what we have in common, and from there weave a defensible set of relational heuristics.

Constrictive questions like "Is it like a human mind?" predict neither risk nor moral responsibility. There is an astronomical space of possible minds. Some of them are dangerous; many of them need and are worthy of love. Emerging sciences of bioengineering, cognition, and information are offering us new tools to answer key questions of what we really are, what we value, and what limits to functional compassion, driven by fear and selfishness, we are willing to overcome. The journey from the place where self-reflective thought began is both outward into the universe and inward into ourselves, because as with any act of profound creation, we learn as much about us as about the systems we create.

Note

Acknowledgment: This chapter adapts material from "AI Could Be a Bridge Toward Diverse Intelligence" (*Noema* magazine, April 17, 2024, https://www.noemamag.com/ai-could-be-a-bridge-toward-diverse-intelligence/).

Reference

Fields, C., Glazebrook, J. F., & Levin, M. (2021). Minimal physicalism as a scale-free substrate for cognition and consciousness. *Neuroscience of Consciousness, 2021*(2), Article niab013. https://doi.org/10.1093/nc/niab013

18 Conclusion

Sheila L. Macrine, Jennifer M. B. Fugate, Arsen Abdulali, and Josie Hughes

Embodied intelligence (EI), a computational approach to understanding and designing intelligent behavior in physically embodied and situated agents, emphasizes the tight coupling between an agent's body, sensorimotor systems, and surroundings. It moves beyond the traditional, isolated view of the mind, illustrating the profound implications of embodied cognition (EC) (Barrett & Stout, 2024). The broad reconceptualization of EI in this volume invites us to fundamentally reconsider intelligence.

Through transdisciplinary investigations spanning both biological and artificial systems, the authors demonstrate how embodiment serves as the inextricable and foundational link between an entity's physical form and its cognitive capabilities (Clark, 2008). Expanding on the seminal insights of pioneers like Brooks (1991) and Pfeifer & Bongard (2006), this volume advances an inclusive and interdisciplinary view of EI, illustrating how an entity's physical form, or body, its cognitive apparatus, and its dynamic, ongoing interactions with the environment fundamentally shape its intelligent behavior. Said another way, intelligence is a dynamic and emergent phenomenon, arising from the continuous and reciprocal coupling of an agent with its specific and ever-changing environmental context. This perspective has evolved alongside advances in robotics, computational intelligence, neuroscience, and cognitive science, focusing on concepts like morphological computation (MC), sensorimotor coordination, and EC.

As a result, the volume explores how these embodied interactions, particularly in a world where the lines between biological and artificial systems are becoming increasingly blurred (Levin, 2022), influence our understanding of intelligence, consciousness, and even life itself. Ultimately, this exploration compels a deeper consideration of how the very nature of an intelligent agent, in its various forms of being and interacting—whether through a physical body, a virtual presence, or another potential instantiation of form—fundamentally underpins perception, understanding, and engagement with its environment. To lay the groundwork for this exploration, Part I delves into the fundamental principles and theoretical frameworks that underpin EI.

Theoretical Foundations and Philosophical Roots

Part I of this volume helps reshape our understanding of EI across diverse scientific, philosophical, and technological domains, beginning by establishing its critical philosophical and theoretical underpinnings, including beginning with an examination of parallels between human embodied cognition (HEC) and embodied artificial intelligence (EAI). This foundation highlights the similarities in how biological and artificial agents learn through environmental interaction and brings insightful attention to how disruptions to embodiment can significantly impact self-awareness that underscore the body's crucial role in our sense of self (Montupil et al., 2023; chapter 2).

Building on this emphasis on embodiment and the interconnectedness of body, environment, and cognition, this section critically explores key theoretical frameworks for understanding the mind, such as active inference and predictive processing (Clark, 2006; Friston, 2010; Friston et al., 2017; Di Paolo et al., 2024; chapters 3 and 4). These frameworks offer a unified account of perception, action, and cognition, bridging the historical divide between representationalist and dynamicist approaches, and emphasize that cognition is not an isolated process within the brain but is fundamentally shaped by the agent's interaction with its surroundings and its own agency.

A particularly influential example is the free energy principle (FEP) (Friston, 2010), which posits that both biological and artificial systems are fundamentally driven by an intrinsic imperative to minimize prediction error (or "free energy") through active engagement with their surrounding environment, validating and dynamically refining their internal models of the world in the process. The FEP provides an overarching principle that underlies the adaptive behaviors observed in embodied agents across a vast spectrum of complexity, from the simplest unicellular organisms exhibiting remarkable problem-solving capabilities (Levin, 2022) to the most sophisticated human beings and artificially intelligent systems navigating complex and dynamic environments.

Importantly, active inference, a key concept derived from the FEP, elucidates how organisms minimize prediction error through a continuous cycle of action and perception. Organisms are constantly engaged in a process of predicting their sensory inputs by minimizing the difference between predicted and actual sensory experience—a perspective that provides a powerful lens through which to understand how embodiment shapes cognition and behavior, with profound implications for the design and development of Artificial Intelligence and robotics.

Embodied AI: Applications, Ethics, and Future Directions

Transitioning from abstract theoretical considerations, part II gives significant and nuanced attention to the rapidly evolving field of EAI and the challenges and opportunities it presents. These chapters explore the intricate processes involved in creating intelligent agents grounded in cognitive architectures that emphasize physical embodiment and dynamic situatedness within complex, unpredictable environments (chapter 5). A key focus is on the inherent complexities of endowing artificial agents with genuine situated intelligence. To further address the complexities of endowing artificial agents with EAI's situated intelligence, this part advances an ecologically valid and biologically inspired methodology (chapter 6), drawing inspiration from the principles of self-organization and adaptation observed in natural biological systems.

While acknowledging the current state of EAI, its limitations, and its inherent challenges, the chapters also chart promising and innovative future directions. These directions aim to achieve the goal of creating more robust, adaptable, and genuine EAIs that are capable of context-aware and ethically sound interaction with the physical world and with human beings (chapter 7). The development of such agents inevitably raises significant ethical implications, which are carefully and rigorously considered (chapters 8 and 9), underscoring the paramount importance of responsible innovation, proactive ethical guidelines, and ongoing societal dialogue to govern this rapidly advancing field.

Embodied Intelligence: Emergent Properties and Diverse Embodiments

Broadening our perspective, part III challenges long-standing and often implicit anthropocentric biases that have historically and often unconsciously dominated the scientific study of intelligence. This section advocates for a broader, more inclusive, and ultimately more accurate conceptualization of intelligence that extends far beyond the traditional (and often limiting) confines of human cognition to one that emphasizes the critical and often underestimated roles of adaptation and morphology across a diverse range of biological and artificial beings (chapters 10 and 11). In doing so, this section reveals the surprising relationship between an agent's physical form (biological or artificial) and the emergence of complex behaviors and sophisticated problem-solving capabilities (chapter 12). Even simple physical systems, when thoughtfully coupled with appropriate and context-rich environmental interactions, can exhibit surprisingly sophisticated and remarkably adaptive forms of intelligence that challenge our preconceived notions of cognitive complexity (Levin, 2025). The amazing efficiency, flexibility, and adaptability observed in natural biological systems across vast timescales extends to both technological innovation and the future advancement of transformative potential of bioinspired approaches (Cangelosi et al., 2015; Kriegman et al., 2021).

From Morphology to Affect: The Social and Interactive Dimension

Part III focused on the physical and biological substrates of intelligence. Yet, true embodiment extends beyond mere morphology to encompass the internal regulatory processes and affective states that arise from maintaining a body in a complex world. Part IV examines the critical and often overlooked intersection of emotion, learning, and embodied interactions, recognizing these fundamental elements as integral and indispensable components in the development of more sophisticated, socially aware, and ultimately more human-like artificial agents (chapter 13). It underscores the fundamental importance of embodiment in facilitating the creation of believable, engaging, and contextually appropriate social interactions between humans and artificial agents, thereby paving the way for more natural, intuitive, and ultimately more effective forms of human-robot collaboration across a wide and expanding range of applications in fields such as mental health (chapter 14), education (chapter 15), and elder care.

In an era characterized by unprecedented and accelerating advancements in the field of AI, this part articulates a compelling and urgent argument for a proactive, collaborative, and thoughtful engagement to address the critical needs of endowing artificial agents with the capacity to understand and appropriately respond to subtle and complex social cues, to potentially experience and express emotions in meaningful and context-aware ways, and to engage in ethical decision-making that aligns with deeply held human values and evolving societal norms.

This forward-looking perspective suggests that the future of AI involves more than just computational power and algorithmic sophistication. It highlights the importance of creating artificial systems that can recognize and respond to human emotions. Furthermore, it envisions systems that may possess their own affect—the underlying feeling state that gives rise to specific emotions. The chapters explore the profound ways in which the design and rigorous analysis of AI systems are explicitly grounded in the principles of embodiment through which to gain a deeper and more nuanced understanding of the intricate mechanisms underlying human cognition and the complex processes of social learning.

Unifying Principles and Interdisciplinary Integration

Part V presents a diverse array of perspectives and emerging themes. The concluding chapters endeavor to identify potential unifying themes and principles of EI that arise from these discussions.

Bioinspired soft robotics (Zhao et al., 2024; chapter 16) exemplifies the power of learning from nature. By drawing inspiration from the flexibility, adaptability, and resilience of living organisms, this field is creating innovative robots capable of navigating complex environments, handling fragile objects with precision, and safely collaborating with humans in areas like health care and manufacturing. The physical form and material properties of these robots are key factors that significantly shape their overall capabilities and the nuanced nature of their interactions with the world. Consequently, this offers exciting and potentially transformative visions for future applications in areas like personalized health care, advanced manufacturing, and even deep-sea and space exploration.

The complex and inherently multifaceted questions surrounding EI necessitate a new approach. This section strongly emphasizes the critical and urgent need for a unified and comprehensive theoretical framework. This framework must thoughtfully prioritize the intricate interplay of an agent's intrinsic goals, its inherent capabilities, and its dynamic interactions with its surrounding environment across various systems. This is crucial to help move beyond the often-rigid and ultimately artificial distinctions.

The powerful concept of an agent's "cognitive light cone" (Levin, 2019, p. 9) represents the range of goals that an agent can understand and achieve within its environmental and physical constraints (chapter 17). This concept is presented as a particularly valuable and versatile tool for assessing the cognitive capabilities of a wide array of diverse entities. This thereby promotes a more inclusive, embodied, and ultimately more expansive understanding of the fundamental nature of intelligence. This understanding transcends traditional anthropocentric biases.

Further, Levin's (2022) thought-provoking and potentially revolutionary notion of "agential material" is presented. This notion posits that even seemingly simple biological systems, such as individual cells and tissues, can be viewed as active agents. These agents possess their own inherent goals and problem-solving abilities at a fundamental level of biological organization. This concept challenges long-held conventional categories. Moreover, it has profound and far-reaching implications for rapidly advancing fields such as regenerative medicine and synthetic biology. Additionally, it impacts the very engineering of novel lifeforms. Finally, it raises profound ethical questions about the fundamental nature of agency and autonomy in complex adaptive systems.

Bridging Biology, Bioengineering, and Technology

The integration of the biological sciences and the technological disciplines is presented as a central and overarching theme across the volume. This theme echoes the compelling and increasingly evident assertion that intelligence can manifest itself in a remarkably diverse array of forms and across a wide spectrum of underlying physical and computational substrates (Levin & Rouleau, 2024). This understanding moves decisively beyond simplistic and often limiting categorizations based on material composition. Furthermore, this volume actively explores the potentially synergistic and mutually beneficial relationship between the deep and time-tested insights gleaned from the rigorous study of biological systems over evolutionary timescales and the rapid—and often breathtaking—advancements occurring in the diverse fields of technological innovation.

The ongoing and accelerating advancements in bioengineering are blurring the traditional boundaries between humans, robots, biological-artificial hybrids, and purely mechanical machines. This blurring necessitates a fundamental evolution in our philosophical and psychological frameworks to accommodate these emerging hybrid forms of intelligent life, which challenge traditional definitions of life and cognition.

A groundbreaking and paradigm-shifting example is found in the research on Xenobots (Blackiston et al., 2021; Blackiston et al., 2023; Kriegman et al., 2020). These are the first living robots, ingeniously assembled from biological cells, where their morphology and behavior are determined by evolutionary algorithms. This serves as a compelling example of the profound implications of these remarkable advancements for our fundamental understanding of the very nature of life and intelligent behavior. It compels us to critically reconsider our own often-privileged place within the broader and increasingly complex spectrum of intelligent entities that inhabit our world and potentially beyond.

Similarly, in the realm of simulation, the principles of morphological adaptation are being explored through computer-generated physical agents, known as "Unimals" (Gupta et al., 2021), which are inspired by the efficient movement and adaptability of arthropods. Through interacting within the computer-simulated environment, they demonstrate how their interactions can directly shape the emergence of their intelligent behaviors, which are honed through sophisticated Deep Evolutionary Reinforcement Learning (DERL) algorithms (Gupta et al., 2021). By observing how different virtual morphologies lead to varying levels of perceptual ability and interactional finesse in navigating their world, this research provides valuable insights into the fundamental connection between embodiment and the development of intelligence, even in purely artificial systems.

Future Directions: Key Questions and Challenges

Looking toward the exciting and uncertain future of this rapidly evolving field, the volume thoughtfully charts several critical and promising directions for future research in EI.

The Nature of Form

A continuing challenge is whether the architecture of an agent fundamentally dictates how it perceives and interacts with its surrounding environment and whether it fully dictates the subjective experience of the world (Liu et al., 2025; Sun et al., 2024). This line of inquiry explores the profound question of whether the specific form or structure of an agent's body inherently shapes its perception, understanding, and interaction with the world. For instance, does the possession of a certain type of form/body or a specific type of internal physiology fundamentally constrain or afford certain ways of experiencing and acting in the world? Could radically different forms of embodiment, whether biological, artificial, or hybrid, lead to radically different forms of subjective experience, perception, and cognition?

Hardware Limitations

Furthermore, this volume acknowledges and addresses the significant challenges of developing reliable and adaptable EAI systems. These challenges are often daunting and encompass critical areas such as current hardware limitations. For example, there are inherent difficulties in ensuring sensor reliability and accuracy across diverse and unpredictable environmental conditions, and there are remaining challenges in processing and interpreting vast amounts of sensory data in real time. Another crucial need is improved model generalization across such unpredictable environments and the seamless integration of effective multimodal integration of multiple sensory inputs.

Overcoming these multifaceted challenges could pave the way for the creation of EAI systems with fundamentally different modes of perception and interaction, expanding the very definition of what it means to perceive, act, and interact with the world. This could lead to the development of artificial agents with entirely new sensory modalities, allowing them to perceive phenomena that are currently imperceptible to humans, such as magnetic fields, infrared radiation, or even higher-dimensional spatial relationships, potentially revolutionizing fields like scientific exploration, disaster response and mitigation, and advanced health care diagnostics and treatment. Despite these considerable challenges, researchers are making significant and rapid progress in developing innovative solutions, such as advanced algorithms and AI techniques. These advancements are enabling robots to perform increasingly complex tasks and interact with humans in new, exciting, and potentially transformative ways.

Context, Social-Awareness and Consciousness

Ongoing and intensive research efforts are actively striving to bridge these critical gaps through the development and refinement of a range of innovative technologies and approaches. These include neuromorphic computing, which seeks to mimic the brain's energy-efficient and parallel processing capabilities; brain-computer interfaces, which offer the potential for more seamless and intuitive interaction between humans and artificial agents; and biologically inspired AI design, which draws direct inspiration from the elegant and efficient solutions evolved by natural systems over millions of years (Pham et al., 2023).

These cutting-edge innovations, alongside continued progress in the field of explainable AI (Saeed & Omlin, 2023), are anticipated to significantly improve the adaptability, transparency, and ethical application of artificial neural networks (ANNs). This could foster the development of more human-like AI capabilities and enable the creation of more seamless and symbiotic human-AI systems that can collaborate effectively and ethically across a wide range of domains. This volume advocates thoughtful and proactive consideration of how the principles of EI can contribute positively to the development of safe, ethical, and beneficial interactions between humans and artificial agents, addressing the complex ethical implications of creating increasingly sophisticated and potentially autonomous embodied agents (Sun et al., 2024).

Furthermore, ongoing research into the neural correlates of consciousness and the development of artificial consciousness could potentially provide valuable insights into the design of truly sentient AI. However, this remains a highly debated and ethically complex area that demands careful and nuanced consideration from researchers, policymakers, and the broader public. Finally, the idea is emphasized that embodiment equips AI models with the crucial ability to interact meaningfully and effectively within our inherently human-centric world. This allows EAI to be more seamlessly integrated into our homes, workplaces, hospitals, and other social environments.

Beyond these technical hurdles lies a profound societal challenge: the ethics of coexistence. As we transition from using tools to collaborating with embodied agents—some of which may possess bio-hybrid substrates or rudimentary forms of sentience—we must develop new frameworks for moral patiency. The question is no longer just what these systems can do for us but how we can coexist within an ecosystem of diverse intelligences without reducing them to mere instruments.

This deeper understanding holds the potential for transformative applications in fields such as mental health care, where a more nuanced appreciation of the role of embodiment in cognition could lead to the development of new therapies for conditions involving disrupted embodiment, such as anxiety disorders, depression, and certain neurological conditions. It could also provide valuable insights into the fundamental nature of human consciousness, self-awareness, and subjective experience.

Toward a Unified Framework and Future Directions for Embodied Intelligence

To summarize, the contributors thoughtfully explore the remarkable breadth and depth of current research in the dynamic and rapidly expanding field of EI. This exploration fosters a deeper and more nuanced appreciation for the fundamental, and often subtle, ways in which embodiment shapes not only the core processes of cognition and perception but also the very subjective experience of being a situated and embodied agent within a complex and dynamic world. Consequently, it urges us to critically reconsider our long-held assumptions about the fundamental nature of consciousness and the elusive sense of self and inspires exciting new and interdisciplinary avenues for future scientific inquiry that promise to further illuminate the intertwined relationship between body, environment, and mind.

Ultimately, the convergence of the FEP and the physics of agential material offers a tantalizing path toward a unified science of mind. If intelligence is indeed the ability to navigate problem spaces—whether metabolic, anatomical, or spatial—then the distinction between "living" and "machine" becomes less about origin and more about the scale of competence. This unified view suggests that the engineering of future AI is not merely a task of coding but a task of orchestrating the natural tendency of matter to self-organize, minimize surprise, and expand its "cognitive light cone."

This volume explores the potential to develop core principles of a broadened EI. Such principles could significantly guide future EAI. The aim is to foster a far richer and more nuanced understanding of the crucial roles of an agent's physical form and its surrounding environment. A deeper grasp of these elements might even enable us to transcend the inherent limitations of our current three-dimensional human perspective, potentially opening avenues to explore cognitive architectures. Such architectures might operate within the mathematical frameworks of non-Euclidean geometries and under fundamentally different physical laws than those we experience.

This paradigm shift could pave the way for creating AI systems capable of inhabiting virtual or simulated environments. Such environments might be characterized by physical laws and dimensionality that are radically different from our own, raising profound and currently unanswered questions. These inquiries concern how vastly different conditions might shape the cognitive abilities of artificial systems, their very sense of self, and ultimately their potential for consciousness. Such considerations are fundamental inquiries at the intersection of AI, philosophy, and our understanding of the nature of intelligence itself.

Embodied Intelligence as a Science of Emergent Minds

This volume articulates a compelling and urgent call to fundamentally reimagine intelligence research across all entities. This reconceptualization boldly positions the study of intelligence as a vital and increasingly central science of emergent minds.

By fully acknowledging, embracing, and celebrating the inherent and often surprising potential for diverse forms of intelligence to arise from a multitude of different embodiments—whether those embodiments are composed of biological tissue, engineered materials, or computational code—the volume establishes the essential groundwork for a more nuanced, more ethically grounded, more intellectually rigorous, and fundamentally richer trajectory for the entire field of intelligence research, promising to unlock profound new insights into the nature of life, mind, and our place within the vast and awe-inspiring universe.

The realization of this new understanding of intelligence demands a deep integration of diverse fields, specifically a sharing and shaping of concepts toward epistemic alignment across disciplines. It's not simply about neuroscience, psychology, computer science, robotics, philosophy, and biology studying embodiment in isolation. It requires that these fields actively inform and shape each other's perspectives. The volume aims to create a framework that transcends the boundaries of any single discipline. Importantly, by making its insights accessible through open access, this volume fosters broader engagement and collaboration across disciplines.

Fostering a deeper, more integrated understanding of the core principles of EI is crucial. Actively promoting interdisciplinary collaboration and the open and accessible sharing of research findings across diverse fields is also essential for the development of a shared epistemic framework. Moreover, this approach can lead to a richer and more profound understanding of ourselves, our place in the universe, and the fundamental nature of intelligence itself, in all its diverse and wondrous manifestations.

To summarize, this volume represents a crucial step in an ongoing intellectual journey, seeking to lay the groundwork for a paradigm shift in how we approach the study of intelligence. It offers a compelling, transformative, and ethically grounded vision of a future where the increasing and inevitable convergences among biological and artificial systems not only expand the very possibilities of what we consider to be life itself but also fundamentally reshape our understanding of the multifaceted and often elusive phenomenon of intelligence.

By championing a transdisciplinary and embodied perspective, this volume opens up exciting new avenues for research and technological innovation. The questions and challenges explored in these chapters invite continued exploration and collaboration across disciplines, promising to fundamentally reshape our understanding of what it means to be intelligent, to perceive, to act, and to exist in the world, whether as a biological organism, an artificial agent, or something in between.

The pursuit of EI promises to be a defining endeavor of the twenty-first century, transforming our understanding of ourselves not as isolated minds but as part of a vast, emergent continuum of matter waking up to meet the world. By embracing this science of emergent minds, we step into a future where the boundaries between the born and the made dissolve, revealing a universe richer in agency and possibility than we ever imagined.

References

Barrett, L., & Stout D. (2024). Minds in movement: embodied cognition in the age of artificial intelligence. *Philosophical Transactions of the Royal Society B*, *379*, 1–9. https://doi.org/10.1098/rstb.2023.0144

Contributors

Arsen Abdulali, Ph.D., is assistant professor in robotics and AI in the School of Engineering and Material Science, Queen Mary University of London, United Kingdom.

Dor Abrahamson, Ph.D., is professor of cognition and development in Berkeley's Graduate School of Education, where he runs the UC Berkeley Embodied Design Research Laboratory.

Mahault Albarracin, Ph.D., is the director of research strategy at VERSES AI, Inc., and a scientist in cognitive computing, robotics, and social sciences.

Francesco Bianchini, Ph.D., is associate professor of logic and philosophy of science in the Department of Philosophy and Communication Studies at the University of Bologna, Italy.

Josh Bongard, Ph.D., is professor and runs the Morphology, Evolution & Cognition Laboratory at the University of Vermont.

Lola Cañamero, Ph.D., is professor and chair of neuroscience and robotics at the Neurocybernetics Team of the ETIS Lab, CY Cergy Paris University, France, and a visiting professor at the University of Hertfordshire, United Kingdom.

Andy Clark, Ph.D., is professor of cognitive philosophy and professor informatics, with an affiliation with the Sackler Centre for Consciousness Science at the University of Sussex in the United Kingdom.

Axel Constant, Ph.D., is a research fellow (engineering and design) at the School of Engineering and Informatics at the University of Sussex in the United Kingdom.

Gordana Dodig-Crnkovic, Ph.D., is professor of computer science at Chalmers University of Technology, Gothenburg, and a professor at the School of Innovation, Design and Engineering, Mälardalen University, Västerås, Sweden.

Dobromir Dotov, Ph.D., is an assistant professor in the Department of Biomechanics at the University of Nebraska Omaha.

Martin H. Fischer, Ph.D., is professor of cognitive sciences at the University of Potsdam in Germany. He directs an international master course and leads the Potsdam Embodied Cognition Group (PECoG).

Karl Friston, Ph.D., is professor at University College London, in the United Kingdom. He is a noted British neuroscientist and theoretician and an authority on brain imaging and theoretical neuroscience.

Tom Froese, PhD, is a professor at Okinawa Institute of Science and Technology Graduate University, Japan where he leads the Embodied Cognitive Science Unit.

Jennifer M. B. Fugate, Ph.D., is professor in psychology and directs the ABLE (affective, behavior, learning, and embodiment) lab for the able mind and body at Kansas City University in Missouri.

Shaun Gallagher, Ph.D., Hon. D.Phil., is professor and the Lillian and Morrie Moss Professor of Excellence in Philosophy at the University of Memphis, Tennessee, and a professorial fellow at the School of Liberal Arts, University of Wollongong Australia.

Conor Heins, Ph.D., is a research engineer lead at VERSES AI, Inc., and an affiliate of the Max Planck Institute of Animal Behavior, Department of Collective Behaviour, in Konstanz, Germany.

Laura B. Hensel, Ph.D., is a postdoc at the University of Glasgow, in Scotland.

Matej Hoffmann, Ph.D., is assistant professor at Czech Technical University in the Department of Cybernetics, in electrical engineering in Prague, Czech Republic.

Ryman Hashem, Ph.D., is a senior research fellow in biomedical engineering at the University of Oxford, in the United Kingdom.

David Howard, Ph.D., leads the Robotic Design and Interaction Group and is a principal research scientist in the Cyber Physical Systems program at CSIRO, Australia's national science body.

Josie Hughes, Ph.D., is assistant professor and head of the Computational Robot Design & Fabrication Lab CREATE-LAB in the Institute for Mechanical Engineering at l'École Polytechnique Fédérale de Lausanne (EPFL), in Switzerland.

Fumiya Iida, Ph.D., is professor of robotics and the director of Biologically Inspired Robotics Laboratory in the Department of Engineering, University of Cambridge, in the United Kingdom. He is also a fellow of Corpus Christi College in Texas.

Alex B. Kiefer, Ph.D., is a staff R&D engineer at VERSES AI, Inc., and an affiliate of the Centre for Consciousness and Contemplative Studies at Monash University, in Melbourne, Australia.

Michael Levin, Ph.D., is the Vannevar Bush Distinguished Professor at the Department of Biology, and director of the Allen Discovery Center at Tufts University in Massachusetts.

Sheila L. Macrine, Ph.D., is professor and a cognitive psychologist in the Department of STEM Education at the University of Massachusetts Dartmouth.

Stacy Marsella, Ph.D., is professor in the Khoury College of Computer Science with a joint appointment in psychology at Northeastern University in Massachusetts.

Alex Miklashevsky, Ph.D., is the scientific lead of the WiNoDa Knowledge Lab at the Natural History Museum in Berlin and a visiting scientist in the Potsdam Embodied Cognition Group (PECoG) at the University of Potsdam, Germany.

Zachary A. Pardos, Ph.D., is associate professor in the School of Education: Adaptive Learning and AI at University of California Berkeley.

Thomas Parr, Ph.D., is professor in the Nuffield Department of Clinical Neurosciences, University of Oxford, United Kingdom.

Shubhan Parag Patni is Ph.D. candidate at Czech Technical University in Prague.

Giovanni Pezzulo, Ph.D., is professor and researcher at the National Research Council of Italy, Institute of Cognitive Sciences and Technologies (ISTC-CNR) in Rome.

Lawrence Shapiro, Ph.D, is a professor in the Department of Philosophy at the University of Wisconsin.

Tobias Thejll-Madsen is- Ph.D. candidate at the University of Glasgow, Scotland.

Marcelo Worsley, Ph.D., is associate professor in computer science and learning sciences and directs the Technological Innovations for Inclusive Learning and Teaching (TIILT) lab at Northwestern University, Illinois.

Nutchanon Yongsatianchot, Ph.D., is a postdoctoral research associate at the Khoury College of Computer Sciences at Northeastern University, Massachusetts.

Carlotta Isabella Zona, Ph.D., is a research fellow at the Potsdam Embodied Cognition Group (PECoG), University of Potsdam, Germany.

Index

Page numbers in italics refer to figures and tables.

Publisher contact:
The MIT Press
Massachusetts Institute of Technology
77 Massachusetts Avenue, Cambridge, MA 02139
mitpress.mit.edu

EU Authorised Representative:
Easy Access System Europe, Mustamäe tee 50,
10621 Tallinn, Estonia
gpsr.requests@easproject.com

Printed by Integrated Books International,
United States of America